民俗体育文化传承与现代化发展研究

马 苗 ◎著

中国书籍出版社
China Book Press

图书在版编目(CIP)数据

民俗体育文化传承与现代化发展研究 / 马苗著.
北京：中国书籍出版社, 2024. 11. -- ISBN 978-7
-5241-0105-5

Ⅰ.G852.9

中国国家版本馆CIP数据核字第2024XG2060号

民俗体育文化传承与现代化发展研究

马 苗 著

丛书策划	谭 鹏 武 斌
责任编辑	李 新
责任印制	孙马飞 马 芝
封面设计	守正文化
出版发行	中国书籍出版社
地 址	北京市丰台区三路居路97号（邮编：100073）
电 话	（010）52257143（总编室） （010）52257140（发行部）
电子邮箱	eo@chinabp.com.cn
经 销	全国新华书店
印 厂	三河市德贤弘印务有限公司
开 本	710毫米×1000毫米 1/16
字 数	234千字
印 张	15.25
版 次	2025年5月第1版
印 次	2025年5月第1次印刷
书 号	ISBN 978-7-5241-0105-5
定 价	98.00元

版权所有 翻印必究

目 录

第一章 民俗体育的基础研究 　　　　　　　　　　　1

　　第一节 民俗体育相关概念辨析 　　　　　　　　2
　　第二节 民俗体育特征的研究 　　　　　　　　　13
　　第三节 新时代民俗体育的角色定位 　　　　　　22

第二章 民俗体育文化概述 　　　　　　　　　　　27

　　第一节 民俗体育文化的含义 　　　　　　　　　28
　　第二节 民俗体育文化的演变进程 　　　　　　　38
　　第三节 民俗体育文化的意义与价值 　　　　　　47
　　第四节 民俗体育文化面临的机遇与挑战 　　　　54

第三章 民俗体育文化的传承方式与途径 　　　　　62

　　第一节 民俗体育文化传承的意义与必要性 　　　63
　　第二节 民俗体育文化传承的方式 　　　　　　　67
　　第三节 民俗体育文化传承的途径 　　　　　　　75
　　第四节 民俗体育文化的产业化发展之路 　　　　84
　　第五节 校园民俗体育文化教育发展与传承探索 　92

第四章　民俗体育文化的现代化转型　103

第一节　我国民俗体育变迁的核心　104
第二节　我国民俗体育文化现代化演进规律　112
第三节　我国民俗体育现代化演进模型　119
第四节　我国民俗体育文化现代化转型的动因　128

第五章　民俗体育的现代功能与社会文化价值研究　133

第一节　民俗体育现代功能与特点　134
第二节　民俗体育文化与城镇化现代化建设的互动关联　141
第三节　民俗体育现代功能演进　146
第四节　民俗体育社会文化价值　151
第五节　民俗体育现代功能与社会文化价值的互动　156

第六章　国内外民俗体育现代化发展典型案例分析　162

第一节　国外民俗体育文化现代化建设　163
第二节　我国民俗体育文化参与城镇现代化建设的路径　168
第三节　黄河流域民俗体育文化的传承与发展案例分析　174

第七章　文化强国视域下民俗体育文化现代化发展策略　206

第一节　我国民俗体育发展存在的问题　207
第二节　文化强国视域下民俗体育发展研究的展望　214
第三节　文化强国视域下民俗体育文化现代化发展的方向　222

参考文献　233

第一章 民俗体育的基础研究

民俗体育作为我们祖先智慧的结晶，不仅是传统文化的一种表现，更是世界优秀文化宝库中不可或缺的精神财富。民俗体育源远流长，历经千年而不衰，它深深地植根于中华大地的沃土之上，是中华民众集体智慧的结晶，是中华文化的瑰宝。民俗体育的形成与传承离不开历代民众的生活实践。从远古时代的狩猎、农耕，到封建社会的节庆、祭祀，再到现代社会的休闲娱乐，民俗体育始终与人们的生活紧密相连。这些体育活动不仅满足了人们强身健体、愉悦身心的需求，更是连接历史与现实的桥梁，传承着中华民族的精神文化。本章作为开篇，首先对民俗体育的概念、特征以及角色定位进行分析和研究，以为后面章节内容的展开作铺垫。

第一节　民俗体育相关概念辨析

一、民俗体育概念界定

在我国，对民俗体育的研究始于20世纪末。由于研究历史较短，学术界对民俗体育的定义和理解仍存在一定的模糊性。主要的误区集中在三个方面：一是将民间体育与民俗体育混淆，忽视了两者在文化背景和形成过程中的差异；二是将民族传统体育与民俗体育等同，忽视了民俗体育的广泛性和包容性；三是将民族学与民俗学混为一谈，导致对民俗体育的理论研究不够深入。这些问题引发了学术界对民俗体育概念的热烈讨论，众多学者从各自的理论框架出发，对民俗体育的定义提出了独到见解。

《体育科学词典》1985年首次对民俗体育进行了界定，即"在民间民俗文化以及民间生活方式中流传的体育形式，是顺应和满足人们多种需要而产生和发展起来的一种特殊的文化形态"。这一定义强调了民俗体育的文化性和群众性。[①]

1997年，郭晓峰在《试论民俗体育与全民健身》中提出，民俗体育是具有普遍模式的体育文化，强调了其在社会中的普遍性和模式化特征。[②]

官钟威和李红梅从民俗精神的角度出发，认为民俗体育是"和特定的民俗精神相联系的，是具有特定的精神内涵的体育形式"，揭示了民俗体育的精神价值。[③]

涂传飞等强调民俗体育的生活性和集体性，他们认为民俗体育是融入民众日常生活，被广大民众享用和传承的体育活动，具有集体性、传统性、规

---

① 中国体育科学学会，香港体育学院. 体育科学词典[M]. 北京：高等教育出版社，2000：19.

② 郭晓峰. 试论民俗体育与全民健身[J]. 辽宁体育科技，1997（06）：33-37.

③ 官钟威，李红梅. 论民俗体育文化[J]. 体育成人教育学刊，2006（01）：10-11.

模化、生活化的特性。①

李磊则从广义的角度定义民俗体育，认为它是民间的各种体育运动和游戏的总称，涵盖了民俗体育的多样性和丰富性。②

综合以上学者的观点，可以看出，尽管他们对民俗体育的表述各有侧重，但都普遍认同以下几点：（1）民俗体育源于民俗活动和民俗生活，包括在节日、礼仪和日常生活中广泛存在的体育形式；（2）民俗体育是民众共享的文化遗产，具有广泛的群众基础和长期的传承性；（3）民俗体育与特定的民俗文化紧密相连，其价值不仅体现在体育活动本身，更在于其丰富的民俗文化内涵。

二、民俗体育相关概念的辨析

中华文化犹如一条浩渺的长河，源远流长，流淌至今，孕育了无数璀璨的文明瑰宝。体育作为文化的重要组成部分，自古以来就与中国传统文化交织在一起，形成了独特的"民俗体育"现象。但"民俗体育"这一概念并不是自古有之，而是随着中国社会的开放和学术交流的加深，从西方引入并逐渐在中国学术界得到认可和应用。为了更深入地研究和理解民俗体育，我们需要对这些概念进行清晰的界定和区分。

（一）民俗体育

在对民俗体育的探索中发现其理论定义具有多样性与复杂性。尽管前面已经对民俗体育的概念进行了初步的界定，但尚未形成一个普遍接受的定

---

① 涂传飞，陈志丹，严伟. 民间体育、传统体育、民俗体育、民族体育的概念及其关系辨析[J]. 武汉体育学院学报，2007（08）：24-31+51.

② 李磊. 中国民俗体育文化的内涵及其现代发展[J]. 科技资讯，2010（13）：219.

论。在民俗学的广阔领域中，对民俗的研究主要分为两种主要方向：民俗事象研究和生活整体研究。民俗事象研究关注民俗作为文化现象的静态存在，它是一种相对静止的事项。而民俗生活整体研究则强调民俗的动态特性，将其视为一个不断演变的过程。高丙中教授指出，这两种研究取向并不是相互排斥，而是相辅相成的，是民俗学在当代发展的重要支柱。他呼吁将民俗研究扩展到更广阔的社会生活和文化领域，以实现更全面的理解。[①]

民俗学的另一位先驱钟敬文先生对"俗"的内涵进行了深入剖析。他认为，民俗的集体性意味着它是一种集体行为，而非个人的孤立活动。民俗的类型性则体现在其固有的模式，这种模式是社会成员共同遵守的标准。[②]同时，民俗的继承性和传播性揭示了其在时空上的延续性和蔓延性。

涂传飞在界定民俗体育时强调了其"俗"的特性，即民俗体育是民众创造、传承和享用的，融入和依附于日常生活民俗习惯的体育活动。[③]例如，我国许多少数民族的荡秋千活动，不仅是一种集体性、模式化、传统性、生活化的体育活动，而且深深植根于其风俗和仪式中，因此可被视为民俗体育的范畴。但现代小区和公园中的荡秋千活动，由于缺乏与民俗习惯的紧密联系，不具备这些特性，故不被视为民俗体育。

但这种对民俗体育的窄化理解存在一定的局限性。民俗体育的产生确实依附于民众的日常生活习惯，但其存在和发展并不一定局限于特定的民俗环境中。例如，端午节的舞龙活动是典型的民俗体育，但平时的舞龙活动同样具有集体性、传统性和模式化，不应简单地将其排除在民俗体育之外。因此，民俗体育应被定义为一个国家或民族的广大民众在其日常生活和文化空间中创造并传承的集体的、模式化的传统体育活动。[④]

[①] 高丙中.民俗文化与民俗生活[M].北京：中国社会科学出版社，2000：5-6.
[②] 钟敬文.民俗学概论[M].上海：上海文艺出版社，1998：1-2.
[③] 涂传飞，陈志丹，严伟.民间体育、传统体育、民俗体育、民族体育的概念及其关系辨析[J].武汉体育学院学报，2007（08）：24-31+51.
[④] 陈红新，刘小平.也谈民间体育、民族体育、传统体育、民俗体育概念及其关系——兼与涂传飞等同志商榷[J].体育学刊，2008（04）：8-11.

（二）民间体育

在深入探讨"民间"这一概念时不难发现，不同的领域对其有着各自独特的理解。在《现代汉语词典》中，"民间"被解释为"人民中间"，这主要是相对于官方而言的一个界定。钟敬文先生进一步指出，民间即民众中间，是与官方相对应的一个概念。[①]其主体构成，便是那些直接参与创造物质财富和精神财富的广大中、下层群众。

当我们将视角转向文学领域，陈思和先生为我们揭示了民间文化形态的独特面貌。他认为，民间文化形态在国家权力控制相对薄弱的领域得以孕育和繁衍，因此保存了相对自由活泼的形式。这种文化形态能够真实、生动地表达出民间世界的生活面貌和下层人民的情感。虽然在政治面前，民间文化总是以弱势的形态出现，并在一定限度内被迫接纳和渗透官方的权力，但它毕竟属于被统治阶级的范畴，拥有着自己独立的历史和传统。[②]

从民俗学的角度来看，陈勤建等学者对"民间"的概念内涵进行了更为细致的梳理。他们认为，"民间"这一概念的内涵并不是一成不变的，而是随着时代的发展而不断演变。具体而言，他们将"民间"定义为：一是社会中的"人"所充当的一种角色，体现了民众在社会结构中的定位；二是"民"生活、活动的空间世界，包括乡村、市集、庙会等具有浓郁民间特色的场所；三是拥有自己固有的生活方式和文化传统，这些传统习俗和文化符号是民间文化的重要组成部分。

在体育领域中，民间体育作为一种特殊的文化形式，也呈现出丰富的内涵和外延。民间体育并没有高度的组织化和制度化，这种非正式的、自由的形式使它能贴近民众的生活，满足他们的健身和娱乐需求。同时，民间体育也是一个民族或国家特有的文化内涵，如五禽戏等便与中国传统文化中直观的思维方式紧密相连，这种结合不仅展现了民间体育的独特魅力，也体现了中华民族深厚的文化底蕴。

---

① 钟敬文.民俗学概论[M].上海：上海文艺出版社，1998：2.
② 陈思和.中国当代文学史教程[M].上海：复旦大学出版社，1999：32.

（三）民族体育

民族体育是各民族在历史长河中积淀的宝贵财富，它以独特的形式和内涵，映射出各民族的集体记忆和精神特质。当我们谈论民族体育时，不能简单地将其等同于传统体育。传统，正如定义中所指出的，是指那些历经世代传承，至今仍活跃在人们生活中的活动。投壶、马球、蹴鞠、樗蒲等虽然在现代社会中可能不如以前那样普及，但它们的历史渊源和文化影响力不容忽视，它们是中华民族历史的一部分，是民族体育的重要组成部分，而非简单的"非传统"活动。因此，民族体育是一个宽泛的概念，它既包括了那些深深植根于历史、具有深厚传统底蕴的体育活动，也包括了那些随着社会发展而产生、反映现代民族精神的新型体育形式。无论是传统还是非传统，它们都是民族共同心理素质的体现，是民族精神的载体，是构建民族认同和文化交流的重要桥梁。

（四）传统体育

"传统体育"一词的核心在于"传统"二字。《现代汉语词典》的定义为我们揭示了"传统"的本质，即它是一个不断传递、演变的过程，而非静止不变的实体。这个过程不仅涵盖了历史中已经形成并被传承下来的部分，也包括了未来将要被创造和发展的部分。

传统体育的形成离不开特定的地域和社会环境。它是一个民族在特定社会中共同文化心理素质的稳定体现，是这个民族历史演进的产物，是其社会历史发展水平、程度和质量的直观反映。以中国为例，我们的传统体育形式如武术、围棋、蹴鞠等，都是在长期的历史发展中，与我们的文化、哲学思想紧密相连，逐渐形成并传承下来的。直到鸦片战争后，随着西方体育的引入，中国人才开始对自身的传统体育有了更深入的认识和研究。在"土洋体育"的争论中，民族传统体育的概念开始萌芽，人们开始意识到保护和发扬民族传统体育的重要性。

因此，可以说，传统体育不仅是体育的一种形式，它更是一个民族历史和文化的载体，是连接过去、现在和未来的桥梁。对传统体育的研究和传承有助于我们更好地理解自身文化的深层内涵，也有助于我们在全球化的背景下，保持和发扬自身的文化特色。

三、民俗体育的功能

（一）强健身心的功能

民俗体育，作为人类文化的重要组成部分，源于人们的日常生活，尤其是生产、生活方式中，与人类的生理活动紧密相连。它鼓励人们亲身参与，通过各种形式的运动，既娱乐身心，又在潜移默化中提升民族的体质，为各民族人民的健康水平奠定了坚实基础。因此，强身健心是民俗体育的核心功能。参与这些活动，可以刺激有机体的生长发育，增强运动能力，同时，通过改善和提高中枢神经系统的机能，有助于提高人体对环境的适应能力，以及对心理状态的调节。

我国的民俗体育项目繁多，如木球、蹴球等竞技项目，对参与者的身体素质有着较高的要求，能够全面锻炼身体的各个系统，提高身体机能。而拔河、跳皮筋等娱乐游戏类项目，因其易于参与、趣味性强，更适合广大人民群众进行日常锻炼，以增强体质，达到强身健体的目的。这些活动在提升身体素质的同时，也培养了人们的团队精神、竞争意识和公平公正的价值观。

民俗体育的价值不仅限于身体层面，更在于其修身养性的作用。联合国计划署在《人类发展报告》中强调，健康、长寿、接受良好教育和生活幸福是人类发展的关键指标。民俗体育中的"导引养生术""五禽戏"等，以其独特的身心锻炼方式，成为人们提升生活质量，实现身心和谐发展的有效途径。这些传统体育项目，以其深厚的文化底蕴和科学的健身原理，为全民健身活动提供了丰富多样的选择，展现了民俗体育在现代社会中的广阔前景。

民俗体育与全民健身活动的融合，是体育文化与民族文化价值的回归，也是对人类全面发展追求的体现。在全球化趋势下，保护和传承民俗体育，不仅有助于增强民族凝聚力，也有助于推动体育文化的多元化发展，为构建健康、和谐的社会环境做出重要贡献。

（二）愉悦生活的功能

在人类社会的广阔舞台上，人们的情感犹如涌动的江河，需要找到合适的出口来流淌和释放。这种情感的宣泄，往往通过各种形式的社交活动得以实现，其中，体育活动以其独特的魅力，成为人们交流思想、展示技艺的重要载体。尤其在我国悠久的历史长河中，体育活动更是扮演了连接心灵、凝聚群体的重要角色。

在古代社会，生产力的低下使人们的生活充满了艰辛。对于生活在偏远山区的少数民族来说，他们的生活条件更为苛刻。每一次的丰收、猎获、战胜疾病或是赢得爱情，都如同山峰上的明珠，闪耀着坚韧与激情的光芒。这些激动人心的时刻，激发了人们表达自我、展示才华的欲望。他们通过舞蹈、歌唱、竞技等方式，将内心的喜悦与力量释放出来，同时也借此机会，调节紧张的神经，寻找生活的价值和意义。

体育活动作为一种集体性的庆祝方式，其娱乐性与社交性并存。在一定的规则和道德规范下，体育运动为人们提供了一个安全、公平的交流平台。无论是同族内部还是不同民族之间，人们都能通过参与体育活动，打破地域、文化的界限，增进了解，消除隔阂。

（三）发展社会经济的功能

民俗体育作为民间文化的重要组成部分，其活动内容往往与当地的生产、生活方式紧密相连，深深植根于经济活动的基础之上。这种独特的性质使民俗体育资源丰富多样，具有鲜明的地域性、主体化和广泛性。例如，东北的冰雕雪橇、西南的苗族苗鼓、江南的龙舟竞渡，都是各自地域文化与体育活动的完美融合。

这些丰富的民俗体育资源能有效地推动本地域特色经济的发展。民俗体育不仅是一种文化表现，更是一种潜在的经济动力。通过举办如民族体育竞赛表演、健身娱乐活动等各类民俗体育节庆活动，能吸引大量的游客，带动餐饮、住宿、交通等相关产业的发展。

开展民俗体育旅游也有助于保护和传承这些独特的文化遗产。通过组织民俗体育项目的比赛活动，以及广告宣传和电视转播，能让更多的人了解和欣赏这些传统体育项目，以提高其社会影响力和文化价值。近年来，我国的"非物质文化遗产"保护工作将许多民族体育项目纳入其中，使得到了有效的保护和传承。

此外，民俗体育的发展还可以催生民族体育服饰、活动器材等新的经济实体，创造更多的就业机会，促进民族体育用品的制造与销售，进一步推动地方经济的繁荣。

更为重要的是，将具有区域民族特色的体育活动与旅游相结合，可以打造独特的体育旅游资源，吸引国内外游客，从而拉动区域性整体经济的发展。这种结合不仅能够创造显著的经济效益，同时也有利于提升民族文化的影响力，满足人们日益增长的健康消费需求，实现经济效益与社会效益的双重提升。

（四）展示民族情性内涵的功能

民俗体育活动作为人类文化的重要组成部分，远非身体运动的简单表现。它深深地扎根于各民族的生活之中，承载着丰富的文化内涵。在这些看似普通的活动中，我们不仅能够感受到身体的力量与灵动，更能洞察到各民族对于社会生活的独特理解。它们是民族心理情绪与激情的直观再现，同时也是对人体运动方式审美心理的深刻昭示。

当民俗体育活动逐渐发展成一系列制约性规则后，这种原始的、自然的审美方式也会随之发生转变。它不再仅是自发的、随意的身体活动，而是成为一种具有规范意义的体育行为。其保证了运动的公平性和安全性，更使运动员在比赛中能够展现出人体之美。在规范性的准则下，民俗体育运动员通过精准的动作、协调的身姿、优雅的姿态，将人体之美展现得淋漓尽致。在这些活动中，我们可以看到一种升华为民族精神的心理趋向。这种心理趋向具体表现在三个方面。

1. 悦情

在世界各地丰富多样的民俗体育项目中，人类对美的追求和对力量、智慧的崇尚交织在一起，形成一种独特的文化现象。这些活动不仅是身体力行的竞技，更是情感的释放和精神的愉悦。以体育运动为例，纳西族、彝族、白族、傈僳族、怒族、独龙族的青少年们热衷的滑草运动，就是一种对速度和自由的热烈追求。在一片平滑陡峭的草地上，他们借助松枝或木板，借助重力和惯性，从山顶滑向山脚，速度有时可达到每秒5至6米。尽管这种运动不比速度，不赛技巧，但人们在瞬间的快速滑行中，体验到一种如飞燕般轻盈自由的感觉，这种流动的美感深深地烙印在他们的心中。

同样，白族的绕山林活动也是一种以情感愉悦为主导的体育形式。这项活动已有千余年的历史，参与者们在山林间穿梭，寻找情感的共鸣，他们在运动中寻找快乐，分享情感，来时带着期待，去时满载欢笑。这种活动不仅锻炼了身体，更在人与自然、人与人之间建立了深厚的情感联系。

2. 勇猛

以云南为例，云南有很多独具特色的少数民族，他们中的每一个都以其独特的文化传统和精神风貌诠释着勇猛顽强的民族精神。例如，在独龙族和怒族的溜索比赛中，这种精神体现得淋漓尽致。溜索，这种源于生活实践的交通工具，如今已经演变成展示技艺和勇气的竞技项目。无论是面对藤竹制成的原始溜索，还是现代的钢索，运动员们首先要克服的，就是那横跨峡谷、悬挂在空中的恐惧感。只有具备了超乎常人的胆量，才能在溜渡中展现出精巧的技巧和灵活的身手。怒族人在溜渡时，会用木制溜板作为安全保护，那些技艺高超的溜渡者，不仅能在溜索上如燕子般轻盈飞渡，还能做出各种惊险的动作，甚至携带重物穿越湍急的江河，令人叹为观止。

独龙族的标枪比赛更是一种对勇气和技巧的极致考验。他们不是以距离决胜负，而是将目标锁定在凶猛的牦牛身上，用实心竹竿制成的标茅，准确地击倒牛只。这种实战性的操作，不仅需要精准的投掷技巧，更需要面对凶猛野兽时的无畏勇气。每年挑选标手时，独龙族人首先看重的，就是他们是否具备过人的胆识和无畏的勇气，其次才是他们的投掷技能。

傈僳族的"上刀山""下火海"则是另一种形式的勇敢者的游戏。面对利刃如林的"刀山"，"上刀山"者必须赤足攀登，稍有不慎，后果不堪设想。而"下火海"者则要在炽热的炭火中奔跑、跳跃，甚至用手捧炭火"洗脸"。这些活动不仅考验着参与者的胆识和技巧，更需要他们对自身能力的坚定信念，以及对未知挑战的无畏精神。

3.机智

在人类的竞技世界中，力量与智慧的较量始终是不变的主题。在少数民族的体育活动中，这种较量尤为突出，它们不仅考验着参赛者的胆识和勇猛，更强调在有限的规则和条件下，如何以智取胜，展现出独特的审美心理特征。

彝族摔跤被誉为智慧与勇气的交锋。在体重、身形、年龄等多方面均衡的分组中，双方的实力相差无几。比赛的场地和动作范围被严格限定，这就要求摔跤手必须凭借丰富的经验，运用机智和巧力，才能将对手摔倒在地。在彝族的摔跤历史中，人们创造出了许多既勇猛又机智的技巧，如拔腰力、下蹲、使绊脚等，这些技巧的运用，充分体现了彝族人民对智勇双全的追求。

踩高跷看似简单的游戏，实则蕴含着深奥的平衡艺术。参与者需要在长约二米的独棍上保持平衡，同时做出各种花哨的动作，无论是互相踢击，还是竞速比赛，都需要精巧的技巧和灵活的应变能力。哈尼族人认为，一个优秀的高跷比赛者，不仅需要站得久，跑得快，更需要在快速变化的比赛中，始终保持身体的平衡，这是对参赛者机智和技巧的极高要求。

老熊抢石头，是一项考验参与者策略和机敏程度的活动。守方需要保护身下的石头不被攻方抢走，而攻方则需要在守方的严密防守中寻找机会。这种对抗性的游戏，需要双方不断地设计策略，引诱对方露出破绽，或者在出其不意的转位中取得优势。这种活动充分体现了少数民族对竞赛中智谋运用的重视。

相比之下，白族的抢秧旗则更注重策略和隐蔽的技巧。攻方需要在快速插秧的同时，寻找夺旗的机会，而守方则需要紧密配合，防止旗杆被夺。这种力与智的结合，使比赛充满了变数和挑战，深受白族人民的喜爱。

石子棋，如景颇族的十眼棋和彝族的十六小卒赶将棋，是智力的巅峰对决。这些棋类游戏规则复杂，每一步都需要深思熟虑，计算自己和对方的棋子数目，预判未来的走势。彝族的十六小卒赶将棋，更是需要在有限的棋盘上布施长远的计谋，每一步都如同在战场上指挥千军万马，对参赛者的审时度势能力提出了极高的要求。

（五）增强民族认同感和凝聚力的功能

在漫长的民族发展进程中，时代的浪潮和社会的变迁如同一部波澜壮阔的史诗，不断地塑造和改变着各个民族的命运。伴随着历史长河的流转，民族间的交流与融合使民族所特有的共同地域、血缘关系以及文化特色都经历了不同程度的演变。而在其中，人们对于一个民族存在和发展的态度，即民族的认同，成了维系民族凝聚力和向心力的关键。

民俗体育活动作为民族文化的瑰宝，在促进民族认同方面发挥着不可替代的作用。以端午节的龙舟竞渡为例，这一活动源远流长，其发生基础深深植根于龙图腾崇拜的古老传统。但在漫长的传承过程中，龙舟竞渡不仅保留了这一古老的文化符号，更融入了纪念屈原这一深受人们敬仰的历史人物的内容。屈原，这位凝聚着中国传统伦理道德和价值观念的伟大诗人，以其高尚的品格和深邃的思想，深深地烙印在中华民族的心中。

进入新的世纪，加快民族地区体育事业的发展、大力开展民族传统体育活动成为我们面临的重要任务。这不仅是为了弘扬和传承民族文化、促进民族团结和社会和谐稳定，更是为了实现中华民族的伟大复兴、推动社会主义现代化建设的全面胜利。在这个过程中，民俗体育将继续发挥其独特的功能和作用，为社会的进步和发展贡献自己的力量。

第二节 民俗体育特征的研究

一、共通性

在人类历史的早期阶段,原始人在与自然环境的长期互动中,为了生存和繁衍,逐渐发展出一系列基本的运动技能。他们学会了奔跑以追逐猎物,学会了跳跃以避开危险,掌握了投掷和射箭的技巧以进行远程攻击。这些技能的习得,是人类在与自然界斗争中的一种本能反应,也是他们在长时间的实践中逐渐形成的。尽管在那个时代,人类对体育文化的理解并不清晰,但这些活动的形态、性质和目的在本质上是一致的,都是为了提高生存的概率。

体育的起源深深植根于人类的日常生活之中。例如,当原始人类成功捕猎或丰收之后,他们会以舞蹈和游戏的方式庆祝,这些活动不仅表达了他们内心的喜悦,也在无形中锻炼了身体素质。同样,不同部落之间的冲突,如争夺领地或猎物,也催生了如棍棒格斗、摔跤等身体对抗形式,这些后来演变为更为系统化的军事训练,以提升部落的整体战斗力。

这些民俗体育项目由于其共通的起源和发展特征,能够在不同民族之间快速传播和交流,进一步促进了人类文化的多元化发展。它们不仅反映了人类对生存技能的追求,也体现了人类对生活艺术的热爱和对精神世界的探索,从而在人类社会的进化历程中占据了重要的地位。

二、地域性

民俗体育的地域性特征鲜明,犹如一幅幅生动的画卷,展示了各地人民的生活智慧和精神风貌。中国地域辽阔、南北跨度大,其民俗体育的多样性与地域性特征尤为显著。

北方地区受高纬度和寒冷气候的影响，冰雪项目如滑雪、滑冰、抽冰嘎等在民间广为流传。同时，北方的地理环境以平原和草原为主，适宜放牧，人们的生活习性也更为豪放，摔跤、奔跑、赛马等力量型运动深受人们喜爱，这些项目不仅锻炼了人们的体魄，更孕育了他们勇武、坚韧的民族性格。

南方地区气候湿热，丘陵、山地为主的地形塑造了人们细腻、稳重的个性。南方人擅长思考，技巧性活动如象棋、围棋、秋千、风筝、打陀螺、游水捉鸭、跳竹竿等在民间颇受欢迎。南方的舞龙则以文为主，注重龙的灵动变化，与北方舞龙的威武气势形成鲜明对比。

这种地域性的差异正是"十里不同风，百里不同俗"的生动写照，它反映了各民族在特定地域条件下的文化适应和创新。无论是中原的民俗体育，还是草原、南方水域的民俗体育，都以其独特的运动内容，展现了各地人民的智慧与勇敢、民族的英武与矫健，同时也表达了人们对民族人性完美追求的深深向往。

民俗体育的地域性特征不仅丰富了民间的体育文化生活，更在无形中塑造了各地区独特的文化风貌，成为中华民族多元文化中的一道亮丽风景线。

三、民族性

中国的民俗体育具有明显的丰富多样性和民族独特性。这种独特性不仅体现在各民族世代相传的、充满自身民族特色的民俗体育事项上，还体现在同一民俗体育事项在不同民族中的不同表现形式。

民族独特性即每个民族所独有的、与其他民族相区别的文化特质。例如，傣族的泼水节是一个具有深厚宗教背景和民族特色的盛大节日。回族信仰伊斯兰教，因此在日常生活中有许多与宗教相关的习俗和禁忌。土家族的摆手舞是一种流行于土家族地区的古老舞蹈，它古朴优美、生活气息浓厚，是土家族人民传承文化、展现民族风采的重要方式。

值得一提的是，同一类民俗体育项目在不同的民族中也各有特点。以摔跤为例，蒙古族式摔跤"搏克"、维吾尔族式摔跤"且里西"、彝族式摔跤"格"、藏族式摔跤"北嘎"以及回族式摔跤活动虽然都属于摔跤这一民俗体育事项，但在不同的民族中又分别反映了各个民族的特性和风格。这种差异性的存在，使民俗体育项目更加丰富多彩、具有更强的吸引力。

四、依附性

民俗体育与民众的日常生活习俗紧密相连，如节日、礼仪、社交、祭祀等民俗事项。以板梁古村的倒灯为例，这项活动自诞生之日起就与元宵节的庆祝活动融为一体。它不仅作为节日的一部分存在，更因其能增进人与人之间的感情，增强集体意识，烘托节日氛围，祈求来年平安吉祥，而被世代保留和传承，成了板梁人庆祝元宵节不可或缺的一部分。这种依附于节日的民俗体育，如同一部生动的历史长卷，描绘出人们的情感世界和集体记忆。

春节作为各民族举行民俗体育活动最盛大的节日，人们身着盛装，以传统的"舞龙舞狮"为亮点，尽情欢庆，无论老幼，都沉浸在这欢乐的海洋中。龙狮身披华彩，跃动翻滚，伴随着铿锵的鼓声，营造出一种壮观的节日景象，人们欢声笑语，洋溢着祥和的气氛。

那些源于生产劳动的民俗体育活动，如秧歌和采茶舞，是民俗体育发展的重要推动力。它们既表达了人们朴素的愿望，也传递了人们本质的欢乐。这些活动源于人们的农耕生活，是他们在生产劳动中自然流露出的身心愉悦的表现，充满了浓厚的生活气息和乡土韵味。

依附于各种礼俗、信仰、崇拜的民俗体育活动，其内容和形式更是丰富多彩，如哈萨克族的姑娘追、布依族的甩糠包，以及彝族的摔跤活动，这些都源于特定的民俗信仰，目的是在祈福、避邪或庆祝。火把节，被誉为"东方的狂欢节"，在彝族、白族、纳西族、基诺族、拉祜族等民族中都有庆祝，虽然时间各异，但都承载着祈求平安、消灾避祸的美好愿望。纳西族的火把节在农历六月二十五日，目的是在祈福；而拉祜族的火把节在农历六月二十四日，目的是在驱邪保平安。在火把节期间，还有斗牛、斗羊、斗鸡、赛马、摔跤等民俗体育活动，为节日增添了无尽的活力和乐趣。

五、娱乐性

娱乐性不仅体现了民俗体育的发展性，更深入地揭示了其本质特性。它如同一条红线，贯穿在丰富多彩、历史悠久的民俗体育活动中，引领着人们通过欢快、多样的身体娱乐活动方式，表达对乡土风俗的深厚热爱。

在遥远的农耕时代，当人们在厚重的乡土气息中辛勤耕作，他们渴望的是风调雨顺、五谷丰登的太平岁月，希望年年都能过上丰衣足食的幸福生活。这种对生活的热爱与期许，在民间民俗活动中得到了充分的体现。祈福求吉，寄托信仰和祈愿，成了这些活动的主要目的。通过这些活动，人们能缓解生存的焦虑与不安，获得心灵的慰藉。

以安徽淮河流域的凤阳花鼓为例，这一具有代表性的民俗体育活动，早在明代就已盛行。据明代田艺衡撰写的《留青日札》记载："吴越间妇女用三棒上下击鼓，谓之三棒鼓，江北凤阳男子尤善。"而在《帝乡纪略》中，我们更能窥见这一民俗的生动画面："插秧之时，远乡男女击鼓互歌，颇为混俗。"这些文字不仅记录了凤阳原生态的民间风俗——击鼓讴歌，更展示了人们劳作时愉快、祝愿的心情。在这种古朴的民俗体育活动中，劳动人民不仅体验到了身心的愉悦，更将民俗体育视为一种乐趣和享受，成为他们劳作时精神、情感的寄托。[①]

随着社会的发展和人类的进步，人们对民俗体育的诉求不断增加，需求层次也在不断提高。但在科学技术相对落后的古代，信仰与娱乐往往结合在

---

① 国家体委体育文史工作委员会，中国体育史学会. 中国近代体育史[M]. 北京：北京体育学院出版社，1992：12—20.

一起。以放风筝为例，这一活动最初起源于禳灾的巫术行为。当某人得病时，巫师会将病状涂写到风筝上，然后将风筝放飞至空中，并剪断拉线，寓意疾病随风筝飘飞而去。这种具有巫术意义的户外活动，随着时间的推移，逐渐演变为今天我们所见的具有娱乐性的民俗体育活动。

六、传承性

在悠久的历史长河中，各民族独特的民俗体育活动如同璀璨的星辰，不仅熠熠生辉，更在时光的长河中得以延续、发展和传承。其中的传承性，不仅是民俗体育的灵魂，更是凝聚着民族精神和民族心理的核心。这种传承性，正是那个民族（社群）在长期的奋斗和创造中，所凝聚出的独特文化标识，它集中体现为共同信仰和遵循的核心价值观。

在民俗体育中，传承性包含了两层含义。首先，它指的是民俗体育在时间上的连续性，这种连续性跨越了不同的历史阶段，历经岁月的洗礼而依然保持其原始的特质。这种纵向连续性使民俗体育能够成为一种可以世代延续的社会文化现象。其次，传承性还体现在民俗体育在空间上的蔓延性，即其横向传播过程。无论是地域的扩张，还是文化的交流，民俗体育都能够在不同的空间中传播和扩散，与其他民族的民俗体育文化相互影响、融合。

民俗体育的传承性特征不仅使其在本民族内部发展壮大，更在与其他民族的交流中，衍生出形式更多、内容更丰富的民俗体育项目。以元宵节玩龙灯为例，这一习俗已经成为我国许多民族共同的传统文化活动。早在宋代，就有文献详细记载了元宵舞龙、元宵彩灯的活动习俗。宋代词人辛弃疾在《青玉案·元夕》中描绘的"东风夜放花千树，更吹落，星如雨"的壮丽景象，正是对元宵放灯（又称"观灯"）这一习俗的生动写照。而夏竦在《上元应制》诗中所写的"鱼龙曼衍六街呈，金锁通宵启玉京"，更是直接描述了元宵舞龙灯的盛况。

凤阳花鼓源于凤阳本土的民俗体育项目，以其独特的艺术形式和深厚的文化内涵，成为当地最经典、最具民俗传统特色的体育项目。在明朝，凤阳人就以敲花鼓这种娱乐方式来抒发热爱生活、享受生活的情感。但随着自然灾荒和战乱等不可抗拒的力量的侵袭，明朝凤阳人的生活发生了翻天覆地的变化。淮河两岸的花鼓艺人为了生计，不得不身背花鼓走四方，过上了卖唱乞讨的生活。但正是这种困境和变迁，使凤阳花鼓与其他地方的歌舞艺术产生了文化融合，再生出具有不同地方特色的新品种。例如，在浙江温岭地区，《凤阳花鼓》被改编成《天皇花鼓》；晋南花鼓则是凤阳花鼓在山西与当地歌舞艺术相结合而再生的新品种，又称"祁太秧歌"。此外，从吴越之腹地向南的百越地区，闽越人传唱凤阳歌也极为常见，如福州当地流行最广的一首《真鸟仔》，其原曲就是外来小调《凤阳花鼓》。

这些例子充分展示了民俗体育的传承性特征。正是这种传承性，使民俗体育能够穿越历史隧道绵延流传至今，并依然保持着其自身的活动规律和惯性。同时，传承性也使民俗体育能够维系民族或群体的凝聚力和趋同意识，体现了民俗体育固有的生命力、感召力和发展能力。在未来的日子里，我们有理由相信，这些独特的民俗体育项目将继续在世界各地绽放光彩，成为连接不同民族、不同文化的桥梁和纽带。

七、变异性

变异性是民俗体育的核心特质。民俗体育的变异指在历史变迁中，其内在的自我更新和与其他文化元素的交融，从而塑造民俗体育的当代形态，使其与原生状态有所差异。

以淮河流域的凤阳花鼓为例，这一独特的民俗体育形式，深深植根于安徽凤阳的乡土文化之中。在明朝时，由于皇室的青睐，凤阳花鼓得到了极大的推广和发展，其表演形式、唱词和道具等都呈现出丰富的多样性。但随着历史的推移，自然灾害、战乱、人口迁移等因素使凤阳花鼓在发展中不断变异，其表演形式逐渐由最初的姑嫂二人表演，发展为多人歌舞，甚至在清朝时，锣鼓的演奏方式也发生了简化。

在传播过程中，凤阳花鼓的变异性特征更为明显。它不仅在本地流传，还跨越地域界限，与其他地区的艺术形式融合，如在上海地区，凤阳花鼓与当地的民歌小调相互影响，形成了新的艺术形式——二小戏。这种区域间的交流和融合，使凤阳花鼓在保持自身特色的同时，也吸收了其他地方的艺术元素，丰富了其表现形式和内涵。

如今，随着国家对非物质文化遗产保护的重视，民俗体育得到了新的发展机遇。创新元素的注入，如现代传播技术的应用，使凤阳花鼓等民俗体育形式得以更广泛地传播，其变异性特征也更加鲜明。它们在传承历史记忆的同时，也承载着现代文化的价值，为人们的精神生活增添了丰富的色彩。

八、健身性

民俗体育被《体育科学词典》定义为："在民间风俗或民间文化以及民间生活方式中流传的体育形式，是顺应和满足人们的多种需要而产生和发展起来的一种特殊的文化形态。"这一定义揭示了民俗体育的核心特征，即其体育形式的民间属性，它深深植根于人民的日常生活之中，是人们情感表达和精神寄托的重要载体。

我国的民俗体育与原生态的乡土农耕生活紧密相连，承载着人们对神灵的敬畏和对生活的热爱。在众多的民俗体育活动中，龙舟大赛是最具代表性的。龙舟大赛不仅是体育竞技，更是一种集体记忆和文化传承，它凝聚了人们的团结精神，增强了社区的凝聚力。与此同时，摔跤活动在一些地区也备受推崇。早期的摔跤活动多与祭祀仪式相结合，具有庄重神秘的色彩，是人们祈求神灵庇佑、消灾解厄的重要方式。随着时间的推移，摔跤活动逐渐演变为一种娱乐活动，人们在节日中通过摔跤比赛，展示力量，增进友谊。

如今，民俗体育活动在青少年中得到了广泛的推广和普及。如掷沙包游戏，简单易行，既能锻炼青少年的灵敏度和协调性，又能提高他们的反应能力和力量素质，对促进青少年心肺功能的发育具有积极的作用。这些活动不仅丰富了孩子们的课余生活，也在潜移默化中传承了民间的智慧和文化。

民俗体育以其深厚的文化底蕴和广泛的群众基础，成为连接过去与现在、传统与现代的重要桥梁。它以人的身体为载体，通过各种形式的活动，让人们在增强体质、提升心理素质的同时，也得到了精神上的满足和安慰，增强了对环境的适应能力。

九、观赏性

中国的民俗体育项目在视觉上给人以美的享受，在情感上引发了人们的共鸣，强化了社区的凝聚力和文化认同感。以凤阳花鼓为例，其源自安徽省凤阳县的传统舞蹈。飘飘步、十字步、揉鼓条、甩鼓条等动作，如诗如画，轻盈飘逸，如同一幅流动的画卷，让人赏心悦目。不仅如此，凤阳花鼓的服装设计也别具匠心，色彩鲜明，造型独特，充分体现了地方特色和传统美学。起初，这种舞蹈多由姑嫂二人同台表演，服装上的差异也巧妙地反映了角色的不同，增加了舞蹈的观赏性和故事性。

再如，广泛流传于全国各地的舞龙活动，每逢喜庆佳节，人们都会舞动长龙，以祈求吉祥和丰收。舞龙时，龙身随着绣球的引导，做出各种姿态，展现出力量与灵动的完美结合。虽然各地的舞龙形式各异，但都以其独特的艺术表现和强烈的民族特色，吸引了观众的目光，同时也寓教于乐，强身健体，丰富了人们的文化生活。

福建仙游枫亭的菜头灯活动则是另一种民俗体育的精彩呈现。在元宵节期间，各种形状各异、色彩斑斓的彩灯游行，伴随着女子车鼓队、女子管乐队等的表演，构成了一幅热闹非凡的民俗画卷。这些活动以其生动活泼的形式，展现了地方文化的独特魅力，同时也为参与者和观众提供了丰富的审美体验，增强了社区的凝聚力。

民俗体育项目的美学价值不仅体现在其声、色、形、象的和谐统一，更在于其能够触动人们的情感，激发人们的审美情趣，促进人与自然、人与社会的和谐共处。它们以其独特的艺术形式，将生活的朴素之美融入其中，让人们在欣赏和参与的过程中，感受到自然美、社会美的和谐统一，从而提升了民俗体育的观赏价值和文化影响力。

十、交融性

民俗体育不仅丰富了人们的健身和娱乐方式，更在心理层面提供了慰藉，承载着人们的希望和祈愿，深受广大民众的热爱。在历史的长河中，战争的烽烟、自然灾害的肆虐、统治者的命令或少数人的主观意愿，都可能导致大规模的人口迁徙和移居。据学者研究，早在三国时期，古徽州的居民就已经融合了六个不同的来源，包括土著居民、秦朝的移民、战争遗留的士兵、逃避战乱的北方居民、逃避赋役的中原居民以及被这片土地吸引而定居的人们。

人类的迁徙和移动不可避免地带来了生活方式的相互影响和模仿，进而引发了各民族和地区间的文化交流、融合与渗透。例如，战国时期的赵武灵王推行"胡服骑射"的改革，将西北少数民族的骑射技艺引入中原，不仅改变了中原的服饰习惯，也促进了中原与少数民族间的经济和文化交流。同时，民族间的通婚也是推动民俗体育交融发展的重要因素。通婚使各种习俗，包括民俗体育活动，得以在不同民族间广泛传播，如黄帝部族的干戚舞、中原部族的击扯等，都在各民族中流传开来。

中国被誉为"礼仪之邦"，各民族在相互学习、求同存异的过程中，共同创造了丰富多彩的民俗体育文化。从简单的活动到复杂的竞技，从单一的民族特色到多元的融合，我国的民俗体育文化呈现出旺盛的生命力和独特的艺术魅力，发展至今，已经成为具有深厚感染力和表现力的文化形式。无论是中原的舞狮子、舞龙灯，还是西北的打陀螺、拔河，或是各地的风筝比赛，都展现了民俗体育文化的博大精深和无穷魅力。

第三节　新时代民俗体育的角色定位

一、文化传承的载体

民俗体育文化，作为我国各民族在历史长河中依据不同的地理人文环境孕育和发展的瑰宝，不仅是祖国优秀传统文化的重要组成部分，更是我国劳动人民智慧的结晶。

民俗体育文化如同繁星点点的明珠，镶嵌在华夏大地的各个角落。它们各具特色，有的体现了北方的粗犷豪放，有的则展现了南方的婉约细腻。例如，在黄土高原上，那激烈的摔跤比赛"跤王争霸"便是力与美的完美结合；而在江南水乡，龙舟竞渡则体现了团结协作与勇往直前的精神。这些民俗体育活动不仅丰富了人们的业余生活，也成为传承和弘扬传统文化的重要载体。

在"全民健身"和"体育强国"建设的背景下，民俗体育活动以其独特的魅力，吸引了越来越多的人参与其中。无论是城市中的广场舞大妈还是乡村里的龙舟队，都在用自己的方式诠释着民俗体育文化的魅力。同时，民俗体育活动也是"文化强国"和"文化自信"的重要体现。在全球化的大背景下，各种文化相互交融，这些民俗体育活动能让我们在参与中感受到传统文化的独特魅力，更加坚定地树立文化自信。

二、经济发展的助力者

民俗体育文化作为我国传统文化的重要组成部分，蕴含着深厚的历史底蕴和独特的地域特色。这种文化形式以其鲜明的地域性与主体性为各地经济的发展提供了丰富的资源。在尊重和保护民俗文化的基础上，深入挖掘和利用这些资源，可以有效地推动地方经济的特色化发展，从而实现经济的快速增长。

随着人们对文化多样性认识的加深，民俗体育的旅游资源开发日益受到重视。通过举办龙舟赛、舞狮、武术比赛等各种民俗体育活动，不仅能吸引大量的游客，带动旅游业的发展，也能通过广告宣传、电视转播等方式，创造一定的经济效益，为民俗地区的经济发展注入新的活力。

民俗体育活动的开展有助于拓宽人们的文化教育和体育消费领域。它们在提供健身娱乐服务的同时，也对民俗传统文化进行了传承和创新，使其在现代社会中焕发出新的生命力。通过学习和参与民俗体育活动，人们能更深入地了解各地的风土人情，增强文化认同感，对提升民族文化的影响力和软实力具有重要意义。更为重要的是，民俗体育活动的推广能带动相关产业的发展。生产民俗体育服饰、活动器材等的企业应运而生，不仅促进了民俗体育用品的制造与销售，也创造了大量的就业机会，推动了产业链的延伸和升级。

三、健康生活的倡导者

全民健身的核心在于激发大众的参与热情，人们通过参与各种体育活动，尤其是民俗体育活动，来实现身心的全面发展。民俗体育，这种深深植根于民间的传统体育形式，不仅具有健身的实效，更承载着丰富的文化内涵，是社会文明进步的生动体现。

全民健身计划的实施，是对我国综合国力的有力彰显，也是对社会和谐稳定的积极促进。它通过科学的规划、明确的目标和多元的策略，旨在构建一个全民参与、全社会支持的体育环境。

民俗体育以其独特的运动性、娱乐性和文化性成为全民健身的重要载体。它强调身体的锻炼，有助于提高国民的健康水平，同时其丰富的民俗风情和文化内涵又能满足人们休闲娱乐、陶冶情操的需求，实现身心的和谐发展。无论是龙舟竞渡的激烈还是太极拳的柔韧，都是民俗体育健身功能和文化价值的生动展现。

四、推动产业的催化剂

在全球经济一体化的背景下,体育产业作为新兴的经济增长点,正在以前所未有的速度发展壮大。民俗体育作为体育产业中的一颗璀璨明珠,以其独特的魅力和深厚的民族文化底蕴,正逐渐成为推动产业发展的重要力量。它不仅是一种体育形式,更是一种文化传承和地方经济发展的催化剂。

民俗体育活动的举办如同一场盛大的文化盛宴,吸引了大量的游客和观众。民俗体育与地方旅游资源的深度融合,为地方经济开辟了新的增长点。各地政府和企业纷纷挖掘和利用本地的民俗体育资源,打造特色旅游项目,如云南的彝族火把节、内蒙古的那达慕大会等,这些活动不仅丰富了旅游产品,也提升了地方的知名度和吸引力,为地方经济注入了新的活力。

五、国家形象的展示者

(一)提升国家软实力

民俗体育作为中华文化的重要组成部分,以其独特的形式和丰富的内涵,吸引了世界的目光,赢得了广泛的赞誉和认可。民俗体育承载着中华民族的历史记忆、生活智慧和价值观念。从北疆的冰灯会、南粤的舞龙舞狮到中原的武术、西部的马球,每一项民俗体育都是一部生动的历史画卷,展现了中国人民的勤劳智慧和创新精神。

通过举办国际性的民俗体育比赛和交流活动,中国向世界展示了其丰富多彩的文化面貌和开放包容的国家形象,如每年的"中国春节全球欢乐行"活动将舞龙舞狮、武术等民俗体育带到了世界各地,让全球观众在欢庆中感受中国文化的魅力。①

同时，民俗体育的国际化交流也起到了增进国际理解和友谊的作用。当中国的龙舟比赛在海外举行，当外国运动员在中国学习太极拳，这些交流活动不仅促进了体育技艺的切磋，更拉近了不同国家人民的心灵距离，促进了文化的交流和融合。正如联合国教科文组织所强调的，体育是促进和平、理解和友谊的重要工具，民俗体育的国际交流为此做出了积极的贡献。

（二）增强民众的凝聚力

民俗体育文化对民众间的凝聚力具有举足轻重的积极作用。在中华民族广袤的大地上，众多以村落或城镇为单位的节日习俗活动如火如荼地展开，如舞龙、舞狮、踩高跷、扭秧歌、赛龙舟等，这些活动不仅展现了中华民俗的丰富多彩，更在无形中加强了民众间的情感纽带。

当集体单位参与民俗体育活动时，成员们不仅怀揣着竞争心理，更有着强烈的集体荣誉感。在激烈的比赛进程中，集体项目的结果往往取决于内部成员间的协作与配合程度。这种协作与配合需要每一个成员都能够理解团队目标，牺牲个人利益以成全集体。而在一旁观赛的人尽管未能亲身参与，但他们也会自发组成小团体，为本社群参赛的队伍加油助威，这种情感共鸣和集体荣誉感在比赛中得到了充分的体现。

传统节日活动中，亲密的人际关系和集体荣誉感如同无形的纽带，将社群成员紧密地联系在一起。这种情感联系，不仅增强了社群成员之间的团结，更促进了社会集体意识的强化。同时，节日的趣味性和竞赛中的协调配合，使集体的内部聚集性得到了显著提高。在许多地区，每逢节日或大型庆典活动，民俗体育活动都是必不可少的节目。当庆典活动盛大或节日隆重时，民俗体育活动的规模与气势也会相应增大，参与人数众多，热闹非凡。

---

① 裴凯迪，周万斌，张亚晶. 我国民俗体育文化及其资源的开发研究[J]. 决策探索（中），2021（06）：89–90.

（三）促进民族团结

中华民族在发展中，各民族间的交融、地域特色以及文化统一性始终是社会演变的重要组成部分。随着时代的车轮滚滚向前，科技的进步和全球化的冲击，这些传统的界限和差异正在逐渐淡化。正是在这样的背景下，民俗体育的特殊价值愈发凸显，它们如同一条条无形的纽带，将广大民众的心紧密相连，共同维系着中华民族的认同感和凝聚力。

以端午节的赛龙舟为例，这项运动的起源可以追溯到对龙图腾的崇拜，它最初是一种祭祀仪式，目的是祈求风调雨顺、五谷丰登。但随着历史的沉淀，赛龙舟与屈原的故事紧密相连，成为纪念这位伟大爱国诗人的象征。每年端午，各地的龙舟比赛如火如荼，人们在激烈的竞赛中，不仅体验到竞技的刺激，更深深感受到中华民族的集体记忆和民族精神。这种集体情感的共鸣，增强了民族的向心力，激发了人们的民族自豪感，进一步凝聚了民族的力量。

同样，舞龙、舞狮、拔河等民俗体育活动，它们的集体性特征尤为突出。这些活动通常需要团队的密切配合，参赛者不仅要有强烈的竞争意识，更要有对民族集体荣誉的深深敬畏。在共同参与的过程中，人们学会了团结协作，增强了集体意识。

第二章　民俗体育文化概述

　　民俗体育文化是我国博大精深的传统文化中的一颗璀璨明珠，承载着中华民族的历史记忆和民族精神，是华夏大地上的独特风景线。它不仅是一种体育活动，更是一种文化现象，是人民群众在长期社会实践中创造、传承和发展起来的，是一种具有鲜明地域特色和民族风格的生活方式和精神寄托。本章基于第一章民俗体育的内涵，进一步探究民俗体育文化的相关内容，包含其定义、演变进程、意义、价值以及机遇和挑战。

第一节　民俗体育文化的含义

民俗体育文化长久以来在民族体育、民间体育与传统体育的交融中悄然生息，构成了体育文化研究领域中不可或缺的一部分。它以深厚的民间根基、丰富的地域特色和独特的文化魅力，吸引着学者们深入探索的目光。随着全球体育文化的多元化发展，民俗体育的独立研究价值日益凸显，其内涵的多维度解析显得尤为迫切。本章就对其展开分析。

一、民俗体育文化内涵的多维解析

（一）健身性内涵

健身性是体育运动的基本属性之一。而民俗体育，作为体育运动的一种特殊形式，同样具备这一属性。它不仅继承了体育运动的健身理念，更在长期的发展过程中，形成了独特的文化内涵和表现形式。

回顾历史，19世纪末的中国，正处于水深火热之中。社会生活的动荡不安，使人们开始寻求改变。正是在这样的背景下，西方先进的观点和思想开始传入中国，对中国的社会产生了深远的影响。其中，锻炼身体的重要性逐渐被广大民众认识。

这一时期，我国著名的思想家、翻译家严复以其深厚的学识和独到的见解翻译了《天演论》。在这部著作中，他明确提出了"物竞天择，适者生存"的观点，强调了适应环境的重要性。他认为只有不断自强，提升民族的整体素质，包括拥有强健的体魄和智慧，才能在激烈的竞争中立于不败之地。

（二）竞技性内涵

随着17世纪资本主义的萌芽和19世纪工业革命的浪潮，现代竞技体育在全球范围内蓬勃发展。这一现象的出现是社会经济变革和科技革新的产物，它将体育从传统的农耕活动和军事训练中解放出来，转变为一种具有高度组织化和商业化特征的社会活动。在此背景下，竞技体育也开始跨越大洋，逐渐融入我国的文化土壤中，对我国的体育文化产生了深远的影响。

与西方竞技体育文化的商业化和专业化相比，我国的民俗体育更显现出浓厚的社区性和文化性。在西方，体育赛事往往与经济利益紧密相连，如职业联赛、高额奖金等，而经济属性在我国的民俗体育中则显得较为淡薄。这主要源于我国封建社会的长期影响，社会结构以血缘关系为基础，形成了严格的等级制度。因此，我国的竞技体育，如传统的武术比赛、蹴鞠活动等，更多地体现了对社会规范的挑战和对个人能力的肯定，而非单纯的经济利益追求。

如果说健身性是民俗体育文化的核心属性，竞技性则在一定程度上激发了人们对于身体健康的追求和对于卓越的向往。无论是传统的武术锻炼，还是农村的农耕比赛，都强调在活动中强身健体，提升个人能力。同时，这种竞技性也促进了社区的互动和团结，使民俗体育成为社会凝聚力的重要载体。[1]

（三）原生态内涵

在历史的长河中，民俗始终扮演着人们生活方式的载体，它是一种文化的精髓，是人们生活状态和生活方式的生动写照。民俗体育，作为民俗文化的重要分支，充分体现了民俗的多元性和地域性特征。它不仅反映了特定地区人们的文化意识，更在深层次上影响着各民族的生活发展，是各国家、各

---

[1] 高亮，麻晨俊. 解释学视角下的我国民俗体育本质解构[J]. 武汉体育学院学报，2014，48（04）：31-37.

民族独特社会生活方式的体现，也是其本质文化的重要组成部分。

民俗源于人民的日常生活，是底层社会生活的真实反映，是生活文化的直接体现。它以其原生态的本质，对人们的思维方式、价值观念乃至生活方式产生了深远影响。无论是农耕文化中的祈雨仪式，还是游牧民族的骑射活动，都是民俗对特定生活环境和生活方式的生动诠释。

同时，民俗体育在传统文化的熏陶下，形成了独特的风格和特征。我国的民俗体育文化深受儒家思想的影响，注重体育的和谐与美感，强调团队合作和精神陶冶，如太极拳、武术等，都体现了这种和谐与平衡的理念。另一方面，道家的养生思想也在许多民俗体育项目中得以体现，如气功、太极剑等，它们在强身健体的同时，也蕴含了深厚的哲学内涵。

随着社会经济的发展，民俗体育也在不断地创新和再生。广场舞就是一个典型的例子。在人们健康意识提高和生活节奏加快的背景下，广场舞以其简单易学、强身健体的特点，迅速在全国范围内普及，成为现代城市生活中的一项重要民俗体育活动，展现了民俗体育的活力和适应性。

（四）生活性内涵

民俗体育作为生活的重要组成部分，是人类社会历史发展的重要见证，也是其得以延续和繁荣的源泉。与其他体育形式相比，民俗体育文化的独特之处在于其深深植根于日常生活之中，与人们的生活方式、习俗、信仰等紧密相连。随着社会不断变迁，人们的生活习惯发生改变时，民俗体育也会随之演变，反映出时代的烙印。

以我国古代的蹴鞠运动为例，它与传统节日"寒食节"的关系源远流长，被誉为"黄帝所造"的民间活动。在西汉史学家刘向的《别录》中，我们能找到"寒食蹴鞠"的早期记载，而在唐宋时期，众多诗人的作品中也充满了对这一活动的描绘，足见其在唐宋时期的盛行。但随着元明清三朝对清明节的重视超过寒食节，蹴鞠失去了其生存的土壤，逐渐淡出人们的视线。王俊奇先生的研究指出，蹴鞠的兴衰与寒食节的冷落有着直接的关系，同时也受到社会变迁、人们观念转变等多种因素的影响。因此，保护和传承民俗体育文化，就需要深入挖掘其生活性内涵，使其与现代生活相融合，以保持持久的生命力。

（五）社群性内涵

人作为社会的生物，在很大程度上是由其社会性塑造的。在社会的大舞台上，人们通过各种社会关系，如家庭、工作、社区等，不断地学习、成长和创新，从而实现自我价值的提升。这种社会性不仅体现在个体与个体之间的互动，更体现在人类作为一个整体的集体行为上。正如马克思所指出的，人的本质是所有社会关系的总和，这种社会性是人类最根本的属性。

民俗体育作为社会文化的一种重要表现形式，其核心特质便是社群性。社群性不仅是指民俗体育活动通常需要集体参与，同时也反映了民俗体育的地域性和民族性，如广场舞这种活动，无论是在城市还是乡村，都能看到人们在广场上翩翩起舞，这不仅是一种民俗活动，更是一种社区凝聚力的体现。

（六）文化性内涵

1.物质性

民俗体育作为传统文化的重要载体，其生存与发展与经济基础有着密切的联系。在经济繁荣的地区，雄厚的经济基础为民俗体育的开展提供了坚实的物质保障。这些地区通常拥有完善的体育设施和场地，能够支持各种规范化的民俗体育运动，使这些活动得以有序、丰富地进行，同时也为人们提供了休闲娱乐的场所，增强了社区的凝聚力。

2.制度性

民俗体育的制度性主要体现在其规则的形成和演变过程中。这些规则并不是一成不变，而是随着参与者的实践和需求，通过不断地协商和调整得以完善。民俗体育的制度性还体现在其对社会规范的反映和强化上。许多民俗体育活动的规则，如尊重对手、公平竞争等，都是社会公德和伦理道德的生动体现，对社会秩序的维护和和谐社区的建设起到了积极的作用。因此，我们可以说，民俗体育的制度性是其文化价值和社会功能的重要体现，是其能够在历史长河中流传下来并持续发展的重要原因。

3. 精神性

民俗体育文化不仅是民间生活的重要组成部分，更是民族精神和集体记忆的载体。民俗体育的精神性体现在其强烈的社区凝聚力和文化认同感上。它们往往是社区活动的中心，通过共同参与和传承，增强了社区成员的归属感和集体认同。同时，这些活动也是传承民族文化、弘扬民族精神的重要途径，对于维护文化多样性、促进社会和谐具有不可忽视的作用。

4. 符号性

民俗体育以其深厚的民间根基和鲜明的地域特色，构成了世界体育文化宝库中的一颗璀璨明珠。这种特性使许多民俗体育运动项目超越了单纯的体育形式，逐渐演变成特定地区、特定民族的文化符号，甚至成为民俗和地域的象征，以此在世界范围内传播和认同。

以我国的舞龙和舞狮为例，这两种源自民间的体育活动，凭借其独特的艺术表现和深厚的文化内涵，已经在全球范围内被公认为中华文化的代表。无论是在繁华的都市，还是在偏远的乡村，甚至在异国他乡，只要看到那翻腾起舞的长龙和灵动矫健的狮子，人们都会自然而然地将其与博大精深的中华文明联系起来。它们不仅是一种体育活动，更是一种文化传承和民族精神的体现。

二、民俗体育文化内涵的生成机制

（一）民俗体育文化的存在方式

民俗体育文化作为人类历史长河中的一颗璀璨明珠，其深厚的底蕴和丰富的内涵早已超越了时间的束缚，成了连接过去、现在和未来的重要桥梁。

第二章 民俗体育文化概述

对于这种文化的探索和研究,往往需要我们深入历史的深处,去挖掘那些被岁月尘封的痕迹,因此我们常常将研究民俗体育文化的视角定位在对过去的回顾和对传统的尊重上。但这种"向后看"的研究方式,有时会无意间将民俗体育文化简化为一种静态的、古老的,甚至被误解为"落后"和"陈旧"的文化形态,这种观念的偏差限制了我们对民俗体育文化的全面理解。

1.民俗体育文化是一种历史凝结

民俗体育文化是历史长河中人类智慧的结晶,它在各个时代的发展中,始终保持着与社会同步的"契合"特性。这种文化形式,如同一面镜子,反映出各个时代的社会风貌、人们的生活方式以及精神追求,是时代精神的重要载体。因此,可以说,民俗体育文化的存在和发展,是历史进程中的必然趋势,是人类文化多样性的生动体现。

理解民俗体育文化,需要我们将其置于历史的脉络之中进行解读。历史的车轮滚滚向前,民俗体育文化也随之演变,从原始社会的狩猎舞蹈,到农业社会的农耕祭祀,再到现代社会的各种体育竞技,每一项民俗体育活动都深深地烙印着时代的印记,如中国的龙舟竞渡起源于古代的祭龙祈雨仪式,蕴含着中华民族对和谐共生、团结协作的深深向往。

2.民俗体育文化是文化"点"的集合

民俗体育文化作为一种独特的文化现象,其生成方式与直线型、螺旋上升型等其他文化形式截然不同。它以"点"的形态存在于各民族和地域之中,这些"点"如同繁星般散落在历史的长河中,最终汇聚成一条贯穿始终的文化主线,描绘出民俗体育文化的演变脉络。

第一,民俗体育始终关注人类的身心健康。在早期,它更多地表现为一种祈求神灵庇护的仪式,人们通过运动来祈求平安与健康。但随着社会的进步,民俗体育的运动目的和功能发生了转变,它逐渐演变成现代人们主动参与的健身活动,成为人们保持身心健康的重要方式。

第二,民俗体育文化深深地根植于各个具体的体育项目之中。这些项目在历史的长河中不断演变,形成了现代丰富多彩的民俗体育运动。尽管形式各异,但它们都承载着深厚的文化内涵,无论是运动的规则、技巧,还是其中蕴含的信仰、价值观，都反映出民俗体育文化的传承与创新。

（二）民俗体育文化的生成内涵

民俗体育历经千百年的沉淀，逐渐塑造出自己鲜明的特质，成为我国民族体育文化中的一颗璀璨明珠。它不仅承载着一般文化的基本属性，如象征性、传承性等，更在其中融入了深厚的民族情感和地域特色，形成了独特的内涵和表现形式。作为中国传统文化的有机组成部分，民俗体育文化是中华民族传统文化的瑰宝，是东方伦理文化特质的生动诠释，充分展现了东方智慧的深邃与魅力。

在历史的长河中，民俗体育文化在各民族间交流碰撞，吸收融合，如同一颗坚韧的种子，顽强地在各种社会环境和历史变迁中生根发芽。这种交流与融合，既包括了物质层面的工具、技艺的传递，也涵盖了精神层面的价值观、思维方式的渗透。因此，民俗体育文化的形成，是一个动态的、多元的过程，是物质文化和精神文化交织互动的结果。

1.民俗体育文化表层范式的建立

民俗体育运动作为民间文化的重要组成部分，其发展和演变过程往往蕴含着深厚的文化内涵。一旦这些运动形式形成了独特的文化体系，它们的器械、规则等元素便会迅速被社会接纳，成为人们日常生活的一部分。但这种表层文化的构建并不是易事，它实际上是一个复杂且长期的动态过程。

民俗体育的表层文化范式的建立不仅是形式和规则的创新，更是深层次文化变革的体现，包括社会观念、价值观、生活方式等多方面。例如，西北地区的民俗体育活动对器械的创新和规则的制定都是在特定的物质环境和文化背景下产生的，它们以人的身体为载体扎根于"物质基础"之上，反映了人们对生存方式的探索和对生活意义的理解。在这个过程中，物质文化的创造和丰富起着关键作用。体育活动的器械、场地等物质条件为人类的实践活动提供了可能，同时也塑造了人们的行为模式和生活方式。人们通过劳动资料的生产和运用，不断创造出新的物质财富，同时也创造和体现了特定社会

第二章 民俗体育文化概述

的文化特质。这些社会文化因素的形成和发展进一步构成了人与人之间的社会关系，对个体的行为产生了深远影响。政治制度和组织的形成、宗教信仰的传播以及风俗习惯的演变，都在不同程度上塑造了人们的价值观念和情感倾向，影响着他们的行为选择和生活方式。

2.民俗体育文化深层范式的更迭

民俗体育文化以其超越性的特质，深深植根于人类精神的土壤之中，其内涵丰富，涵盖了民族意识、文化心理、哲学思想、伦理道德规范、审美心理与文化财富、宗教信仰等多个维度，这些精神元素共同构成了民俗体育文化的灵魂。

精神性是民俗体育文化的核心，它如同一条无形的纽带，将个体与群体、历史与现实、物质与精神紧密联系在一起。民族意识是民俗体育文化精神内涵的重要组成部分，它塑造了群体的集体认同感和归属感；文化心理反映了人们对世界的理解和对生活的态度；哲学思想为民俗体育文化提供了深度的思考框架；伦理道德规范则规定了社会互动的基本规则；审美心理影响了民俗体育活动的形式和风格；而宗教信仰则为人们提供了精神寄托和生活意义。这些精神元素相互交织，共同构成了民俗体育文化的丰富内涵，对民俗体育文化的生成和发展产生了深远影响。

民俗体育文化并不是静止不变的，而是由主体结构文化与客体结构文化共同构成的动态系统。主体结构文化主要体现在人的认知、情感和行为模式中，而客体结构文化则包括了具体的体育活动形式、规则和传统。这两者的动态平衡和互动发展，构成了民俗体育文化的生命力。但在现实研究中，我们往往忽视了这种动态变化性，导致了对民俗体育文化的片面理解。

一方面，如果主体结构文化与客体结构文化之间出现严重的范式冲突，即表层文化范式与深层文化范式无法兼容，这将对民俗体育文化的生存构成威胁，可能导致其逐渐消亡。另一方面，民俗体育文化的深层文化范式会通过自我调整来适应表层文化范式的变迁，但这种调整过程往往具有一定的滞后性，且文化范式的更迭是持续不断的，这种内在的动态性为民俗体育文化的持续发展提供了动力。

（三）民俗体育文化的生成动力

1.人类对自然的超越和创造

民俗体育文化是深深扎根于人类社会历史长河中的瑰宝，是人类对自然界的敬畏、探索与超越的生动体现，也是文化人本性的重要载体。它源于我们的祖先在与自然环境的长期互动中，为了生存、繁衍和寻求精神寄托而创造的各种活动。这些活动随着时间的推移逐渐演化为具有丰富象征意义和深厚文化底蕴的民俗体育形式。

（1）祭祀活动

在人类历史的早期，祭祀活动是社会生活的重要组成部分，它源于古人对大自然的敬畏和神秘感。在那个知识与科学尚未充分发展的时代，人们面对自然灾害、疾病等无法解释和应对的现象时，往往会将这些归因于神灵的力量，通过祭祀活动祈求庇护和平安。这种行为不仅是对未知世界的恐惧和尊重的体现，也是人类早期社会秩序和集体心理的反映。

随着社会的进步和人类对自然界的认知逐渐加深，人们开始认识到运动对保持身体健康的重要性。这种对身体健康的关注使祭祀活动的性质发生了转变，即从单纯的祈福仪式逐渐演变为包含健身元素的活动。这种功能性转变引发了民俗体育文化的深刻变革。过去，民俗体育的核心是"敬"和"畏"，人们通过祭祀活动表达对自然力量的敬畏和尊重。如今，人们开始通过参与民俗体育活动，提升身体素质，增强生存能力，同时也通过这种自我超越的过程，实现了对自然的超越，从被动的敬畏者转变为能够主动应对自然挑战的主体。

因此，民俗体育的历史演变不仅是人类对自然认知的深化，也是人类自我意识觉醒和自我价值提升的体现。它反映了人类社会从对自然的敬畏到对自我能力的自信，从依赖神灵的庇护到通过自我努力实现健康和幸福的转变。这种转变不仅塑造了民俗体育的形态，也深深地影响了人类社会的文化观念和生活方式。

（2）生产实践

民俗体育文化源泉可追溯至人类的生产实践活动。人类文化，作为实践活动的历史积淀和对象化，反过来又塑造了人们的实践方式。民俗，这个多元化的宝库，由众多元素构成，其中，传统的劳动生产习俗和日常生活习惯占据了核心地位，而与之紧密相连的民俗体育项目则呈现出丰富多样的形态，如苗族的欢快舂米舞、彝族的悠扬荞子舞等，它们都是人类早期与自然环境互动的生动写照。

第一，民俗体育文化是人与自然关系的生动体现，是分裂与统一的产物。这些体育活动往往源于人类对自然环境的适应和利用，如跳房子、打瓦、打水漂、滑冰等的开展并不依赖特定的场地，只需要依赖简单的自然环境。

第二，民俗体育文化是人与人、人与社会关系的反映和调和。几乎所有的民俗体育项目都与特定的社会文化背景紧密相连，其不断塑造和影响人们的行为方式，并在人与人、人与社会的关系中发挥着重要作用。以"投壶"为例，这项活动最初仅限于士大夫阶层，随着社会的发展和普及，其参与人群和使用的器械均发生了变化，从酒壶、箭到杏核、石子，甚至任意器皿，这些变化不仅揭示了社会阶级的分化，也反映了民俗体育如何在社会变迁中保持其活力和适应性。

2.民俗体育文化的自我超越和创造

民俗体育文化作为人类智慧的结晶，是文化多样性的生动体现，而非其创造者的直接产物。这种文化现象的繁荣与传承，与中国5000年文化的深厚底蕴息息相关。中国传统文化的多元性、包容性在民俗体育文化中得以充分展现，涵盖了物质、制度、精神等各个层面。民俗体育实质上是民族社会体育活动的综合体现，它在历史的长河中不断吸收、融合，形成独特的文化体系，对人的行为和思想产生深远影响。

民俗体育文化的自由发展特性不容忽视。尽管人类是其创造者，但人类并不能随心所欲地驾驭其发展路径。民俗体育文化遵循自身的规律，如同生命般自然生长。在现代社会，许多传统体育项目面临衰落甚至消失的困境，尽管人们试图通过各种方式挽救，但若与自然、社会环境的和谐关系被打破，强行干预往往收效甚微。人类的角色更倾向于引导者，通过理解、研究，引导民俗体育文化适应变化，继续向前发展。

第二节　民俗体育文化的演变进程

民俗体育文化自其诞生之日起便伴随着人类社会的发展脉络，历经了几千年的风雨洗礼，至今仍保持着旺盛的生命力。它不仅是历史的见证者，更是文化的传承者，其发展历程犹如一部生动的历史长卷，展示了人类社会的变迁与进步。我们可以将民俗体育文化的发展进程大致划分为以下三个主要阶段。

一、古代民俗体育的兴盛时期（秦汉南北朝时期）

在中国悠久的历史长河中，秦、汉、三国时期是国家统一与文化交融的重要阶段。这一时期，中国经历了从秦始皇的统一六国，到汉朝的繁荣昌盛，再到三国的群雄割据，每一个阶段都在不断地塑造和影响着中华文明的形态。

（一）民俗体育在民族融合中不断演进

秦始皇统一六国，标志着中国大一统时代的开启。他以中原的农耕文明，即周秦文化为基础，采取了大规模的移民政策，将这种文化模式推向了全国的每一个角落。这一政策的实施使各民族的文化得以交融，形成了多元一体的中华文化格局。秦汉时期，这种文化融合的趋势进一步加强，各民族的社会经济和文化发展迅速，民族间的交流互动也日益频繁。

体育活动在这一过程中起到了重要的桥梁作用。以摔跤运动为例，这项运动在秦汉时期已经形成了三种不同的风格，分别被称为"角力""角抵"和"争跤"。这些不同的摔跤形式不仅在北方民族中广为流传，也在与中原地区的交流中得到了传播和发展，丰富了民俗体育的内容，推动了传统体育在各地的普及。

两晋南北朝时期，北方的游牧民族大量迁居中原，他们的生活方式和文化习俗在与中原文化的碰撞中发生了深刻变化。骑马射箭，原本是他们赖以生存和战争时必备的技能，逐渐与中原的军事体育相结合，成了一种以健身为主要目的的活动。在这一过程中，这些活动也融入了汉族的传统节日，形成了独特的民族体育形式。

（二）民俗体育有着浓厚的娱乐性

追溯中国古代历史的长河，不难发现，秦汉大一统时期之前的历朝历代，军事活动占据着举足轻重的地位。在这一时期，军事练兵不仅仅是国家安全的基石，更是社会稳定和民族繁荣的保障。因此，在这样的历史背景下，几乎所有的传统体育活动都深深地烙印着军事训练的痕迹。它们不仅仅是为了强身健体，更是为了磨炼士兵的战斗意志，提升他们的实战能力。

古代将士们身披战甲，手持长矛，在广袤的练兵场上驰骋。他们的每一次挥剑、每一次射箭都是为了在未来的战场上能够更好地保卫国家。这种强烈的军事目的使传统体育活动的功利性异常显著，而娱乐性则相对薄弱。

随着历史的演进，秦灭六国，一统天下，中国进入到了大一统的时代，这种局面开始发生了翻天覆地的变化。大一统的实现不仅意味着政治上的统一，更带来了文化、经济、社会等各个方面的巨大变革。这一时期，各项制度得到了重新规定，统一的标准得以制定出来，这为文化娱乐领域的发展提供了广阔的空间。

在这样的背景下，体育活动开始逐渐摆脱军事训练的束缚，展现出其独特的魅力。人们开始意识到体育不仅是为了战斗，更是为了享受生活、追求健康。于是在闲暇时间和茶余饭后，人们纷纷走出家门，参与到各种体育活动中来。无论是摔跤、蹴鞠，还是射箭、马术，都成了人们娱乐的最佳选择。

此时，体育的娱乐性特征开始逐渐显现出来，并呈现出逐渐增强的趋势。人们开始注重体育活动的趣味性、观赏性和参与性，而不仅是其功利性。这种变化不仅体现在普通民众的生活中，也反映在了官方的政策上。

二、古代民俗体育的繁荣时期（隋唐时期）

隋唐时期作为我国历史长河中璀璨夺目的明珠，其在"盛世"序列中占据着举足轻重的地位。这一时期，国家的综合国力达到了空前的高度，政治稳定，经济繁荣，文化璀璨，科技发达，共同构建了一个盛世的壮丽画卷。尤其在文化领域，那种恢宏庞大、热烈昂扬的格调，如同一幅浓墨重彩的长卷，生动描绘了隋唐盛世的繁荣景象，也为传统体育的兴盛营造了适宜的环境。

（一）丰富多彩的民俗体育是节令的重要内容

节令源自古代农耕社会，是人们根据自然规律和农业生产节奏设立的特殊日子，它不仅是指导农事活动的指南，节令活动也是人们表达对自然、神灵敬畏和祈求丰收、平安的重要方式。例如，重阳节的登高习俗，最初是古人为了驱邪避疫、祈求平安而进行的活动，如今，它已经演变成人们秋季户外活动、强身健体的一种方式。

1.拔河运动

拔河运动是一项在现代校园中广受欢迎的体育活动，其历史渊源可以追溯到遥远的唐代。在那个繁荣昌盛的时代，无论在民间还是宫廷，拔河都是一项深受喜爱的集体运动。每年的元宵佳节，当人们欢庆农历新年的第一个满月时，拔河比赛也成了节日庆典的重要组成部分。参赛人数之众，往往达到上千人，形成了一幅壮观的民间竞技画卷，其热闹非凡的景象，足以令人叹为观止。

唐代文人墨客对这一盛况多有记载，其中，著名诗人薛胜的《拔河赋》更是生动地描绘了拔河比赛的宏大场面。他写道："皇帝大夸胡人，以八方平泰，百戏繁会。令壮士千人，分为二队，名拔河于内，实耀武于外。"这段文字不仅揭示了拔河运动在唐代的盛行，也反映了当时社会的繁荣稳定，以及皇室对民间娱乐活动的重视与支持。薛胜以细腻的笔触，将拔河比赛的

第二章 民俗体育文化概述

激烈竞争、人们的欢声笑语以及皇家的威严气势融为一体，使读者仿佛置身于那个热闹的活动现场。

拔河运动的盛行不仅因为它能锻炼人们的体魄，增强团队协作精神，更因为它具有强烈的娱乐性和观赏性。在那个没有现代娱乐设施的时代，拔河比赛成了人们释放热情、增进友谊的重要方式。同时，比赛中的胜负也常常被赋予吉祥的寓意，象征着国家的繁荣昌盛和人民的团结一心。

2. 荡秋千运动

荡秋千早在唐代就已深深植根于中国的传统节令文化之中。据古籍《开元天宝遗事·半仙之戏》记载，每年的寒食清明之际，唐代宫廷的女子们会尽情地荡秋千，以此来欢度佳节，唐玄宗更是将其美誉为"半仙之戏"，这一称呼赋予了荡秋千一种超凡脱俗的韵味。随后，这种习俗逐渐流传至民间，无论百姓还是贵族，都乐于参与其中，使得荡秋千成了一项深受大众喜爱的活动。

众多文人墨客也纷纷以诗词描绘这一生动场景。唐代大诗人杜甫在《清明二首》中以"万里秋千习俗同"一句，简洁地勾勒出清明时节，无论身处何地，人们都会荡秋千的普遍景象。而王维在《寒食城东即事》中则以更为细腻的笔触，描绘了荡秋千的热烈场景："蹴鞠屡过飞鸟上，秋千竞出垂杨里。"秋千在绿杨的映衬下，如同一幅动态的画卷，荡秋千者的矫健身姿仿佛超越了凡尘，展现出一种独特的竞技之美。这些历史记载和诗词描绘，不仅揭示了荡秋千在唐代的流行程度，也反映了古代人们在节庆活动中对生活的热爱和对美的追求。

3. 赛龙舟活动

赛龙舟是传统民俗体育的璀璨瑰宝。它的历史源远流长，与对端午节的庆祝和对屈原的纪念紧密相连。赛龙舟的起源可追溯到远古的祭祀仪式，人们通过划龙舟来祈求风调雨顺，五谷丰登。但到了隋唐盛世，赛龙舟的性质发生了显著变化，它逐渐从祭祀活动演变为一种充满娱乐性和竞技性的民俗体育活动。

从唐代文人张建封的《竞渡歌》中，我们可以领略到龙舟竞赛的壮观景象。他以生动的笔触描绘了参赛者们挥汗如雨，奋力划桨的激烈画面，仿佛将读者带入了那个鼓声震天、人声鼎沸的竞技现场。而刘尚书宴集北池时的场景，通过《上巳日陪刘尚书宴集北池序》的记载，我们也能感受到竞渡时那种气势如虹的氛围，那种勇猛无畏、一往无前的精神力量，仿佛可以破山裂石，直上青天。赛龙舟的这种磅礴气势和旺盛生命力，不仅体现在比赛的激烈竞争中，更体现在人们对于传统文化的热爱和传承中。

4.寒食节中的体育活动

古代的"寒食节"是一个充满历史韵味的中国传统节日，如今我们称之为清明节。寒食节源自春秋时期的晋国，为纪念忠诚的介之推，人们在这一天禁火，只吃冷食，故名寒食。在这样的日子里，人们不仅遵循着古老的习俗，更借此机会走出家门，沐浴在春意盎然的景色中，享受大自然的馈赠。

春光如诗，万物复苏，人们在户外踏春，欣赏着桃花嫣红、柳条青翠的美景，心灵得到了极大的愉悦。同时，为了强身健体，他们还参与各种有益身心的户外活动，其中最具代表性的便是"寒食蹴鞠"。蹴鞠，作为中国古代的足球运动，早在唐朝时期就已经盛行，人们在草地上追逐蹴鞠，球起球落，尘土不扬，一派生动活泼的景象。唐代文人白居易在《洛桥寒食日作十韵》中生动描绘了这一情景："蹴球尘不起，泼火雨新晴。"寥寥数语，蹴鞠的热烈与春日的晴朗跃然纸上。

寒食蹴鞠的流行并不是孤立的，它只是众多民俗体育活动中的一个缩影。不同的节令，如端午的龙舟竞渡，中秋的赏月猜谜，人们都会举行各种各样的活动，以庆祝节日，祈求丰收，同时也丰富了人们的精神文化生活。这些活动不仅凝聚了民族的智慧，也成了连接过去与现在的纽带，代代相传，历久弥新。

（二）民俗体育的对外交流频繁

在我国悠久的历史长河中，众多盛世王朝交相辉映，其中隋唐时期以其独特的光辉和影响力，成了最具代表性的一个时代。这一时期，不仅经济繁荣、文化昌盛，更在民俗体育交流方面取得了显著的成就。

隋唐时期能够成为一代盛世，其中一个重要原因在于当时的统治阶级具有开拓、创新、奋进的精神风貌，以及开明、开放、民主的统治思想。他们对内采取怀柔政策，使国家内部安定和谐；对外则积极发展与邻邦的友好关系，展现了无与伦比的开放与包容。这种包容性在对待外来文化时表现得尤为明显，面对各国"遣唐使"所带来的外来文化，隋唐王朝并不排斥，而是敢于兼收并蓄，这一态度在当时的历史背景下是极为罕见的。

这种开放与包容的态度极大地促进了体育交往领域的进一步拓展。在这一时期，许多具有中国特色的民俗体育项目如投壶、蹴鞠、击鞠、围棋、步打球等纷纷走出国门，被外人所知。这些项目不仅展示了中华民族的智慧和才华，也丰富了世界体育文化的多样性。同时，外来体育文化的涌入也为中国的民俗体育带来了新的元素和灵感，促进了中外体育文化的相互借鉴和融合。

三、民俗体育的全面发展时期（新中国成立至今）

在历史的长河中，新中国的成立标志着一个新时代的开启。国家在经历了长期的战乱和困苦后，百废待兴，亟须在各个领域进行大规模的建设。在这一关键时期，如何在物质建设的同时，恢复和提升人民的民族自尊心和自信心，成了一个亟待解决的重要问题。在这个背景下，体育运动尤其是富有民族特色的民俗体育活动，被赋予了特殊的意义和价值。

体育运动尤其是民俗体育，其独特之处在于它既能强健人民的体魄，又能通过传承和发扬民族传统文化，激发人民的民族自豪感。民俗体育活动如龙舟赛、武术、太极拳、蹴鞠等，深深植根于民族的历史和文化中，是民族精神的重要载体。因此，党和政府高度重视民俗体育的发展，提出了"积极倡导，加强领导，改革提高，稳步前进"的十六字方针，为各民族体育的交流和发展提供了明确的指导和有力的支持。

从新中国成立至今，民俗体育运动的发展历程大致分为如下三个阶段。

（一）挖掘与整理阶段

中国历史如同一条深邃的长河，源远流长，其中蕴含了无数璀璨的文明瑰宝。对于历朝历代的统治者而言，治国平天下是首要之务，因此他们往往将更多的精力投入经济、农业和立法等方面的研究中，而对文化领域的探索却稍显薄弱。尤其是民俗体育这一独特且充满生机的领域，更是被长期忽视。这种局面不仅限制了民俗体育的发展，也为新中国成立后对其的振兴增添了不小的难度。

新中国成立后，毛主席在《新民主主义论》中明确指出，民族文化是提升民族自信心的重要基石。为此，必须对古代文化进行深入的梳理，剔除其中的封建糟粕，吸收和发扬其民族性的精华。这一方针为民俗体育的发展指明了方向。在政策的引导下，我国众多学者和民俗专家纷纷投入到民俗体育的整理与挖掘工作中，他们不辞辛劳，跋山涉水，深入民间，搜集整理了大量珍贵的民俗体育资料。这些努力使得民俗体育焕发出新的生机，地域限制逐渐弱化，民俗体育开始在全国范围内广泛传播和发展。

1953年是我国民俗体育发展历史中的一个标志性年份，我国首次举办了全国少数民族传统体育运动大会，标志着民俗体育的发展迈入了一个全新的时期。首届运动会不仅为少数民族体育的发展确立了明确的路径，更强化了全国各民族间的团结和向心力。

（二）停滞与恢复阶段

民俗体育自1953年起，在华夏大地上掀起了一股发展浪潮。但历史的波澜并不总是平静的，在20世纪50年代末至70年代末，由于一系列复杂的历史因素，民俗体育的发展步伐受到了严重的制约，原本蓬勃向上的势头被无情地打断。

党的十一届三中全会的召开，标志着历史的重要转折点。此次会议不仅深刻纠正了过去的错误观点和政策，更确立了国家未来的发展方向，即坚持以经济建设为中心，坚定不移地走社会主义道路。改革开放的浪潮随即席卷全国，促使众多少数民族地区经济逐渐复苏，实现了显著的进步与发展。正

第二章 民俗体育文化概述

如经济基础对于上层建筑的决定性作用那样，经济的蓬勃发展为文化的繁荣奠定了坚实的物质基础。当人民在物质生活上得到满足之后，对精神文化的追求也自然提升，这为民俗体育的复兴与发展创造了难得的契机。

在20世纪80年代末期，国家体委及负责少数民族事务的机构共同组织了一次至关重要的全国少数民族体育工作研讨会。此次会议的核心议题是探讨如何将民族民俗体育活动重新定位为国家发展战略的关键组成部分，并期望通过这种独特的文化载体，全力推动和传播中华优秀传统文化。

但停滞了20多年的民俗体育面临着诸多挑战和困难。其中，人才断层的问题尤为突出。许多老一辈的民俗体育传承人年事已高，而新一代的传承人尚未形成，这导致了民俗体育技艺的传承出现了断层。此外，大众对民俗体育的认识和了解仍然不足，许多人对民俗体育持有一种"土味"的偏见，这严重制约了民俗体育的普及和发展。

（三）普及与提高阶段

经过了20世纪中叶那段过程严峻的复苏阶段，到了80年代末，民俗体育的复兴与发展达到了一个前所未有的高峰。这一显著的提升可以从以下几个关键的方面得到深入的阐述。

1.对一些民俗体育项目进行了改变和创新

面对现代社会的多元化需求，单纯依赖传统形式往往难以满足人们的期待。因此，通过改编和创新，将传统与现代相结合，是推动民俗体育持续发展的重要途径。

以毽球为例，这一项目的发展历程充分展示了创新的力量。国家体委在深入研究足球、排球、羽毛球等现代运动的规则和技巧后，巧妙地将这些元素融入传统的蹴鞠和花毽中，创造出既有历史底蕴又富有现代竞技性的毽球运动。这种"古"与"今"的融合，不仅提升了运动的观赏性、娱乐性和竞赛性，也使其在现代社会中找到了更广泛的认同和接受度，特别是在我国南方地区，毽球运动的普及和流行程度可见一斑。

毽球的成功案例激发了人们对民俗体育创新的更大信心和热情。20世纪

90年代，北京民族体育协会借鉴蹴鞠的玩法规则，经过科学的整理和改编，蹴球这一新的民俗体育项目应运而生。在经过多次的实践、研究和规则修订后，蹴球运动在第4届和第5届全国民族运动会上作为表演项目亮相，引起了广泛关注。1996年，北京体育大学科研处组织专家进行深入研究，经过3年的努力，最终制定出合理、公平的蹴球比赛规则，使其在第6届民运会上正式成为比赛项目，进一步提升了蹴球的竞技性和观赏性。

这些实例表明改变和创新是民俗体育适应时代发展、焕发新生的重要手段。通过科学的改编，不仅可以挖掘和保护传统文化，还可以使其在现代社会中找到新的生命力，满足人们日益增长的文化需求和体育娱乐需求。

2.摒弃掉民俗体育中的陋习

在不断发展的社会进程中，民俗体育作为传统文化的重要载体，其变革与创新显得尤为关键。在这一过程中，不仅要保留和发扬其独特的民族魅力和健身价值，同时也要勇于剔除其中的糟粕，以适应现代社会的需求。以傈僳族的"东巴跳"运动为例，这项传统体育活动在历史的长河中，不可避免地融入了一些封建迷信的元素。但通过深入研究和提炼改革，人们成功地将其中的封建糟粕剔除，使其回归到健身和艺术的本质。如今的"东巴跳"不仅保留了原有的民族特色，更增添了现代的活力，成了一项深受人们喜爱的体育活动，展现了民俗体育在创新中的生命力。

同样，传统的龙舟竞渡活动也经历了类似的转变。起源于古代的龙舟竞渡，以其独特的团队协作和竞技性，一直以来都是人们锻炼身心、增强凝聚力的重要方式。它集观赏性、竞赛性于一体，民族特色鲜明。但随着时间的推移，一些迷信的习俗逐渐附着在这一活动中，给其蒙上了一层阴影。在国家相关部门的引导和改革下，龙舟竞渡成功地去除了迷信陋习，回归了其体育和文化的核心价值。如今，龙舟竞渡已经成了展示民族风采、弘扬传统文化、促进全民健身的重要平台，深受全国各地民众的欢迎。

这些例子充分说明民俗体育的改革与创新是一个既要保留精华，又要剔除糟粕的过程。只有这样，才能使民俗体育在现代社会中焕发出新的活力，更好地服务于人们的身心健康，丰富我们的文化生活，同时也为构建和谐社会、增强民族凝聚力做出积极的贡献。

3.民俗体育逐渐走向国际

民族的瑰宝,世界的共享,民俗体育以其独特的魅力和深远的文化内涵,正逐步跨越国界,成为全球体育文化版图中的一颗璀璨明珠。这种发展趋势源于我国对民俗体育的高度重视和不懈推广。早在1990年,我国便将武术这一民族体育项目推向世界舞台,将其列入北京亚运会的正式比赛项目,同时成立了国际武术联合会,以此推动武术的国际化进程。

1991年,内蒙古举办的"国际那达慕大会"更是将草原民族的体育文化推向全球视野,让世界人民领略到了蒙古族的豪放与热情。此外,毽球、龙舟、风筝、围棋等传统体育项目也纷纷走出国门,通过各种国际赛事和文化交流活动,吸引了世界各地的爱好者参与,进一步提升了我国民俗体育的国际影响力。

第三节 民俗体育文化的意义与价值

民俗体育文化是民族的瑰宝,是人民的精神家园。它在历史与现代、传统与创新的交织中以其独特的魅力和价值丰富了人类的文化宝库,为构建多彩的世界文化景观做出了重要贡献。

一、民俗体育文化的内在意义与价值

(一)民俗体育文化促进体育形式多元化

在全球化的大背景下,体育运动的发展不再局限于单一的模式,而是呈现出多元化的趋势。各个国家和民族在发展体育事业时,需要以更开阔的视野审视自身的文化，对本民族的体育文化进行深入的反思和分析。在文化交融的浪潮中，理解并尊重体育文化的多样性，是推动民族体育文化多元化发展的重要前提。

我国在非物质文化遗产保护和传统文化传承方面的工作日益加强，但这并不代表着我们要追求文化的同质化或盲目模仿西方。相反，我们应更加积极地探索本民族体育文化的独特性，使其在与世界各地文化的交流互鉴中焕发出新的活力。

民俗体育文化的多元化不仅体现在运动形式的多样化上，更体现在其深厚的文化内涵和广泛的群众基础。通过参与这些活动，人们的身体素质和运动技能都能得到全面的提升，为学习更高级的竞技体育或休闲体育打下坚实的基础。同时，民俗体育的广泛传播能丰富大众健身的内容，拓宽健身活动的范围，满足不同人群的健身需求，对构建全民健身的社会环境具有积极的推动作用。

更重要的是，民俗体育的灵活性和适应性使其能够适应不同人群的需求。无论在性别、年龄还是地域上，人们都能找到适合自己的民俗体育项目，而且可以根据自身的体能状况调整运动强度，从而实现身心的和谐发展。这种广泛的参与性和适应性，使得民俗体育在促进我国体育形式多元化的发展中具有重要价值。

（二）民俗体育文化促进民众身心健康

在古代，由于科技和知识的局限，我国的医疗和健康观念往往与神秘的巫术和神灵崇拜交织在一起。人们对于健康的理解，简单地停留在没有疾病和疼痛的层面上，甚至将生老病死视为神灵意志的体现。这种观念在很大程度上影响了人们对疾病预防和治疗的探索。

但随着社会生产力的提升，以及西方科学思想的传播，现代健康观念逐渐形成并深入人心。现代医学将健康定义为"生物、心理、社会医学模式"，即健康不仅包括身体的无病状态，还包括心理、社会和道德层面的健康。这一全面的健康观强调了人的身心健康与社会环境的紧密联系。

心理健康是现代健康观念的重要组成部分，它涵盖了情绪、性格、智力、态度、意志、行为和适应能力等多个方面。医学研究显示，大约50%至70%的人口存在不同程度的心理异常表现，尽管这些状况可能并未严重到需要寻求专业心理治疗的程度，但它们对个体的健康和生活质量构成了潜在威胁。

生理健康指身体的正常运行和功能状态，包括免疫系统对疾病的抵抗能力，以及在自然环境中的适应能力。自然环境对人类生理健康的影响不容忽视。尽管科技进步使我们能够应对许多由自然因素引起的疾病，但环境污染和生态失衡导致的新疾病不断出现，如流行性感冒、呼吸道疾病等，这些都与人类对自然环境的破坏有着密切关系。

此外，民族体育活动在促进身心健康方面发挥了独特的作用。如放风筝、抖空竹等民俗体育项目，人们可以根据自身需求调整运动强度，既能缓解身心疲劳，又能满足不同群体的健身需求。舞龙、舞狮、秧歌舞等集体活动，通过强烈的节奏和团队合作，展现了民族精神，有助于培养人们的团结精神和进取心，对社会精神文明建设起到了积极的推动作用。

随着我国社会的持续发展和生活水平的提高，人们对健康和休闲的需求日益增长，参与体育活动的人群也在不断扩大。开展民俗体育活动，既有助于保护和传承民族文化遗产，又能为物质文明和精神文明的和谐发展注入新的活力。因此，我们应该更加重视和推广民俗体育，使其在现代社会中发挥更大的价值。

（三）民俗体育文化具有娱乐价值

娱乐活动对于改善情绪状态起着至关重要的作用。它超越了基本的生存需求，是人类追求快乐、寻求心理满足的非功利性活动。民俗体育这种深深植根于我国传统文化中的娱乐形式，以其独特的随意性和娱乐性吸引着人们。它的竞技性较弱，不需要严格的规则和裁判，更注重的是参与过程中的乐趣和身心的放松。

随着社会的发展，民俗体育的内涵也在不断演变。从早期的祭祀、祈福等具有神秘色彩的活动，逐渐转变为以民众娱乐为中心，更加注重个体的自我娱乐和对他人娱乐的分享。这种转变不仅反映了民族心理的变化，也体现了人们对和谐、休闲生活方式的追求。例如,"游"这一理念倡导的是一种身心合一、与自然和谐共处的生活态度,这种轻松愉快的身体活动方式与中华文化的仁爱之美、和谐之美相融合,塑造了一种独特的健康游乐精神。

无论是参与舞龙、舞狮、蹴鞠等民俗体育活动,还是观赏这些活动,都能让人们在身体的锻炼中释放压力,在精神的愉悦中找到平衡,实现身心的双重调适。

(四)民俗体育文化的社会文化价值

民俗体育生动地揭示了各民族民众的生存环境、生活态度以及他们的价值观。这种文化形式的形成,源于远古人类的生活和生产活动,其中蕴含着深厚的民族记忆和历史烙印。例如,龙舟竞渡不仅是一种竞技活动,更承载着对祖先的敬仰和对丰收的祈愿,舞龙舞狮则展示了人们驱邪避害、祈求平安的愿望。

民俗体育的地域性特征使其成为一种独特的文化符号,它既体现在地理环境的塑造中,又体现在特定族群的心理构建中,形成各具特色的体育传统,如藏族的赛马会、蒙古族的那达慕大会都是在各自地域环境和民族历史中孕育而生的。

民俗体育既是社会学中研究群体行为的窗口,也是人类学中探索人类文化多样性的样本。同时,它还包括语言学、历史学、民俗学、文学、宗教学、艺术学等多个领域以及数学、物理学、地理学、化学等自然科学的理论知识,如研究舞龙的动态平衡既需要物理学的理论,也需要对舞龙者集体协作的深入理解。

民俗体育的艺术价值不容忽视。其活态性体现在活动的动态性和参与者的即兴创造中;原生性则体现在其未经雕琢的原始魅力和民族特色上;独立性表现在其独特的表现形式和独立的审美标准;完整性则体现在其与生活的紧密联系和全面反映民族生活风貌的能力上。无论是高亢激昂的鼓乐,还是细腻入微的技巧,都展现了民俗体育的艺术魅力。

民俗体育作为社会文化的重要组成部分,其发展水平和时代特征是社会发展的一面镜子。它在传承历史记忆、强化民族认同、促进社区凝聚力等方面发挥着重要作用。在全球化的浪潮中，保护和传承民俗体育，既需要保持其民族特性，也要积极融入现代元素，以丰富体育文化的内涵和形式，推动我国体育文化向更高层次发展。

（五）民俗体育文化对于全民健身运动的价值

民俗体育以其丰富多样的形式和深厚的民间基础，为全民健身活动提供了广阔的空间。无论是北方的舞龙舞狮，还是南方的武术，乃至各地的民间体育活动，如蹴鞠、太极等，都为全民健身活动增添了独特的魅力和灵活性。这些民俗体育项目不仅有助于强身健体，还能调节情绪，满足人们在健身活动中的多元化需求，对丰富全民健身计划的内容起到了积极的推动作用。

尽管我国在体育场馆设施建设上投入巨大，数量上已形成一定规模，但人均占有率低的问题依然突出。公共体育设施的数量少、规模小，难以满足人民群众日益增长的健身文化需求，这对全民健身的普及和深化构成了阻碍。此外，体育设施的分布结构也不均衡，室外场地多，室内场地少，限制了更多运动项目的开展和群众参与度的提高。

鉴于民俗体育的可操作性强、就地取材的特点，我们应充分利用这些优势，根据各地实际情况，开展适应当地条件的群众性体育活动。许多民俗体育项目对场地和器材的要求不高，特别适合在经济欠发达地区推广，能够以经济、实用的方式满足不同地区开展体育活动的需求。

二、民俗体育文化的外显意义与价值

（一）对构建和谐社会的价值

在新时代的背景下，我国对社会主义文化的发展给予了前所未有的关注，采取了一系列有力措施以推动文化事业的繁荣。其中，对非物质文化遗产的保护工作尤为关键，目的是传承和发扬我国丰富的文化瑰宝。优秀的中华民族传统文化，如同一股源源不断的动力，推动着我国在历史的长河中不断前行、创新与发展。

全面认识和正确对待我国传统文化，是保持其活力和生命力的关键。我们应深入挖掘传统文化的精髓，剔除其与时代发展不相适应的糟粕，使其与现代社会相协调，为我国民族文化的时代性和先进性提供坚实的基础。这种文化自觉和文化自信，是我们面对世界文化多样性的重要立场。

民俗体育，作为我国传统文化的重要组成部分，承载着深厚的历史积淀和民族记忆。从古老的拔河、荡秋千，到抖空竹、推铁环、斗拐等，每一种民俗体育项目都蕴含着独特的文化内涵和智慧，它们是人民大众创造力的生动体现，也是民族精神和集体记忆的重要载体。

相较于现代体育，民俗体育更注重参与者的共娱性、审美性和参与性，而不是过分强调竞技和胜负。它们往往强调团队合作和人与人之间的和谐，这些活动需要参与者之间的默契配合，增强社区的凝聚力和集体意识。

在节日或大型庆典中，各种民俗体育活动成为民众生活的重要组成部分，它们为人们提供了情感交流的平台，增强了社区的凝聚力，也成了维系社区文化心理的重要纽带。无论是参赛者还是观众，都能在活动中找到共同的文化认同，从而将不同的个体紧密地联系在一起，形成一个和谐统一的整体。

（二）民俗体育文化的形式传承

非物质文化遗产如同历史的烙印，深深地镌刻在人类文明的长卷中，它以独特的方式揭示了一个地区、一个民族的历史脉络和文化特质。民俗体育活动如同一面多棱镜，折射出各民族文化的丰富色彩和深层内涵。它们既是独立的、具有独特风格的运动形式，又是民族文化母体的生动体现。无论是蒙古族的赛马、藏族的摔跤，还是汉族的舞龙舞狮，都以其独特的形式展现了各民族的生活习俗、信仰观念和哲学智慧。

因此，保护和传承民俗体育文化就是保护和传承我国传统文化的多样性和完整性，这有助于我们更好地理解和尊重各民族的文化传统，也有利于激发新的文化创新，推动我国文化的繁荣发展。同时，通过加强对民俗体育文化的教育和传播，我们还能增进各民族之间的相互了解，促进社会的和谐与进步。

（三）民俗体育的精神传承

民俗体育文化作为传统文化的重要组成部分，更是承载了民族的记忆与情感。从龙舟竞渡的激烈角逐，到舞狮表演的生动演绎，每一个民俗体育活动都凝聚着民族的智慧与力量，传递着民族的信仰与希望。

保护和继承民俗体育文化遗产不仅是对历史文化的尊重与传承，更是对民族优秀传统文化的弘扬与发展。在维护国家统一和民族团结、增强民族凝聚力和自信心等方面，民俗体育文化发挥着不可替代的作用。

在发展和传播民俗体育的过程中，我们必须注重继承其身体活动形式。这些活动不仅具有锻炼身体的实用价值，更蕴含着深厚的文化内涵。通过参与各种民俗体育活动，人们能感受到民族的精神、信仰和价值取向等方面的内容，从而实现精神和文化的传承，如在参与龙舟竞渡的过程中，人们不仅能锻炼身体、提高团队协作能力，更能感受到中华民族团结奋进、勇往直前的精神风貌。

（四）民俗体育促进民族融合

我国自古以来就是一个多民族的国家，各个民族在漫长的历史长河中共同铸就了中华民族的文化瑰宝。我国坚持各民族的互助、平等、团结，这不仅是对历史传统的尊重，更是实现国家繁荣稳定的重要基石。人们深知，只有注重各民族文化的多样化，才能真正促进各民族团结平等局面的发展，进而维护改革、发展、稳定的大局。

在长期的发展过程中，民俗体育成为人们在聚集时进行沟通和交流的重要方式。每逢佳节或庆典，各民族人民都会身着盛装，欢聚一堂，共同参与民俗体育活动，这不仅让人们在欢乐中增进了友谊，更在潜移默化中促进了民族与民族之间的交流和融合。民俗体育还是团结其他民族大众的重要桥梁。通过参与民俗体育活动，不同民族的人们能更深入地了解彼此的文化传统和生活习惯，增进相互之间的理解和尊重。

（五）民俗体育文化的教育价值

中华文明作为世界上最古老的文明之一，民俗体育文化积淀深厚，内容丰富多样。这些活动不仅包含了深厚的历史文化底蕴，而且在道德修养、劳动教育、儿童启蒙以及审美情趣的培养等方面都发挥着不可替代的作用。体育活动在身体锻炼方面的重要性不言而喻。对于青少年儿童来说，参与各种体育活动，如跳绳、踢毽子等，可以促进他们的身体发育，增强体质，同时也能在实践中学习知识，提升问题解决能力。对于成年人，无论是参与竞技性强的体育比赛，还是进行如太极、瑜伽等休闲运动，都能达到身心锻炼的效果，有助于缓解压力，保持身心健康。

我国的民俗传统体育项目更是丰富多彩，如龙舟赛、舞狮、武术等，这些活动不仅适合不同年龄阶段的人参与，还对于提升人的身体素质、锻炼意志品质、开拓思维方式等方面有显著的促进作用。例如，武术的练习能增强身体的协调性和灵活性，培养坚韧不拔的精神。

第四节　民俗体育文化面临的机遇与挑战

在全球化和现代化的浪潮中，各种文化形式都在经历着前所未有的冲击与挑战，民俗体育文化也不例外。这一深深植根于民间、承载着民族历史记忆和生活智慧的文化形态，正面临着一场生存与发展的危机。其中，一些特色不鲜明，与现代社会节奏不相适应的民俗体育项目，更是处于濒临灭绝的境地。本节将深入探讨民俗体育文化发展中面临的外部危机和内部危机，以期找到保护和传承的有效路径。

第二章 民俗体育文化概述

一、外部危机

（一）民俗体育的认同危机

1. 人们对于民俗体育的信任危机

中国的民俗体育活动深深植根于丰富的历史传统和民间文化之中，其起源与发展与人们的日常生活及生产活动有着密切的联系。作为一种重要的文化传承方式，它们承载着世代的精神寄托和情感纽带。在各种节日或庆祝仪式中，人们以敬畏之心参与这些活动，它们活灵活现地重现了历史的风貌。这种现象的根源深植于人们对民俗体育的深厚信念，这种信念源于人们的集体记忆和内在信仰，被视为精神上的支柱。随着社会的不断发展，人们对民俗体育的态度发生了变化，从原始的虔诚信仰演变为更为形式化的日常活动。因此，民俗体育逐渐丧失了其原有的神圣地位，被纳入休闲娱乐的范畴。从保护和传承的视角来看，这种转变带来了负面影响，导致对民俗体育的信任危机。

2. 人们对于民俗体育的需求危机

遵循市场经济的运行规律，需求被视为市场的核心驱动力，民俗体育领域亦遵循此原则。民俗体育因其对健康的积极影响和娱乐性而备受青睐，但随着时代的变迁，其固有价值与功能正面临适应性考验，这可能导致其自身发展的局限性。自古至今，人类对健康的追求未曾改变，以往，民俗体育作为一种有效的强身健体方式，深受大众喜爱，是人们实现健康目标的重要手段。但时至今日，随着科技和社会的进步，人们可以选择的健康促进方式日益多样化，这使得民俗体育面临需求减少的困境。

（二）民俗体育的文化危机

1. 社会结构转型对民俗体育的影响

在社会转型的宏观背景下，民俗体育所面临的危机主要集中在两个核心层面。首先，社会结构的深刻变动成为影响民俗体育的关键因素之一。这种变动并不是仅限于单一发展指标的调整，而是包括整体、全面的结构状态变迁。具体而言，社会转型包括结构转换、机制转换、利益调整和观念转变等多个维度的综合性变革。随着社会的转型，人们的行为方式、生活方式均产生了显著的变化，这些变化对民俗体育产生了深远且持久的冲击。

回顾历史，自20世纪70年代末至80年代中期，我国经历了从计划经济体制向社会主义市场经济体制的重大转型。这一历史性的转变对人们的行为模式、生活方式以及价值观念产生了深远的影响，同时民俗体育也在此期间遭受了前所未有的文化冲击。改革开放40余年来，我国经济建设取得了举世瞩目的辉煌成就，在这一伟大进程的背后，民俗体育却面临着巨大的危机。一些优秀的民俗体育项目逐渐淡出公众视野，甚至面临着消亡的严重威胁。

2.社会形态转型对民俗体育的影响

社会转型的显著维度之一体现在社会形态的变迁上，具体展现为"中国社会由传统迈向现代、由农业过渡至工业、由封闭走向开放的全面转型与进步"。在历史的长河中，中国经历了多次社会形态的深刻变革，这些变革深刻影响了中国社会的走向。在20世纪初期，中国正处于从半封建半殖民地社会向现代社会的历史性转变之中，这一过程中，西式体育（体操）正式被纳入我国的学校教育体系，对学校体育制度的完善与进步起到了积极作用。但对于民俗体育而言，其遭遇则截然不同。西式体育的引入在一定程度上压缩了民俗体育的生存空间，导致越来越多的学生倾向于西方竞技体育，而民俗体育则逐渐受到忽视，其发展面临严峻的挑战。

（三）体育形式给民俗体育带来的危机

1.民俗体育的内忧

民俗体育的所谓"内忧"，实质上源自其与民族传统体育之间既有的紧密联系与显著差异。二者之间的关系错综复杂，既有高度的融合性，也伴随着不容忽视的分歧。在运动项目领域，民俗体育与民族传统体育因天然的"血缘"关系而展现出深厚的亲缘性，形成了高度的融合态势。但在另一方面，两者之间的分歧则主要体现在其身份和地位的界定上，即关于谁更能够深刻体现中华民族的精神内核，更能够成为民族发展的典范，这一议题长期悬而未决，成了民俗体育发展道路上的核心困扰。

在长期的演进历程中，民族传统体育始终处于相对强势的地位，而民俗体育则往往被置于其光环之下，扮演着一个相对次要的角色。这种现状导致民俗体育在寻求自我发展的核心目标时面临重重困境，从而使其发展进程步履维艰。

2.民俗体育的外患

民俗体育当前所遭遇的"外患"，为与外来运动项目之间的冲突与对立现象。随着西方竞技体育在中国的深入引进与普及，民俗体育在公众视野中的关注度逐渐降低，其发展面临空前的压力与挑战。这种外部环境的冲击，无疑加剧了民俗体育生存空间的收缩，其形势显得尤为严峻。

但值得注意的是，尽管外来文化的冲击对民俗体育构成了物质层面的严峻挑战，但并未触及其核心精神价值。在抵御外来文化影响的过程中，民俗体育与民族传统体育展现出了高度的统一性，共同捍卫着本土文化的纯洁性。外来文化的冲击越强烈，民俗体育对民族精神的理解与认识反而愈发深刻，其保护民族文化的决心与意愿也愈发坚定。

同时，民俗体育受众范围的缩小，或许能促使其在更为专注的环境下，对核心价值观进行深入的巩固与传承。在外延不断缩减的背景下，其内在的精神内涵将得到进一步的提炼与升华，这既是一种适应，更是一种辩证统一的体现。

（四）生活方式给民俗体育带来的危机

在民俗体育的演变历程中，人们的生活方式发挥着决定性的影响。任何生活方式的转变，都会对民俗体育产生深远的影响。历史回顾显示，民俗体育的历次重大变革往往与人们生活方式的转型密切相关。生活方式的演变，既为民俗体育的进化创造了新的可能性，也同步带来了潜在的困难与挑战。

1.两次工业革命带给民俗体育的危机

生产力的变革往往触发生产关系的演进，从而对社会生活方式产生深远影响，对民俗体育的发展也不例外。首次显著的变革可追溯至工业革命，它对人类社会产生了深远的涟漪效应，孕育了西方现代体育的崛起和进步。研究显示，现代西方竞技体育与自身的民俗体育传统联系薄弱，与我国的民俗体育之间也未发现明显的关联性，两者的关系可被定义为一种替代与被替代的动态关系。

第二次变革是信息技术革命，始于20世纪60年代，其影响延续至今。这场革命在极大地丰富了人们生活便利的同时，也对人们的生活产生了深远的影响。一方面，电子游戏的普及正在逐步取代传统的户外运动，对民俗体育，尤其是年轻一代的参与产生了严重的冲击。另一方面，信息爆炸导致民俗体育项目的更新速度加快，大量项目在短时间内面临淘汰，而这对于需要历史积淀的民俗体育来说，可能导致项目空窗期，造成项目领域的断裂，直接威胁到民俗体育的持续发展。

2.现代工厂流水线式的生活方式带给民俗体育的危机

在当前社会形态中，人们的生活方式经历了深刻的变革，这种快节奏、高度结构化的现代生活方式显著地挤压了民俗体育的生存环境。尽管民俗体育常被归类为"大众"文化，但其存续与兴盛确实依赖于一定的浪漫主义精神，而这在当前这种紧张、高效的现代生活中难以得到滋养。在这样的社会背景下，富有浪漫色彩的创新思维被单一乏味的日常生活模式所削弱，民俗体育的基本生存条件遭受了破坏，一些杰出的民俗体育项目正因无法适应现代社会而面临消失的危险。

同时，模仿工业化生产模式的教育体系也对我国民俗体育的持续发展构成了挑战。在现代教育理念的驱动下，教育模式趋向标准化，统一的教育体系、课程设置、教材选择和教学方法被广泛采用，而西方竞技体育的引入因其更高的娱乐性和吸引力，导致民俗体育在学生中的受欢迎度降低，其发展空间进一步受到限制。可以说，我们正在以独特的方式逐渐侵蚀着民俗体育的生存根基。

二、内部危机

当前,民俗体育的发展正遭遇重大的困境,外部环境的冲击与内部问题并存。具体可归纳为三重内部危机:首先,其发展策略陷入僵局;其次,学科架构及建设面临危机;再者,本土体育文化的思想形态受到外来文化的影响。

(一)民俗体育的发展战略危机

进入21世纪,我国体育事业已显著发展,体育产业在国民经济中占据举足轻重的地位。但在取得显著成果的同时,亦应清醒地认识到我国体育事业发展中所面临的战略指导和制度建设上的挑战。目前,体育事业的发展存在片面性,具体表现为体育职能部门在资源配置、制度构建及执行过程中,常将竞技体育置于群众体育之上,对西方体育项目过度偏好而忽视传统民族体育项目,过度追求创新而忽视传承,以及过度强调与国际接轨而忽视结合国情。这些倾向已导致我国民俗体育边缘化趋势加剧,凸显出片面体育发展观念的不足。为纠正这一状况,亟须进行深刻的改革与完善。为此,应着重采取以下措施:

1.确立正确的指导思想,制定合理的发展战略

精确的指导原则是公共事业进步的基石,唯有以此为依托制定的发展计划才能保证其科学性、合理性和实施的可行性。对于我国当前全力推进的社会主义城镇化进程,伴随着大规模的农村人口向城市迁移,地域性民俗体育的传承与推广必然面临一系列的困难。如若不能妥善制定科学的战略规划,民俗体育的兴旺发展将受到重大阻碍。

2.资源配置要合理,提高资源利用的效率

资源配置的合理性在构建高效的发展策略中占据核心地位,且资源配置策略必须遵守国民体育事业的法律框架。我国的社会主义本质决定了体育事

业的根本目标是为全体公民提供服务。因此，从法律原则出发，体育资源的分配应以保证人民基本的体育权益和福利为指导原则。在宪法精神的引领下，体育财政应集中力量满足人民群众的社会体育和学校体育需求。其中，民俗体育，因其显著的社会公益特性，应被视为优先发展的关键领域。但当前我国的体育资源配置中，民俗体育所占份额较小，这种状况实际上阻碍了我国民俗体育的健康发展。民俗体育在长期发展中显现的如教育内容的贫乏和实践教学的不足等问题，也是其在战略挑战中片面发展观念的外部表现。

3.民俗体育的制度建设非常落后，缺乏可持续发展的环境和土壤

目前，我国对于民俗体育的可持续发展战略规划尚存在不足，相应的制度建设未能及时并充分发展，因此，民俗体育未能完全进入高效且持续的发展轨道，其生存的土壤正逐渐失去养分。这种情势使得民俗体育事业在秩序缺失的环境中面临重重困难。

（二）民俗体育学科建设与学科建制危机

学科构建与学科体制之间存在着固有的互构关系。学科常被界定为科学体系中拥有相对独立学术地位和完整理论架构的科学分支。其构建过程通常涵盖科学学术分支的划分、特定研究领域的专业知识体系的建立以及专业的科研人员和设施的配置。另一方面，学科体制通常包括学会、专门研究机构、大学院系、图书资料中心以及学科专属的出版机构等五个核心要素。

审视我国民俗体育的学科构建现状，可观察到其仍处于初步发展阶段。在民俗体育的理论架构中，许多概念的定义和界限尚不明朗，这阻碍了学术界建立统一的研究框架，从而影响了深度协作研究的实施，对民俗体育的学科构建进程构成了一定的挑战。

从学科体制的视角来看，我国的民俗体育学科至今未设立官方且权威的研究机构，甚至专门的研究组织也相对匮乏。这种状况严重制约了我国民俗体育学科的进展和提升。

任何学科的成熟都依赖于基于实践基础的科学知识生成，而这一过程的基础即学科构建与学科体制。因此，民俗体育学的繁荣发展迫切需要强化学

科构建工作。目前,民俗体育在发展中遇到的学科建设与学科体制的困境已成为阻碍其进一步发展的瓶颈。如若无法妥善解决这一问题,民俗体育的未来发展可能会面临更为严峻的挑战。

(三)外来体育文化的渗透危机

自西方体育文化融入中国以来,我国的本土体育文化经历了长期的边缘化和弱化。这种外来体育文化对中国人传统的体育观念产生了深远影响,导致了传统体育文化中所强调的和谐共生宇宙观、天人合一生命观,以及对身体的道德价值等,逐渐在西方竞技体育的冲击下失去原有的影响力。

在西方竞技体育文化的渗透下,我国传统体育文化中的积极和创新成分也遭受了显著影响。值得注意的是,中国的体育文化与西方体育文化同为世界体育文化宝库中的重要组成部分。忽视或遗失任何一方,都将造成全球,特别是中国人民在体育文化领域无法估量的无形资产损失,这也是我国当前民俗体育意识形态危机的历史根源。

当前,我国的体育文化正面临被西方体育文化同化的现象。外来体育文化的渗透导致了国民体育意识的集体沉默。在这样的背景下,一些与我国传统体育文化伦理相冲突的事件频繁发生,显示出中国传统体育文化当前面临的挑战已十分严峻。面对这一挑战,国家相关部门、民俗体育研究者和实践者需共同努力,采取有效策略以遏制这一趋势,避免民俗体育发展的恶性循环。

第三章 民俗体育文化的传承方式与途径

中国作为拥有5000年历史的文明古国,孕育了丰富的民俗文化,其中包括独特的民俗体育文化。进入21世纪,全球对文化多样性给予了高度的重视,民俗文化的保护与传承成了学术界的重要议题。我国的民俗体育以其独特的魅力和多样的形态,在日常生活中以及民俗节庆中,均表现出强大的吸引力。但随着社会的现代化进程,部分民俗体育文化正面临消失的危机,有的在艰难的传承中挣扎,状况堪忧。在国家非物质文化遗产保护政策的推动下,许多沉寂已久的民俗体育开始复苏,呈现出积极的发展态势。因此,本章旨在阐述民俗体育文化传承的必要性和急迫性,探讨其传承策略和实施路径,研究民俗体育文化的产业化发展策略及学校教育的融入方式,以期为民俗体育文化的传承提供具有指导性的建议。

第三章 民俗体育文化的传承方式与途径

第一节 民俗体育文化传承的意义与必要性

在漫长的历史进程中，民俗体育文化在传承中发展和创新。一方面，它保留了如蒙古族的摔跤、藏族的赛马、汉族的龙舟竞渡等各民族的特色活动方式，这些活动不仅是体育竞技，更蕴含着深厚的民族精神和文化象征。另一方面，它也借鉴和吸收了其他民族的活动内容，如在汉族的春节活动中融入少数民族的舞蹈、音乐等元素，形成了丰富多彩、独具特色的民俗体育文化景观。

民俗体育文化的传承不仅是一种历史的积淀，也是一种文化的创新。它在保持传统特色的同时，不断吸收现代文化的元素，使民俗体育文化在现代社会中保持了活力和生命力。这种稳定性和延续性使民俗体育文化在民族间的交流与融合中起到了桥梁和纽带的作用，对于增强民族凝聚力、促进文化多样性以及构建和谐社会具有深远影响。

一、民俗体育文化传承的概念

文化传承在学术领域中早已被广泛探讨。传承简单来说就是将知识、技艺和意识形态从一代人传递给下一代，既包括了教育与教授，也涵盖了接受与继承。它不仅是传统文化的核心特质，也是人类社会学、人类学和文化学等多个学科交叉研究的重要课题，极大地丰富了我们对这一现象的理解。

文化传承的特性深受文化背景和生存环境的影响，呈现出一种强制性和规范性，形成特定的传承模式，保证在历史的演变中保持稳定性和连续性。例如，中国的书法艺术从甲骨文到楷书，每一代人都在学习和遵循前人的笔法和规则，同时也在此基础上创新形成独特的艺术风格和民族特色。

人类社会的发展不仅是知识和技能的复制与创新，更包含了道德、情感和审美的文化精神传承。以武术文化为例，其传承不仅是招式和功法的传授，更是武德和尚武精神的传递。这种精神层面的传承实际上是对公平、正义、勇敢等价值观的继承和发扬，是民族精神深层次的积淀和体现。

二、民俗体育文化传承的背景

在当今全球化的浪潮中，我国独特的民俗体育文化正面临着前所未有的挑战。西方的现代体育文化，如世界杯、奥运会、NBA等国际大型赛事，以其竞技性和观赏性，占据了媒体和大众的视线，成为社会关注的焦点。同时，我国的学校体育教育也深受影响，课程设置多以球类运动和田径项目为主，西方竞技体育的霸权地位对我国的民俗体育文化构成了直接冲击。一些承载着民族记忆和地方特色的民俗体育项目，随着传承人的老去和消失，逐渐淡出人们的视线，甚至在一些民俗文化节日中，关于民俗体育的活动也日益减少，取而代之的是更为现代和国际化的文化元素，民俗体育文化的生存空间正日益被挤压。

但困境中也孕育着生机。随着我国全民健身运动的推广，大众对体育健身的热情日益高涨，对民俗体育文化的认同感和归属感也逐渐增强。许多民俗体育项目在保持传统精髓的同时，积极创新，如在器材使用和比赛规则上进行改良，使其更符合现代人的参与需求，吸引了更广泛的群众参与，从而在一定程度上缓解了民俗体育文化失传的危机。

自1953年首次举办的全国少数民族传统体育运动会，至今已成功举办了10余届。运动会不仅展示了珍珠球、木球、蹴球等17个竞赛项目和表演项目的独特魅力，更成为我国民俗体育文化交流的重要平台，推动了各民族体育文化的传承与创新。

更进一步，民俗体育文化也开始跨越体育领域，融入旅游产业中，成为吸引游客的重要元素。许多景区将民俗体育活动与文化旅游相结合，如马术、射弩、独竹漂等，既满足了现代人对文化体验的需求，也为地方带来了显著的经济效益，一些民俗体育项目甚至成了旅游城市的文化名片，极大地提升了民俗体育文化的影响力和生命力。

三、民俗体育文化传承的重要意义与必要性

（一）保证了文化的多样性

在全球化的大潮中，世界经济发展正以前所未有的速度推进，市场自由化运作、经济全球化发展、信息数字化传播的三大趋势日益凸显。这些趋势为我国的民俗体育带来了前所未有的发展机遇，同时也带来了严峻的挑战。在这样的背景下，对我国的民俗体育进行科学、合理的规划和发展，显得尤为重要。这不仅需要我们深入挖掘其文化内涵，更需要为其在现代社会中找到合适的位置，赋予其恰如其分的文化定位。

民俗体育文化作为民族传统体育文化的重要组成部分，深深植根于中华5000年文明的沃土之中。它涵盖了广泛的领域，从民间的武术、舞蹈，到各种节日的庆祝活动，无一不体现出民俗体育的丰富性和多样性。这种文化是人民大众在长期的生产生活实践中自我创造、自我发展的产物，它与人们的日常生活紧密相连，具有鲜明的集体性和生活化特征。

人类文化的多样性是世界文化宝库的瑰宝，每一种文化都有其独特的价值和意义。民俗体育文化，作为中华民族和全人类共同的文化遗产，对塑造民族精神、丰富人们的精神文化生活起到了不可替代的作用。无论是汉族的龙舟竞渡，还是少数民族的摔跤、射箭，都是各地区、各民族在历史长河中积淀下来的智慧结晶，它们在传承中创新，在创新中传承，展现了强大的生命力和独特魅力。

在全球化的今天，民俗体育文化的传承与文化多样性的保护和发展具有共同的目标。尊重和保护文化差异性，是维护世界文化多样性的基础，也是推动各民族传统体育文化繁荣发展的重要途径。民俗体育文化的传承，不仅有助于保持民族传统体育文化的连续性和活力，更能在全球化的浪潮中，保持和发扬我国独特的文化标识，为现代体育文化注入新的活力。

（二）影响城市体育文化的格局

中国的民俗体育文化是一种多元交织的文化现象，其主要涵盖了三种不同的形态（图3-1）。

```
                    民俗体育文化形态
                           │
         ┌─────────────────┼─────────────────┐
         │                 │                 │
    传统体育系统      现代竞技体育系统      学校体育系统
```

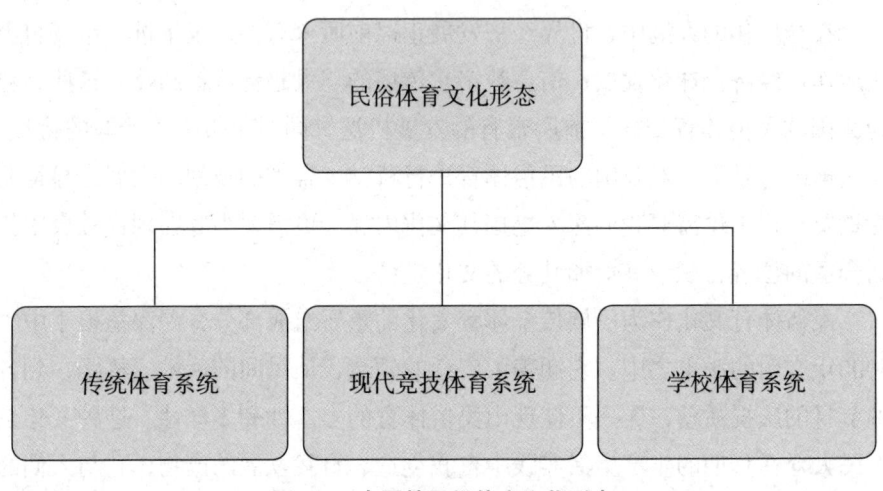

图3-1　中国的民俗体育文化形态

现代竞技体育系统，以奥林匹克运动为核心，强调竞技性和规范性，是体育的现代化进程中的重要一环。它推动了体育的国际化和专业化，提高了体育的观赏性和影响力，对社会的发展产生了深远影响。

学校体育系统作为体育文化传承和发展的重要载体，其目标是促进学生的身心健康发展，同时也承担着传播民俗体育文化的重任。通过课程教学和各种体育活动，让学生了解和参与民俗体育，既锻炼了身体，也培养了对传统文化的热爱和尊重。

以山东潍坊风筝节为例，这一民俗体育活动自1984年起，已经连续举办了40多届，成为山东乃至中国的一张亮丽名片。每年的风筝盛会都会吸引来自世界各地的风筝爱好者参与，与70多个国家建立了文化交流关系。潍坊国际风筝会不仅推动了风筝运动的规范化和组织化，更成了民俗体育文化传承和国际交流的平台，提升了城市的知名度，推动了地方经济的发展，构建了以风筝为核心的城市体育文化的新格局和品位。

（三）体现了文化的包容性

民俗体育与现代竞技运动在世界体育的舞台上各自绽放异彩，各自承载着独特的文化基因。民俗体育，深深扎根于中国5000年文明的沃土中，以独特的形式和丰富的内涵，展现了中华民族的智慧和创造力。而现代竞技运动，源于西方，以标准化、竞技化的特性，推动了全球体育事业的现代化进程。

现代竞技体育在中国的传播并不是一帆风顺的，它与民族传统体育文化之间曾发生过碰撞与冲突。但这种冲突并不全然负面，它促使两种文化的交流与融合。中国传统文化以其深厚的底蕴和包容性吸收并转化了现代竞技体育的元素，形成了具有中国特色的竞技体育文化。例如，太极拳融合了道家哲学和武术技巧，是中国传统文化与现代竞技体育融合的典范。在政策的推动下，许多传统体育项目如龙舟、武术、蹴鞠等得到了复兴和推广，成了全民健身活动的重要组成部分。

民俗体育文化的繁荣不仅丰富了中华民族传统体育的内涵，也为其可持续发展提供了源源不断的动力。它在传承中创新，在创新中传承，使民族传统体育在现代社会中保持了鲜活的生命力。同时，民俗体育文化的国际影响力也在不断提升，如国际龙舟赛、武术比赛等，吸引了全球的目光，成为中国文化"走出去"的重要载体。

第二节　民俗体育文化传承的方式

民俗体育文化的传承方式涵盖物质、精神及行为等多个层面，可划分为四个独特的层次（图3-2）。

```
        民俗体育文化
         的传承方式
    ┌────────┬─────┴──┬────────┐
民俗节庆   生活方式  图腾宗教  语言和文学艺术
```

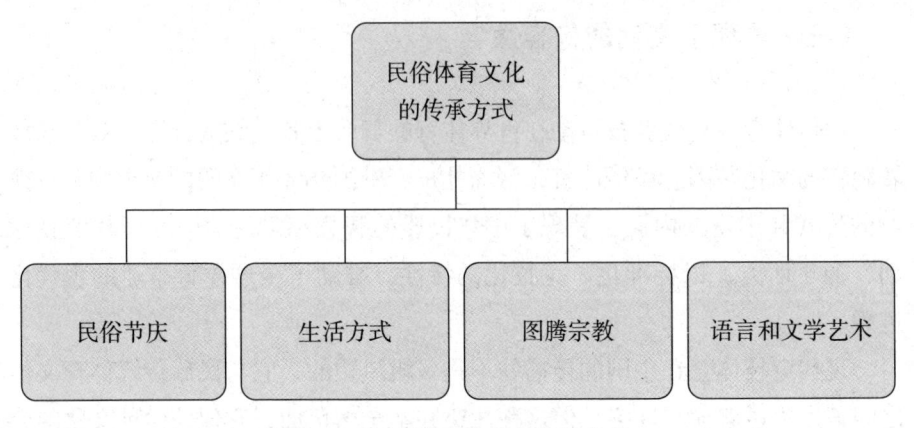

图3-2　民俗体育文化的传承方式

一、民俗节庆

民俗节庆是按照特定时间，以特定节日为焦点所举行的传统民俗体育活动，具有世代沿袭的文化表现形式。此类活动被视为一种具有深厚民族特色的传统庆祝活动，对于文化的传承具有显著的重要性。世界各地的民族，尤其是少数民族，其民俗节庆活动可大致归纳为五大类别（图3-3）。

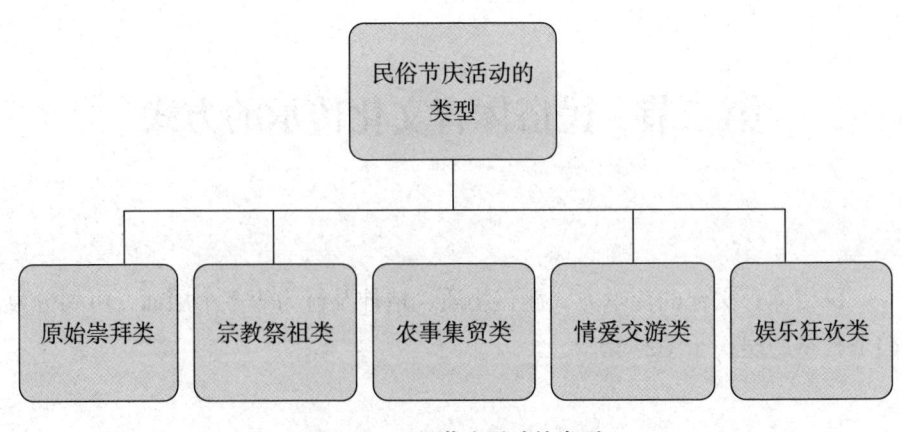

```
          民俗节庆活动的
              类型
    ┌──────┬──────┼──────┬──────┐
原始崇拜类 宗教祭祖类 农事集贸类 情爱交游类 娱乐狂欢类
```

图3-3　民俗节庆活动的类型

第三章 民俗体育文化的传承方式与途径

民俗节庆的体育文化功能独特且深远。这些活动不仅蕴含着本民族独特的文化内涵，更是一种集娱乐、祭祀、祈福、纪念和向往于一体的民俗表达。它们以直观生动的形式，将民族的古老传统体育文化展现出来，让人们在参与中深入理解和体验。

以白族的泼水节为例，这不仅是一场水的狂欢，更是对生命、清洁和和谐的礼赞。参与者在泼洒的水花中，祈求消灾解厄，祈愿新的一年里生活如水般清澈、顺畅。再如，汉族的中秋节，人们通过赏月、吃月饼等活动，表达对团圆和丰收的向往，同时也展现了中华民族深厚的家庭观和农耕文化。这些节日虽然每年只庆祝一次，但其影响力深远，它们在社会中构建起一种广泛认同的民俗体育文化氛围，对民族精神的传承和民族团结的增强起到了不可忽视的作用。

二、生活方式

生活方式这个看似简单却内涵丰富的概念，其实质是探寻人们如何度过他们的日常。它不仅是简单的衣食住行，更是一种依据特定文化模式，为满足自身需求而采取的活动方式、配置方式。在这个过程中，人们运用社会环境提供的各种物质和精神文化资源，塑造着各自独特的生活形态。

随着时代的变迁，尤其是改革开放的深入推进，中国居民的生活方式发生了翻天覆地的变化。生活水平的提高使人们有了更多的选择，生活观念也随之更新，更加注重健康、休闲和娱乐。余暇时间的增多为人们提供了更多追求个人兴趣、参与各类活动的机会。

在这一大背景下，民俗体育文化作为现代生活方式的重要组成部分，其地位日益凸显。民俗体育文化是人们在长期的历史发展过程中，根据本民族的风俗习惯、文化传统而创造的体育活动形式。它既是满足人们生活需求的一种手段，又是传承和弘扬民族文化的重要载体。在人们的全面发展过程中，民俗体育文化发挥着不可或缺的作用。

随着生活节奏的加快和工作压力的增大，人们的生物适应性很难同步，导致了富贵病、肥胖、青少年体质下降等一系列健康问题的出现，给人们的身心健康带来了极大的威胁。在这种情况下，人们意识到改变不健康生活方式的重要性，纷纷走出家门参加体育锻炼，舒缓压力，释放心情。

民俗体育文化作为一种独特的体育活动形式，其内容丰富多彩，形式各异。不同的民族、地区都有其独特的民俗体育活动，如舞龙舞狮、划龙舟、踩高跷等，不仅增强了社会成员的体育意识，还丰富了人们的文化生活。

三、图腾宗教

（一）图腾崇拜

自人类远古时期起，图腾与宗教这两种精神支柱便应运而生，它们对构建有序社会结构起到了关键作用。在文化演进和社会运作的深层机制影响下，图腾与宗教通过一系列活动如祭祀、神灵赞颂的舞蹈以及体育竞赛，融入了独特的宗教仪式和图腾崇拜习俗，构成了民俗体育文化的核心要素（图3-4）。民俗文化的传承是一个沿袭历史的纵向传播过程，它塑造了族群的独特性格和遗传特征的象征符号，并逐渐演变为民俗体育文化的价值共识和精神动力。

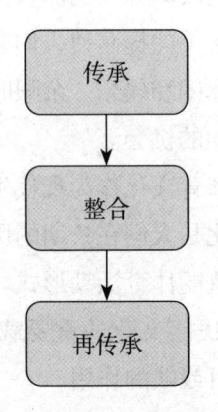

图3-4 民俗体育文化的核心要素

第三章　民俗体育文化的传承方式与途径

图腾是人类历史长河中最早的精神寄托之一，象征着人类祖先和保护神的力量，承载着远古时期人类对生命起源的探索和对超自然力量的敬畏。在那个神话与现实交织的时代，人们相信自己的祖先是某种动物或植物的化身，他们将这些生物形象化，尊为神圣的图腾，以此建立了一种独特的亲缘关系，将祖先崇拜与日常生活紧密相连。例如，北方的匈奴族以勇猛无畏的狼为图腾，南方的侗族则将神秘的蛇视为祖先的象征，西南地区的白族选择了虎、鸡、龙等动物作为民族的图腾，每一种图腾都蕴含着深厚的文化内涵和历史记忆。

古人对图腾的崇拜不仅停留在象征层面，还将这种崇拜转化为具体的仪式和活动。在节日庆典和祭祀仪式上，人们会模仿图腾动物的动作，跳起热烈的舞蹈，以表达对祖先的敬仰和祈求神灵的庇护，如彝族人至今仍保留着在正月十五祭虎的习俗，他们伴随着激昂的锣鼓声以流畅的舞步模仿虎的威猛，向他们的祖先和保护神表达敬意。

在华夏大地上，龙作为神秘而强大的生物，被广大人民所崇拜，它既是十二生肖中的一员，又是封建社会皇权的象征，更是吉祥和丰饶的象征。在各种节日和庆典中，舞龙活动成为重要的民俗体育文化表现，人们通过舞动龙身，祈求风调雨顺、五谷丰登，表达对美好生活的向往和对祖先的深深敬意。

图腾崇拜不仅催生了原始的民俗舞蹈，也孕育了早期的竞技活动，这些活动在特定的祭祀时间和节日中逐渐发展成为民俗体育文化的重要组成部分。当这些舞蹈和竞技活动融入人们的日常生活，民俗体育文化便得以丰富和传承，成为连接过去与现在，连接人类与自然的重要纽带，展现出人类文化的多样性和深远影响。

（二）宗教信仰

在远古社会，人类的图腾意识、宗教信仰与他们的日常生活紧密交织，构成了社会精神文化的核心。这些信仰可追溯到人类对自然的敬畏和对祖先的深深敬仰。

宗教的禁忌在很大程度上规范了人们的行为，促进了社会的和谐稳定，它们设定了行为的边界，指导人们如何正确地生活，以避免引发神灵的愤怒。例如，某些部落禁止在特定的季节狩猎某种动物，以保证生态的平衡和族群的生存。

宗教仪式通过象征性的动作和语言，强化了人们对神灵的敬畏和信仰。在古希腊，人们相信举办竞技活动是取悦众神的最佳方式，赛跑、角斗等比赛不仅是身体力量的展示，也是对神灵的献祭。玛雅人在春天来临之际，会举行球戏仪式，祈求风调雨顺、五谷丰登。东方的搏击运动如泰拳和相扑，也保留了深厚的宗教仪式，比赛前的祈祷仪式是对神灵的敬畏和尊重的体现。

宗教信仰是一种对超越自然力量的坚定信念，它渗透到人类生活的方方面面，成为人类理解世界和自我存在的主要方式。宗教是一种综合的信仰体系，是人类对宇宙天地的主观反应，是人类心灵的最高表现，它统摄了人们的思维方式、价值观念以及行为规范。

在历史的长河中，宗教的发展不仅记录了人类体育文化的发展历程，而且对民俗体育文化的传承产生了深远影响。通过宗教仪式，民俗体育活动被赋予了神圣的意义，它们成为传承文化、强化社区凝聚力的重要载体。这种宗教与体育的交融，为民俗体育文化的多样性和丰富性奠定了坚实的基础，使得这些活动超越了单纯的娱乐和竞技，成为人类精神世界的重要组成部分。

民俗体育文化源于特定的文化环境和民间传统，历经社会文化变革的熏陶，部分项目已与西方体育相融合，发展出以竞技为核心的跨地域传播模式，如竞技武术。同时，众多民俗体育活动在其原有的文化空间和语境中保持了其原始特色，如苗族的抢狮活动，持续保持着本地化的传承。因此，本土传承与跨区域传承是民俗体育文化传承的两种主要形式（图3-5）。

民俗体育文化作为民俗文化的一颗璀璨明珠，不仅承载着民族的历史记忆，更是民族性格与社会基因的生动体现。在广阔的人类社会舞台上，文化如同无形的纽带，维系着社会的和谐与进步，然而文化差异也如同双刃剑，既为世界带来多元的色彩，也可能引发矛盾和冲突。民族作为文化的基本载体，对其自身传统具有深厚的情感与高度的自觉，对于外来文化则常常展现出一种排他性与抵触心理。

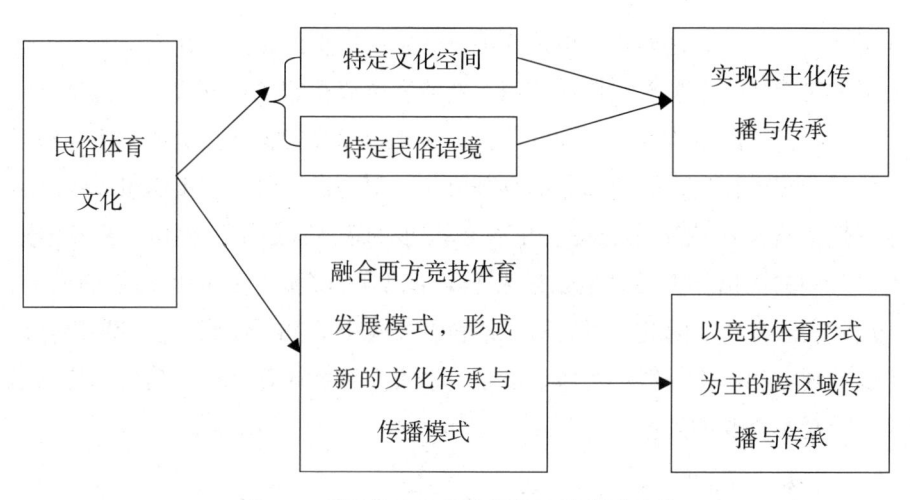

图3-5 民俗体育文化传承的两种主要形式

四、语言和文学艺术

（一）语言功能

语言作为人类思维的载体和表达工具，其深远影响无处不在，尤其在塑造和传承民俗体育文化方面，其作用更是至关重要。语言不仅是一种交流工具，更是一种文化符号，它承载了一个民族的历史记忆，反映了其独特的思维方式和价值观。正如结构主义语言学所揭示的，语言与文化之间存在着深厚的内在联系，语言的结构和特性在很大程度上决定了文化的模式和形态。

结构主义语言学的先驱们，如瑞士语言学家费迪南·德·索绪尔，他们深入研究了语言现象与文化现象的紧密联系，提出语言决定文化模式的理论。他们认为，语言的结构决定了我们如何理解和构建现实，进而影响到我们的思维方式、行为模式，甚至社会和文化的形成。例如，不同的语言在表达时间、空间等抽象概念时的差异，就可能影响到使用这些语言的民族对世界的理解和表达。

这一观点对民俗体育文化的理解产生了深远影响。人们开始意识到，语言不仅是文化的表达形式，更是其传承和发展的重要媒介。在文字尚未出现的远古时期，语言是人们传递知识、技能和价值观的主要方式，它通过口口相传，将各种民俗体育活动和其蕴含的文化内涵代代相传。例如，澳大利亚原住民的狩猎技巧，非洲部落的舞蹈仪式，都是通过语言的传承得以延续至今。但语言与民族文化的关系并不是单向决定，而是相互影响、相互塑造的。不同的民俗体育活动也反过来丰富了语言的表达，创造出独特的词汇、语法和表达方式。因此，尽管对于语言在文化中的具体作用，学术界仍存在不同的观点和讨论，但不可否认的是，语言在民俗体育文化的建构和传承中扮演了至关重要的角色。

（二）文学艺术

在人类精神文化的丰富宝库中，文学艺术占据着无可替代的地位。自人类文明的曙光初现，直至今日的全球化时代，无论在东方还是西方，无论在繁华的城市还是偏远的乡村，文学艺术都以其独特的方式和鲜明的特色，深深地烙印在每一个民族的历史长卷中。它们不仅是人类情感的宣泄、智慧的结晶，更是文化传承的重要载体，对民俗体育文化的保护与发展起到了至关重要的作用。

文学艺术以诗歌、小说、戏剧、音乐、舞蹈、绘画等形式，映照出人类社会的喜怒哀乐，揭示出人性的深度与广度。它们将人类的生活经验、价值观念、思维方式等抽象的概念转化为生动的艺术形象，使人们在欣赏美的同时也能感受文化的魅力。例如，古希腊的神话传说通过富有想象力的故事传递了古希腊人对世界的理解；中国的唐诗宋词以精致的辞藻和深邃的意境，展现了中华文化的博大精深。

更为重要的是，文学艺术在文化传承中的作用，远不止于精神层面的满足。它们是历史的见证，是民族记忆的载体，是民俗体育文化的"活化石"。在原始社会，当人们面对生存的艰难和未知的恐惧时，文学艺术以仪式、神话、歌舞等形式，将这些生活经验转化为精神力量，赋予人们面对挑战的勇气和智慧。例如，非洲的部落舞蹈通过强烈的节奏和动态的肢体语言，传递了对生命力量的敬畏和对社区团结的重视；而中国的武术通过一招一式的演练，传承了对和谐共生的追求和对强身健体的重视。

在现代社会，随着全球化的推进，各种文化相互碰撞、交融，文学艺术更是成了跨文化交流的桥梁。它们以共通的情感和审美，打破了地域和语言的界限，使不同文化背景的人们能够理解和欣赏彼此的民俗体育文化，从而推动了全球文化的多元发展。

第三节　民俗体育文化传承的途径

民俗体育文化的传承方式因文化表现形式的差异、技术的复杂性、地理位置及环境的影响而呈现显著的多样性，主要可归纳为三大类（图3-6）。

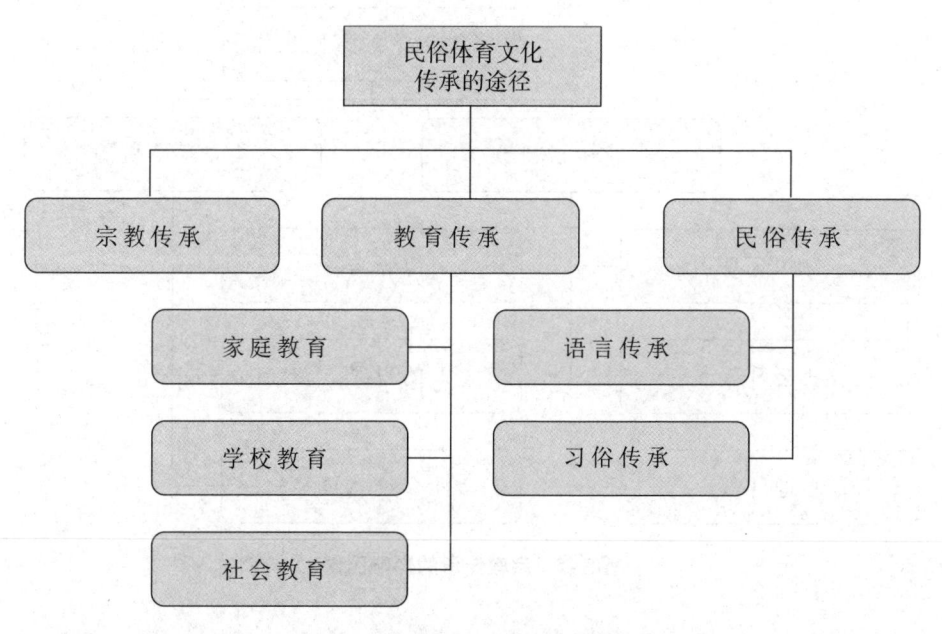

图3-6　民族体育文化的传承途径

一、宗教传承

在人类社会的早期阶段,由于生产力相对落后,许多自然现象和物理现象无法被科学解释,人们便倾向于创造出各种神灵的意象,以寻求心灵的慰藉和指引。这些神灵的意象不仅反映了人们对未知世界的敬畏与好奇,更是一种集体意识的凝聚和传承。在这种背景下,祭拜神灵的活动应运而生,并逐渐演化为教化全民的重要活动。宗教作为这一过程的产物成为人类历史上古老而又普遍的社会文化现象,对社会发展和民族进步产生了深远的影响。

在宗教传承以及民俗体育文化的演进过程中,其发展受到了文化生成机制与社会运行机制的深刻影响和限制。尽管这两方面的作用往往隐含于无形之中,但深入剖析可发现,它们之间实际上存在着一种互为依存的紧密关系(图3-7)。

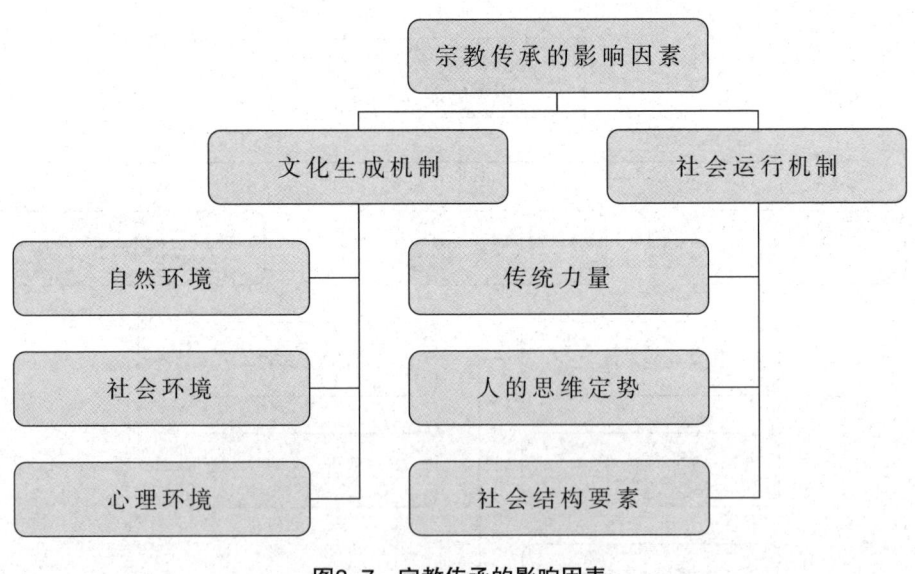

图3-7 宗教传承的影响因素

宗教仪式在各民族中具有重大意义,每次举行时,各年龄段的男女均须参与。这些活动往往以身体实践为表现形式,其传播的民俗体育文化深度无

第三章 民俗体育文化的传承方式与途径

法在其他场合复制。历经历史的洗礼和社会变迁,这些民俗体育文化形态依然保留着鲜明的民族特性和地域性,从而在文化格局中塑造出多元而统一的特性(表3-1)。

表3-1 我国部分民俗体育文化内涵

宗教活动	民俗体育文化内涵
水族端节赛马	公共娱乐活动主要以营造节日氛围为主,其竞技性较弱,目的是为同族的青年男女提供一个互动交流的平台
傣族佛浴节赛龙舟、白象舞	敬请佛佑,互致祝福,弘扬友爱,营造节日氛围
佤族剽牛仪式	该活动不仅是佤族重要的民俗体育盛事,同时也是一种传统的祭神仪式,目的是祈求吉祥如意与社会安宁
舞狮运动	起源于对狮子的图腾崇拜,狮子在中国文化中被视为吉祥如意、祈福纳吉的象征。舞狮活动的目的是表达人们对美好愿景的追求和对幸福生活的向往
划龙舟	基于对龙的象征寓意及祖先的尊崇,祭祀仪式的目的是祈愿年景丰饶、风调雨顺,这一行为实质上是对集体精神和民族向心力的深度巩固与提升

二、教育传承

(一)家庭教育

家庭教育是父母对子女在日常生活中的教育行为,无论是有意识的教诲,还是无意识的影响,无论是直接的引导,还是间接的示范,都在潜移默化中塑造着子女的性格和能力。世界各地无论文化背景如何,家庭都是孩子接触社会的第一站,是他们学习、理解并接受社会规则和价值观的重要场所。

在家庭这个微型社会中，父母不仅是子女的启蒙老师，传授知识和技能，更是子女的朋友和伙伴，陪伴他们度过成长的喜怒哀乐。父母通过日常生活中的互动，以各种方式引导子女形成正确的道德观、价值观和生活观。这些教育方式无论是正式的如读书学习还是非正式的如日常生活习惯，无论是刻意的如设定规则还是随意的如日常行为，都包含着父母对子女的深深关爱和期待。

1.家庭履行的义务

在构建和谐社会与推动教育事业的进程中，弘扬优秀的民族传统体育文化始终是我国教育发展的基石与重要使命。这一理念深深植根于《教育法》之中，该法明确指出，"教育应当继承和弘扬中华民族优秀的历史文化传统，吸收人类文明发展的一切优秀文化成果"。这不仅是一项法律要求，更是对历史的尊重，对未来的期许以及对民族精神的传承。

民族传统体育文化是中华民族在长期历史发展过程中创造和积累的宝贵财富，它具有深厚的历史底蕴和民族精神。从古老的蹴鞠、围棋，到各地丰富多彩的龙舟赛、武术、太极等民间体育活动，都是我们民族智慧的结晶，是中华民族精神的重要载体。

家庭教育承载着将这些优秀传统体育文化传递给下一代的重任。在家庭教育中，父母通过参与和体验这些体育活动，让孩子在实践中感受民族文化的魅力，理解其内在的精神内涵，这是培养孩子团队合作精神、坚韧意志和健康生活方式的有效方式。

面对全球化和现代化的冲击，一些传统体育文化在年轻一代中的认知度和参与度有所下降。因此，我们需要通过创新教育方式，如将传统体育融入学校课程，利用现代媒体进行宣传推广，举办各类体育活动比赛等方式，让传统体育文化在新的时代背景下焕发新的活力。

2.教育的重要力量

家庭教育作为教育体系中的基石，其重要性不言而喻。它是新生代接触社会、理解世界的第一扇窗口，也是塑造个人价值观、行为规范的重要场所。在这个过程中，民俗体育文化传承的重任自然而然地落在了家庭教育的

第三章 民俗体育文化的传承方式与途径

肩上。家庭教育如同一座文化的熔炉，将传统的体育活动、民间游戏、习俗习惯熔铸在孩子的生活中，使他们在无形中接受文化的熏陶。

民俗体育文化是民族历史的积淀、人民智慧的结晶，承载着民族的记忆，传递着世代的价值观念。随着社会的快速发展，许多传统的民俗体育活动面临着被遗忘、被边缘化的风险。在这个背景下，家庭教育的作用显得尤为关键。父母和长辈们通过参与和教授这些活动能将文化基因深植于孩子的内心，使他们在享受游戏乐趣的同时理解并珍视自己的文化根源。

例如，春节期间的舞龙舞狮、端午节的赛龙舟、中秋节的月饼制作等活动不仅锻炼了孩子们的身体和动手能力，也让他们在实践中了解了节日的由来，感受民族的凝聚力。

但家庭教育在民俗体育文化传承中的作用并不是一帆风顺。如何在现代生活方式中找到传承与创新的平衡，如何使民俗体育文化在不失其本色的同时，更具吸引力，是每个家庭都需要面对的挑战。这就需要家长们不断学习，积极探索，将传统文化与现代元素巧妙融合，让民俗体育文化在新的时代背景下焕发出新的生机。

3.由自身特点决定

家庭教育作为社会教育体系中不可或缺的一环，其独特性与重要性不言而喻。它如同一座无形的熔炉，熔铸着个体的价值观、行为模式和生活态度，对人们日常行为习惯的养成起着至关重要的作用。家庭教育的深度和广度超越了学校教育的范畴，将博大精深的传统文化与日常生活紧密相连，使民俗体育文化与休闲娱乐活动相得益彰，从而在日常生活中营造出浓厚的传统文化氛围。

例如，父母在家庭教育中会引导孩子参与各种民俗体育活动，让孩子在实践中感受传统文化的魅力，增强对民族文化的认同感。这样的教育方式不仅锻炼了孩子的身体，也培养了他们的团队协作能力和创新精神，使他们成为传承民俗体育文化的重要力量。

家庭教育在塑造孩子人格品质方面的作用也不可忽视。它如同春风化雨，悄无声息地影响着孩子的道德情操和处世态度。父母的言传身教，如诚实守信、尊老爱幼的价值观，会在孩子的心中深深烙印，形成他们的人格特质。这种影响深远且持久，往往在孩子的一生中发挥着决定性的作用，是任何其他教育形式都无法替代的。

同时，家庭教育是一种终身教育过程，它伴随着个体从儿童到成年的每一个阶段，甚至影响到老年时期的生活方式和价值观。因此，民俗体育文化在家庭教育的传承下，不仅具有较长时间的影响力，而且具有极强的延续性，能够在代际间不断传承和发展。

4.具有历史性

家庭教育作为一种源远流长的社会现象，自人类社会形成家庭结构以来，就与之共生并发展。它承载着历史的烙印，是文化传承的重要载体，从古至今，无数家庭教育的典故如璀璨的星辰，照亮了人类文明的长河。其中，孟母三迁的故事，揭示了环境对儿童成长的深远影响，而岳母刺字的典故，则强调了家庭在品德教育中的重要作用。

家庭教育的核心理念是环境塑造人，它强调家庭环境对孩子性格、价值观的潜移默化。家庭如同一块肥沃的土壤，滋养着孩子的心灵，为他们的成长提供丰富的养分。在这个过程中，长辈起着至关重要的作用。他们凭借对民族文化的深厚理解和生活智慧，构建起自我认知世界的一套体系，其中包括对事物的价值判断、行为规范等。例如，中国的春节，长辈们会教孩子贴春联、放鞭炮的习俗，讲述关于年兽的传说，以此传递对新年的期待和对生活的热爱，让孩子学到具体的民俗知识，更深层次理解中华民族的团结、和谐、尊重传统的价值观。

家庭是民俗体育文化得以延续的基石，是其传承的重要途径。无论是体育活动中的蹴鞠、围棋，还是各种民间游戏，长辈们通过亲身示范，让孩子在参与中体验、理解并热爱这些传统文化。这种代代相传的方式，使得民俗体育文化在家庭的微小单元中得以保存，进而影响整个社会，形成强大的文化凝聚力。

（二）学校教育

家庭是人生的第一所学校，它以无形的力量塑造着我们的价值观和行为模式。但随着我们逐渐长大，对知识的需求日益增长，我们开始步入学校，接受更为系统和全面的教育。学校教育，作为社会化的关键环节，不仅提供了丰富的理论知识，更构建了一个有目标、有意识的学习环境，使我们能够进行科学化、系统化的学习，从而更好地理解和适应世界。

在传承民俗体育文化的过程中，学校教育发挥着至关重要的作用。它不仅旨在培养出一批批能够积极参与民俗体育活动的爱好者，更期望培养出一批批深谙其文化内涵、能够成为传承者的专业人士。参与式传承鼓励学生亲身参与，通过实践体验，激发他们对民俗体育文化的热爱和尊重，使其成为传播的积极力量。

1.建设校园民俗体育文化

校园民俗体育文化在青少年的成长过程中发挥着重要作用。这种文化形态更注重营造一种精神环境和体育文化氛围，其包括校园民俗体育项目、精神文化和制度文化三个层面。

校园民俗体育项目如龙舟、蹴鞠、武术等是传统文化的活化石，它们承载着民族的历史记忆和智慧结晶，其在校园中的传承和实践不仅能让学生在活动中锻炼身体，还能让他们在实践中感受和理解传统文化的深厚内涵。

校园民俗体育精神文化强调公平竞争、团结协作、坚韧不拔等体育精神。这些精神是民族精神的重要体现，对于正处于价值观形成期的青少年来说具有深远的教育意义。

校园民俗体育制度文化通过制定和执行相关的规章制度来规范和引导学生的体育行为，不仅保证了体育活动的有序进行，也潜移默化地培养了学生的规则意识和自律精神。

因此，将民俗体育文化融入学校校园文化建设是传承和发扬民族文化，培养具有深厚文化素养和良好道德品质的新一代的重要途径。通过参与民俗体育活动，学生们能在实践中学习、在体验中成长，更好地理解和热爱我们的传统文化。

2.设置多元化课程

在学校教育的广阔领域中，对民俗体育文化的传承被赋予了多元文化教育的重任。这不仅是一种教育理念的创新，更是对传统文化尊重与传承的体现。多元文化教育，顾名思义，旨在培养学生的全球视野，尊重并理解各种不同的文化形态，而其关键的实施策略就是构建多元化的课程体系。

在这个体系中，民俗体育文化是民族历史的活化石，承载着世代人的智慧与情感。例如，龙舟赛、蹴鞠、太极拳等不仅锻炼了人们的体魄，更传递了团结、坚韧、和谐的价值观。因此，将这些民俗体育项目融入课程设计中，能够让学生在学习科学知识的同时，感受传统文化的魅力，增强文化认同感。

但设置多元化课程并不是简单地将民俗体育元素"嫁接"到现有课程中，而是要在保持主流课程基本结构和目标稳定的基础上，巧妙地将民俗体育文化元素融入其中，使之成为课程的有机组成部分。

将民俗体育文化纳入学校教育，不仅是对其价值的肯定，也是对教育多元性、包容性的追求。这是一项长期且艰巨的任务，需要我们共同努力，让民俗体育文化在教育的土壤中生根发芽，成为中国文化的重要积蓄，为构建和谐、多元的社会贡献力量。

（三）社会教育

在现代社会，我们往往过于关注家庭教育和学校教育的作用，而忽视了社会教育在传承文化观念和知识方面的重要性。对于大多数人来说，他们对传统文化的理解和认知，主要来自日常生活中的风俗习惯，这些无形的教育力量在潜移默化中塑造着我们的价值观和行为模式。

民俗体育文化便是这种社会教育的重要载体。无论是庆祝丰收的民俗节庆，还是纪念先祖的宗教祭祀，这些活动中蕴含的体育活动项目和文化精神，都在不断地影响着每一个社会成员。例如，赛马活动在水族的端节中占据了核心地位，尽管受到场地和资源的限制，无法在校园教育中普及，但它却是节日文化意义的集中体现，是民俗体育活动的核心。这种文化传统，正是通过社会教育的途径，代代相传，不断在年轻一代中得到延续和发展。

第三章　民俗体育文化的传承方式与途径

三、民俗传承

（一）语言传承

语言民俗包含了神话传说的深邃、歌谣的韵律、谚语的智慧以及谜语的机智，它们看似与民俗体育相距甚远，实则在文化脉络中紧密相连，共同构成了民俗体育文化的重要组成部分。民俗体育远不止是简单的体育活动，它是一份历史的馈赠，是各民族精神与智慧的结晶，其中与语言民俗相关的体育项目更是琳琅满目，据统计，这样的项目数量竟多达数十种。

这些语言民俗与民俗体育的关系，就如同诗与画的交融，它们在各自的领域中独立而鲜明，但在实际的民俗体育活动中，却常常交织在一起。例如，赛龙舟时，人们会高唱激昂的战歌，鼓舞士气；在蒙古族的那达慕大会上，骑手们在奔腾的马背上吟诵古老的赞歌，表达对大地的敬畏。更有甚者，在一些祭祀仪式中，人们会口念经文，伴随着鼓点和笛声，手舞足蹈，那种仪式感和庄重感，让人仿佛置身于历史的洪流之中。

这种语言民俗与民俗体育相结合的体育活动的规模往往宏大，参与的人数众多，活动的时间也往往跨越昼夜，甚至持续数日。无论是新疆的达瓦孜（高空走绳）还是云南的苗族跳月，都以其独特的艺术形式和深厚的文化内涵，吸引着人们参与其中，共同创造出一场场视觉与听觉的盛宴。活动期间，人们载歌载舞，欢声笑语，那种热烈的气氛和生动的场景，无不展现出民俗体育文化的丰富多彩和深远影响。

因此，可以说，语言民俗与民俗体育并不是孤立存在的，它们相互渗透，相互滋养，共同构建了民俗文化的多元性和独特性。每一种民俗体育活动，都是一个民族历史记忆的载体，是文化传承的重要途径，它们以其独特的形式，讲述着民族的故事，传递着世代的智慧，丰富着人类的文化宝库。

（二）习俗传承

习俗作为各民族亲族、村落以及社会职业群体在人生重要节点的仪式，以及岁时节令的习尚之总和，与节日庆典紧密相连，成为传承民族精神的载体。民俗体育以身体活动为形式深刻揭示了这些仪式背后的精神内涵，对民众的生活与思想意识形态产生深远影响，有效促进了文化的传承与弘扬。节日庆典中的民俗体育活动，其丰富性与多样性令人瞩目。诸如端午佳节的划龙舟、春节时节的舞龙表演，以及草原上驰骋的赛马等均展现出各具特色的文化魅力。这些活动在竞赛规则上并不苛求严格，更加注重营造节日的浓厚氛围，为民众提供休闲娱乐的场所，极大地丰富了民众的精神文化生活。例如，舞龙活动通过龙身的灵活舞动不仅象征着民族的活力与繁荣，更寓意着人民对美好生活的热切向往与不懈追求。

民俗体育文化蕴含在这些活动中，能够反映出一个民族的道德观、价值观和世界观。在如藏族的转山、蒙古族的那达慕等宗教信仰相关的项目中，我们能深深感受到民族的信仰和精神追求，同时这些活动也体现了本民族的艺术传统和审美标准，成为民族文化独特性的鲜明标志。

第四节　民俗体育文化的产业化发展之路

民俗体育文化，作为我国体育产业和民族地区经济发展的新型驱动力，展现出独特的地域文化特质和显著的产业开发潜力。其活动形式的多样性与文化内涵的丰富性，随着全国人民经济状况和生活质量的提高，日益受到青睐。人们愈发倾向于参与那些富有民族特色、倡导人与自然和谐、提供深度观赏和体验的民俗体育活动。鉴于此，民俗体育文化对于满足现代人追求运动、娱乐和健康的需求具有不可忽视的价值，它将有力推动我国广大民族地区形成新的经济增长点，并带来精神层面的满足感。

第三章　民俗体育文化的传承方式与途径

一、民俗体育产业化概述

（一）民俗体育产业的概念

民俗体育产业，顾名思义，是指那些专注于提供民俗体育产品及相关服务的一系列经济活动的总和。这里的民俗体育产品涵盖了民俗体育用品与民俗体育服务两大核心领域。这些产品与服务不仅满足了人们对于体育活动的多样化需求，更在文化传承和经济发展中发挥着举足轻重的作用。

随着科技的不断进步和创新，民俗体育产业也迎来了新的发展机遇。比如，一些智能体育设备和技术在民俗体育中的应用，不仅提高了运动的趣味性和安全性，还为民俗体育的推广和普及提供了更加便捷和高效的手段。这些新的科技手段不仅丰富了民俗体育的表现形式和传播渠道，也为民俗体育产业的创新发展提供了强大的动力。

总之，民俗体育产业是一个充满活力和潜力的产业领域，它在推动经济发展、提高人们体质健康、传承民族文化等方面都发挥着重要作用。

（二）民俗体育产业化的研究

随着我国体育事业的蓬勃发展，民俗体育文化的产业化进程也日益受到关注，成为学术界和实践领域亟待深入探讨的课题。民俗体育，作为我国传统文化的重要组成部分，其产业化发展不仅有助于传承和发扬民族体育精神，还能推动经济结构的多元化，创造新的经济增长点。

但当前对民俗体育产业化的研究仍存在一些局限。一方面，部分研究将民俗体育简单归类为第三产业，忽视了其在文化、社会等方面的价值，可能导致其多元功能被边缘化。民俗体育不仅仅是健身运动，更是一种文化传承和社区凝聚力的体现。另一方面，由于民俗体育产业体系复杂，分类标准不一，容易引发对产业边界的模糊认识，可能导致资源的错配和产业发展的混乱。

此外，产业的本质属性是其物质性，即以商品形式存在的物质产品是产业活动的最终成果。在民俗体育产业中，如何衡量运动员的培养价值，如何确定非物质性服务的经济价值，以及如何界定体育产业与文化、教育等其他领域的界限，这些都是需要深入研究的问题。

（三）民俗体育的产业化选择

随着我国市场经济的深度改革与持续发展，市场参与主体的构成日益丰富多元，这不仅催生了各种新型的经营方式，也为各领域的产业发展开辟了新的路径。在这样的大背景下，民俗体育的产业化进程也呈现出鲜明的多元化趋势。

民俗体育文化的产业化趋势与人类体育运动的多元化发展相呼应，涵盖了物质、精神、制度和文化等多个层面。在物质层面，可以通过开发民俗体育相关的商品和服务，满足人们的消费需求；在精神层面，可以弘扬民俗体育的精神价值，提升人们的文化认同感；在制度层面，可以通过制定相关政策，为民俗体育的产业化发展提供保障；在文化层面，可以推动民俗体育文化的传播和交流，促进文化的多元共生。

1.民俗体育物质文化建设与产业化

民俗体育历史源远流长，是中华民族智慧的结晶。在千百年的历史长河中，这些丰富多彩的运动形式在与人们生活的物质环境相互作用中，逐渐形成了独特的民俗体育文化。这种文化的形成与发展，既受到物质环境的深刻影响，又反过来塑造和影响着人们的体育活动。

从广义上看，民俗体育物质文化是指民俗体育的生产力水平，即人们创造财富的能力，这包括了对运动形式的创新、技术的提升等方面。狭义的民俗体育物质文化主要指那些为开展民俗体育活动所需的场地、设施等物质基础。在民俗体育物质文化的建设中，产业化的发展路径日益显现其重要性。尽管许多民俗体育活动对场地设备的要求相对较低，但硬件设施的完善程度对民俗体育产业的发展方向起着决定性的作用。

回顾历史，政府在包括民俗体育在内的体育物质设施建设中始终扮演着主导角色。政府通过资源的统筹调配使体育设施的普及化和基础化得以实

第三章　民俗体育文化的传承方式与途径

现。但由于种种原因，政府在民俗体育领域的投入相对有限，导致了场地资源的短缺，影响了人们参与民俗体育活动的便利性。随着社会经济的发展和人们体育文化需求的提升，这种供需矛盾将更加突出。因此，推动民俗体育的产业化发展，加强硬件设施的建设，以缓解并解决这一矛盾显得尤为迫切。

此外，体育人才的培养和体育人口的发展也是当前体育文化发展中不可忽视的环节。高质量的体育人才是推动民俗体育产业化发展的关键，他们能够创新运动形式，提升运动水平，为产业发展注入新的活力。而体育人口作为体育文化的实践者和传播者，是民俗体育产业化发展的基石。因此，我们应以人为本，深入研究和分析体育人口的需求，制定出有利于人才发展和人口增长的政策，为体育文化的繁荣提供坚实的人力支持。

2.民俗体育精神文化建设与产业化

体育精神文化是人类在悠久的体育实践中逐渐塑造和积淀的价值观念和道德规范。在民俗体育产业化的进程中，对其精神文化的深入探究和建设显得尤为重要，因为民俗体育中蕴含着丰富的传统文化和文明的精髓。

首先，民俗体育产业的发展有助于现代体育精神和文化的普及。公平、公正、合理竞争等核心理念在民俗体育中得到深入体现，对社会大众产生积极的教育和引导作用。在体育界，回归体育精神的本质，抵制不良体育价值观，已经成为推动体育运动健康发展的重要力量。这种道德准则不仅在竞技体育中得到体现，也在民俗体育中发挥着重要作用，对于塑造公正公平的体育环境起到了积极的推动作用。

其次，民俗体育文化的传播和交流，对体育产业的快速发展起到了催化剂的作用。民俗体育的价值观念，通过各种体育符号和形式得以传播和表达，推动了相关产业和衍生产业的繁荣。例如，武术的普及带动了武术装备、武术旅游等相关产业的发展，提升了人们的体育审美和民族认同感。随着产业化进程的深入，人们对民俗体育文化的理解和价值认同将进一步提升，从而推动民俗体育产业的多元化和深层次发展。

3.民俗体育制度文化建设与产业化

在民俗体育产业化发展过程中,完善相应的体育制度文化不仅是为了满足体育产业的发展需求,更是为了保护和传承我国的民俗体育文化。具体而言,通过制定更加科学合理的体育政策,为民俗体育的产业化发展提供政策支持和保障;通过加强体育法规建设,规范民俗体育产业的发展秩序,保证其在健康、有序的环境中稳步前进。

在民俗体育制度文化的确立和发展过程中,应注重从实践中汲取经验。毕竟,民俗体育制度文化是在长期的实践中发展而来的,它凝聚了无数前人的智慧和汗水。在此过程中,我们可以借鉴他国的成功经验,但更重要的是要结合我国的具体国情进行创新和发展。

此外,在民俗体育制度文化的建设过程中,政府部门应遵循社会经济的发展规律,制定相应的政策和措施,为民俗体育的产业化发展提供有力支持。同时,政府部门还应加强对民俗体育产业的监管和管理,保证其各项活动在符合法律法规的前提下进行。

二、民俗体育文化产业发展存在的问题

(一)民俗体育文化产业发展功利化

在市场经济的环境中,民俗体育文化因其广泛的社会认可度和显著的经济效益得以迅速壮大,而相对冷门、经济价值较低的项目则面临被边缘化的境况。在地方政府的积极推动和民众的积极参与下,这些受欢迎的民俗体育项目得以广泛传播,但它们在快速发展的同时,也出现了过度追求经济效益的倾向,这可能对民俗体育的健康持久发展构成挑战。

民俗体育文化在促进地区经济发展和影响人们思想观念转变的过程中,其原有的传统特质会融入更多的社会元素,这可能导致其文化特性有所淡化,甚至流于表面形式。民俗体育文化的产业化进程本身包含一定的功利性和商业性,这是其发展特性的一部分,但如果过分强调经济利益,将可能削

第三章　民俗体育文化的传承方式与途径

弱其内在的文化价值，加速其衰落和消失。

当民俗体育活动过于以营利为导向时，其蕴含的深厚文化意义可能会被忽视，导致公众在精神层面的共鸣减弱。质量低劣、迎合世俗的民俗体育活动更可能扭曲公众对民俗体育文化的理解，从而降低整体的审美标准。

（二）民俗体育文化面临失传困境

在全球化的大潮中，西方的竞技体育文化如一股洪流涌入我国，对我国的体育格局产生了深远影响。从篮球、足球到健身操、瑜伽，这些主流运动项目在大众中的普及度日益提高，吸引了大量的参与者。同时，新型的时尚体育项目，如攀岩、滑板，以及极限运动，如跳伞、潜水，也在我国体育市场中占据了一席之地，极大地丰富了人们的体育生活。但这种趋势也带来了一种现象，那就是我国独特的民俗体育文化在一定程度上被边缘化，发展面临困境。

民俗体育是民间世代相传的体育活动，承载着丰富的历史记忆和民族精神。它们往往与特定的地域、族群和生活习俗紧密相连，如龙舟赛、舞狮、武术等。但这些宝贵的非物质文化遗产大多以口口相传的方式流传，缺乏系统的文字记录，因此其传承面临着巨大的挑战。传承人，作为民俗体育文化的重要载体，他们的角色至关重要。他们不仅精通技艺，更是文化的守护者和传播者。

（三）民俗体育文化产业化环境被破坏

民俗体育文化的存续与传承在很大程度上取决于特定的环境条件，包括其独特的地理环境、传统的生产方式以及特定的宗教信仰。但全球一体化的趋势正对这些条件产生深远影响，对民俗体育文化的持续发展和传承带来严峻的挑战。具体来说，这些挑战主要表现在以下方面。

（1）地理因素。我国的民俗体育文化源于广阔的地域和多样的地理环境，这种环境的多样性为文化的独特性提供了天然的土壤。但现代交通和通信技术的进步削弱了地理环境对文化保护的作用，使民俗体育文化更容易受到外来文化的影响，影响其原有的发展路径。

（2）意识形态。民俗体育文化深受民族群体的价值观塑造，具有鲜明的民族特性。随着外部文化的渗透和生活方式的变迁，人们的思维方式和价值观念也在不断演变，这可能导致对民俗体育文化的认同感降低，从而影响其传承。

（3）生产模式。这些文化形式往往源于传统的生产活动，与社会生活紧密相连。例如，骑马、斗牛等传统活动源于早期的生产实践，并在历史中发展和丰富。但科技进步和生产力的提升导致传统生产方式的衰退，使得这些民俗体育活动的原始功能在现代社会中逐渐淡化，仅以竞技形式存在，若不加以保护和传承，它们可能面临消失的危险。

三、民俗体育文化产业化发展的对策

在当前乡土社会加速向现代生活方式转型的背景下，民俗体育活动的衰落已成为一种现象。为了维护和传承民俗体育文化，我们需要积极推动其向体育化、项目化、现代化及市场化方向发展，以保证我国民俗体育的可持续繁荣和传承。

（一）民俗体育文化与民俗旅游相结合

民俗体育文化作为中华民族悠久历史的重要组成部分，其发展与自然环境、宗教信仰、民间习俗和艺术形式紧密相连，共同编织成一幅幅绚丽多彩的民俗文化画卷。在长期的历史演进中，这些元素相互渗透、相互融合，形成了独特而丰富的民俗体育文化大综合。

这种综合不仅体现在对民族地区自然资源、体育资源和文化资源的优化配置上，更体现在它所展现的自然景观与民族文化的和谐共生上。民俗体育文化产业正是基于这样的文化土壤，在满足人们对自然、文化和体育相结合的追求中，逐渐成为一个充满活力的民俗体育文化生态系统。

民俗体育文化以其独特的魅力和强大的感召力，吸引着无数游客前来亲身体验。在这里，游客们能欣赏到黔东南地区的苗乡侗寨等美丽奇特的民居建筑，感受浓郁的民族风情；亲自参与节日期间的摔跤、跳芦笙等民俗体育活动，感受那种新奇、刺激的感觉；骑着骏马在内蒙古呼伦贝尔大草原上畅游，体验游牧民族的洒脱生活；在西双版纳傣族自治州泼水节上与当地民众一起泼水祝愿，共同欢庆这一盛大的节日。

（二）加快建设民俗体育文化产业管理机制

在管理机制的创新上，我们应该注重市场机制的运用，充分发挥其在资源配置中的主导作用。借鉴国际先进的体育竞赛管理模式，我们可以尝试进行多样化的赛制创新，如引入市场化的运营模式，通过竞赛的观赏性、参与性和互动性来吸引更多的观众和参与者，从而提升民俗体育的经济效益和社会影响力。

政府在民俗体育工作中的宏观管理职能不容忽视。政府应加强对民俗体育的政策引导和法规建设，通过多种行政权力的投入，为民俗体育产业的发展创造良好的环境。政府可以设立专项基金，支持民俗体育项目的研发和推广，或者提供税收优惠等政策激励，以促进民俗体育产业各市场实体的健康发展，扩大其市场份额。

在基层民俗体育组织建设方面，政府的角色更是不可或缺。政府应积极推动当地民俗体育的传承与创新，通过提供场地、资金和技术支持等资源，鼓励社区、学校等基层单位成立民俗体育组织。同时，政府应引导和协调社会各方力量，如企业、非政府组织、志愿者等，共同参与民俗体育活动的组织和推广，形成多元主体共同参与的格局，以实现民俗体育的全民共享和可持续发展。

（三）注重对民俗体育人才的培养

在当今社会，人才被公认为推动社会生产力发展最为关键的要素，尤其在文化领域，人才的培养与挖掘显得尤为重要。对于民俗体育文化而言，其产业化进程的加速离不开一支专业、高效的人才队伍。因此，构建一个完善的人才培养体系，激发人才的创新潜力，是推动民俗体育文化向产业化方向发展的核心策略。

首先，民俗体育文化的传承与发展需要一批既懂理论又懂实践、既熟悉传统文化又具备现代经营理念的专业人才。他们能够将传统的体育项目与现代的商业模式相结合，创新出符合市场需求的产品和服务。因此，教育部门应在体育院校中设立专门的民俗体育专业，或者在民族传统体育专业中增设民俗体育文化的课程模块，以满足人才培养的需求。

其次，我们还应借鉴其他文化产业的成功经验，如设立奖学金、实习项目、创业比赛等多元化的人才培养机制来鼓励和支持学生积极参与民俗体育文化的创新实践。我们应与企业、社区、非政府组织等合作，设立实习基地，让学生在实际操作中提升技能，积累经验。在人才培养的同时，也要注重人才的使用和流动。建立公平、公正、公开的人才选拔和任用机制，让优秀的人才能够在适合的岗位上发挥其才能。同时，通过构建人才交流平台，促进人才的跨地区、跨行业流动，以实现人才资源的优化配置。

第五节　校园民俗体育文化教育发展与传承探索

中国民俗体育文化的传承与发展对于科学研究具有重大价值，是我们了解历史、研究社会、探索人类行为模式的重要窗口，是民族学、体育学、人类学等多个学科的重要研究对象。同时，传承民俗体育文化也是弘扬民族精神、增强文化自信、推动社会和谐发展的重要途径。在现实生活中，将民俗体育文化融入学校教育可以丰富学校体育课程的内容，激发学生的学习兴趣，培养他们的团队精神、竞争意识和创新思维。近年来，我国政府高度重视民俗体育文化的保护和传承，将许多传统体育项目纳入学校体育课程中，如太极拳、武术等已经在校园内广泛开展。同时，一些地方还通过举办民俗体育节、比赛等活动让学生在实践中感受和理解民俗体育文化。这些举措的实施不仅使民俗体育文化在年轻一代中得到了传承，也对提升学生的身体素质、培养他们的文化素养起到了积极的推动作用。

一、民俗体育在学校开展的意义

（一）可以丰富学校体育教学资源

我国的民俗体育，如同一幅五彩斑斓的画卷，展示了中华民族深厚的文化底蕴和独特的民族魅力。这些源自民间、历经千年沉淀的体育活动，不仅形式多样，内容丰富，而且蕴含着深厚的民族情感和健康理念。从武术的刚柔并济，到龙舟竞渡的团结协作，再到毽球、跳绳的灵动轻盈，每一种民俗体育项目都以其独特的形式和内涵，诠释着中华民族的精神风貌和生活智慧。

将民俗体育引入学校体育教学，是对传统体育教育模式的创新和丰富。长期以来，竞技体育在校园中占据着主导地位，而民俗体育的引入，打破了这种单一的格局，为学校体育带来了多元化的发展方向。这种转变有助于培养学生的民族认同感，增强他们的体质，同时也能提升他们的团队协作能力和创新思维。民俗体育的健身效果也得到了科学的验证，如武术可以锻炼身体的协调性和力量，跳绳则能提高心肺功能和反应速度。

目前在学校中，民俗体育的开展还存在一些局限。大多数学校主要教授武术、跳绳、秋千、拔河、爬杆等较为常见的项目，而射弩、马术、抄杠等具有少数民族特色的民俗体育，以及一些需要室内进行、益智助兴的民俗体育项目，普及度并不高。[①]因此，我们需要进一步挖掘和开发民俗体育的教育资源，加强对少数民族和地方特色民俗体育的推广，同时也要创新教学方

---

① 李鸿江. 中国民族体育导论[M]. 北京：中国书籍出版社，2000：123.

式，将更多的民俗体育项目融入校园生活中，使其成为学校体育教学的重要组成部分。

（二）民俗体育与现代学校体育形成互补

中国民俗体育以其独特的魅力和深厚的底蕴，始终在历史的长河中流淌，不断地向着娱乐化、表演化和礼仪化的方向演变。这种发展趋势使得民俗体育在追求锻炼者的"健康和长寿"目标上，更加强调身心合一的修养和综合素质的提升。与之相比，竞技体育则以其竞技性、惊险性、健美性和公开性，构建了独特的竞技体育体系，虽然强调了身体能力的提升，但可能忽视了对个人修养和素质的培养，从而在一定程度上容易滋生暴力倾向。

将民俗体育引入学校体育教育是对竞技体育单一性的一种有效补充。它能帮助学生在提升竞技能力的同时，培养他们的道德品质和社会责任感，从而实现个人素质的全面发展。例如，北京市的中小学将夹包、珍珠球、踢毽、滚铁环等民俗项目融入体育课程，宁夏地区的学校引入木球和方棋，这些举措不仅丰富了体育教学的内容，也通过比赛的形式激发了学生的参与热情，提升了他们的团队协作能力和竞争意识。[1]

在高等教育层面，一些民族院校更是将民俗体育项目与高校体育教学相结合，甚至设立了专门的民俗体育学专业，如竹铃球、抢花炮等项目在西南地区高校中得到了广泛推广。这些实践表明民俗体育在学校中的开展，不仅为体育教育提供了新的教学资源，也为传统体育文化的传承与创新提供了广阔的空间。

同时，民俗体育与现代竞技体育的交融，也促进了两者理论与方法的完善。它们在交流中互相借鉴，互相补充，共同推动了我国体育教学思想体系的多元化发展，拓宽了学校体育的功能边界，使其在培养身心健康、全面发展的人才方面发挥了更大的作用。

---

[1] 赵昌毅.民族传统体育在学校体育中的地位[J].民族教育研究，2001（01）：77.

（三）学校教育能使民俗体育项目不断完善

以民俗体育项目毽球为例，我们可以深入探究其在中国的发展历程以及学校体育在其中的关键作用。在1984年以前，毽球作为一项具有悠久历史的民俗体育项目，虽然在我国各地区有所开展，但由于地域差异和文化差异，其运动规则和技术标准存在着较大的差异。这种差异性不仅限制了毽球运动的普及与发展，也使得其难以形成统一的竞技标准。

在1984年，国家体育总局（原国家体委）敏锐地捕捉到了毽球运动的潜力，并进行了重大的改革。他们深入研究并综合了古代的蹴鞠运动、花毽运动、现代足球以及羽毛球、排球的特点，对毽球运动的规则和技术要求进行了统一的规定。这一举措不仅解决了毽球运动长期以来的标准化问题，也为其后续的普及与发展奠定了坚实的基础。

自此之后，毽球运动在中国大地上迅速蔓延开来。特别是在高校中，毽球运动更是得到了广泛的推广和普及。如今，数百所大学已将毽球列为体育教学的常规运动项目，这不仅丰富了校园体育文化，也为学生们提供了更多元化的体育选择。

毽球运动的成功并不是偶然的，它充分展示了学校体育在民俗体育发展中的重要作用。事实上，不仅在中国，全球范围内也有许多民俗体育项目通过学校教育得到了发展和普及。

（四）使民俗体育得以继承与发展

我国民俗体育文化作为中国传统文化的重要载体，深蕴着丰富的文化意象"原型"。其中，温文尔雅的人文情怀、深厚的人际交往基础以及浓烈的爱国主义情感，均是我国民俗体育文化的宝贵财富，值得我们珍视、传承与弘扬。随着近年来物质生活水平的持续提升和科技水平的迅猛发展，民俗体育赖以生存的社会环境逐渐变迁，面临着传承中断与消亡的严峻挑战。因此，我们必须高度关注并致力于民俗体育的继承与发展问题。

经深入研究，将民俗体育融入学校体育教育中，实现两者的有机结合，被证实为民俗体育发展的根本途径。学校体育教育作为传承与弘扬我国民俗体育的重要平台，肩负着重要的历史使命。我们需进一步推动民俗体育在学校体育中的融入与发展，以保证这一宝贵文化遗产得以延续与弘扬。

1.学校体育能使民俗体育重焕生机

我国的民俗体育深深植根于深厚的农耕文化和游牧文化之中，历经数千年的风雨洗礼，形成了独特的民族特色和地域风格。随着社会现代化的进程加速，传统农耕生活方式的消退使这些承载着丰富文化内涵的民俗体育活动面临着前所未有的挑战。许多在二十四节气中举行的活动如春耕秋收的庆祝，已经逐渐淡出人们的视线，甚至在某些地区已经消失无踪。

面对这一困境，将民俗体育引入学校教育体系，使其与学校体育相结合，成了一种具有前瞻性的策略。学校教育以其规范性和系统性，可以对民俗体育进行科学的挖掘、整理和改造，去除其中的糟粕，保留并发扬其精华。例如，高脚马，这种在湘、鄂、黔省边境土家族、苗寨地区广为流传的民间体育活动，以其强烈的竞技性、健身性、娱乐性和观赏性，深受人们喜爱。但由于缺乏规范，其发展受到了限制。当高脚马被引入学校体育，其竞赛规则和技术得到了规范和完善，如今已成为少数民族传统体育运动会的重要项目，影响力日益增强，也焕发出新的活力。

2.学校体育有自身优势

学校在民俗体育的传承与发展上的优势不言而喻。

首先，学校拥有一支专业的体育教师队伍，具备深厚的体育理论知识和实践经验，有能力对各种民俗体育项目进行深入研究和整理，使其更适应现代教育的需求。同时，学校为民俗体育提供了充足的时间和空间保障，如专门的体育课时间、丰富的课余活动时间以及完善的体育设施，这些都是民俗体育在校园内广泛传播的重要条件。

其次，学生是学校教育的主体，正处于人生中最具可塑性和接受能力的阶段。通过设计和组织如课程教学、体育比赛、文化节等各种形式的民俗体育活动，让学生在参与中体验、在体验中学习，从而对民俗体育产生浓厚的兴趣和情感认同。

最后，民俗体育的传承不仅仅是技能的传授，更是一种文化精神的传递。学生在参与民俗体育的过程中，能够深刻理解这些精神内涵，从而增强对中华民族传统文化的认同感和自豪感，这对于他们的个人成长和社会责任感的培养具有深远影响。

（五）学校体育有利于民俗体育走向世界

在全球多元文化的交织中，体育文化以其独特的魅力，成为跨越国界、种族和语言的共通语言。体育竞赛的公正公平原则，使人们在竞技中暂时搁置各自的政治立场、宗教信仰和种族差异，共同追求"更快、更高、更强"的奥林匹克精神，从而使体育成为促进人类相互理解、增强民族认同感的重要载体。现代奥运会的全球影响力，正是这一核心理念的有力证明。

体育项目的全球化历程，揭示了文化交融与传播的深刻过程。无论是足球、篮球、还是瑜伽、太极，这些如今风靡全球的运动项目，都源于特定地域的民间传统。它们在文化交流中被接纳、改造，最终成为跨越地域的世界性运动。但民俗体育的推广并不是易事，它们往往深深植根于特定的文化土壤，要将其推向世界，需要克服地域限制，跨越文化差异。

在全球化的大背景下，一个国家或民族的文化要想保持活力，必须积极吸收并融合其他文化的精华。中国在音乐、绘画、中草药、舞蹈等领域已成功走向世界，展示了中华文化的魅力。但民俗体育的国际影响力相对较弱，甚至部分项目面临消亡的困境。因此，如何推动民俗体育的国际化，使其被全球认知、接纳，成为亟待解决的问题。

要实现这一目标，需要从两方面着手。首先，民俗体育项目需要实现规范化和科学化，提升其竞技性和观赏性，以吸引全球关注。其次，要扩大其群众基础，通过教育系统将其纳入体育教学，借助学校的教育资源和影响力，培养更多的人了解、热爱并参与民俗体育活动。

（六）全民健身实践需要民俗体育进课堂

学校体育的主要任务是通过开展适合学生身心发展的运动项目，激发并培养学生的运动兴趣和爱好。这些项目通常根据学生的运动能力设计，旨在让学生在参与中找到乐趣，进而形成积极的运动习惯，为他们毕业后能够持续参与健身活动打下基础。但当前我国学校体育教学中存在一些问题，如项目内容单一，教学方法过于传统，过于强调运动技术而忽视了健身功能，这些都与全民健身的目标相悖，也与社会大众体育活动的需求脱节，导致学生对体育教育的兴趣难以持久，终身体育观念的培养受到阻碍。

面对这样的挑战，引入民俗体育成为改善学校体育教学，推动全民健身实践的有效途径。我国的民俗体育项目丰富多样，且对场地、设施和器材的要求相对较低，如跳绳、踢毽子等，这些项目不仅易于开展，而且活动方式灵活，能够适应各种环境，非常适合在学校中推广。即使是需要团队协作的项目，如跳竹竿、板凳龙等，也可以通过灵活的组织方式，避免场地和设备的限制，极大地提高其在大众健身中的普及性。

此外，民俗体育还蕴含着独特的健身价值和养生理念。通过参与这些项目，学生不仅可以提高身体素质，还能在实践中学习到传统的健身方法，这对于培养他们的运动兴趣，形成终身体育的观念具有积极的推动作用。同时，这也与我国学校体育教育的目标——培养身心健康、具备自我锻炼能力的学生——相吻合。

因此，将民俗体育融入学校体育教学，不仅可以丰富教学内容，激发学生参与锻炼的积极性，还能帮助学生建立终身体育的观念，养成良好的运动习惯，从而提高我国的体育人口，推动全民健身的深入发展。这不仅是解决当前学校体育教学问题的有效策略，也是实现我国全面健身目标的内在要求。

二、民俗体育在学校中的发展途径

（一）做好民俗体育教材的选编工作

随着我国教育创新的步伐不断加快，课程改革的浪潮席卷全国，以应试教育为主的传统教育模式正逐渐被素质教育的理念所取代。在这样的大背景

第三章　民俗体育文化的传承方式与途径

下，我国教育部门提出了"健康第一"和"终身教育"的核心指导思想，目的是减轻学生的课业压力，培养他们的身心健康，以适应社会发展的需求。这一理念的提出，也使得与之相配套的教育资源建设，特别是体育教育，受到了前所未有的关注。

民俗体育丰富多样的形式和深厚的文化内涵，为素质教育的实施提供了丰富的资源。它不仅能够激发学生对体育活动的兴趣，提升他们的运动技能，更能在寓教于乐中传承和弘扬我国的民族文化，培养出身心健康、具备民族精神的未来公民。近年来，在将民俗体育融入学校体育课程的改革实践中，学校体育课堂焕发出新的活力，学生们在参与中感受到了民俗体育的魅力，取得了显著的教育效果。

但我们也应看到，民俗体育在校园中的推广还面临着一些挑战，如教材编写混乱，缺乏统一的标准，过于注重教学内容的展示而忽视了实际教学效果等。因此，教学组织者在引入民俗体育时必须精心挑选和编纂适合的教材，要根据地域特色和学校实际情况选择那些既具有运动价值、又富有民俗文化内涵，同时具备教育意义和传承价值的项目，将它们与现代体育教学理念相结合，创造出既有趣味性又有创新性和启发性的民俗体育教材。

具体来说，民俗体育教材的内容应包括对民俗体育项目的详细介绍，如其起源、发展历史、文化背景等基础知识，以及基本的技术动作、战术策略、教学训练方法、竞赛规则等实践内容。同时，教材还应注重培养学生的创新思维和团队协作能力，使他们在学习过程中既能掌握理论知识，又能提升实践技能，成为既懂理论又会实践的民俗体育人才。

（二）加强民俗体育师资力量的培养

在将民俗体育融入学校体育的持续发展中，亟须强化对民俗体育教学师资队伍的建设，以保证其在学校体育中的稳定且快速的进步。目前的状况表明，我国学校体育领域内的民俗体育专业人才明显不足，因此，我们必须重视并加强民俗体育教师的培养工作。具体策略可从以下三个主要方面进行。

1.建立民俗体育学科培养体育师资

当前，民俗体育学科的开发仍然处于一个相对初级的阶段，主要任务还是在探索和积累经验。这个现象的出现是多方面因素共同作用的结果。首先，社会的快速发展和变迁，使得传统体育文化在现代生活中的地位有所动摇，保护和传承的工作面临着巨大的挑战。其次，学校体育改革的深度和广度虽然在不断扩大，但如何在改革中融入民俗体育的元素，还需要更多的理论研究和实践探索。最后，体育教师作为民俗体育传播的重要载体，他们的专业发展需求和能力提升也亟待关注。

在这样的背景下，构建和完善校园内的民俗体育学科，培养一批具有主辅修专业背景，同时具备实践能力的民俗体育教师，就显得尤为迫切。

2.聘请民间艺人进入学校进行教学

近年来，随着社会的快速发展和现代化进程的加速，许多珍贵的民俗体育文化正在逐渐失传、消亡。因此，我们必须采取行动，积极挖掘、保护和传承这些民俗体育文化。在这一过程中，学校作为育人的主阵地具有得天独厚的优势。学校不仅拥有丰富的教学资源和师资力量，更有着广泛的学生群体和深厚的社会影响力。因此，我们可以将民间艺人请进学校体育教育之中，探索民俗体育文化的师资培养方式，从而提炼出民俗体育文化教育资源的传承模式。

3.提高现有教师的民俗体育理论和实践水平

体育教师是民俗体育文化的传承者，也是学生身心健康教育的引导者。在他们的教学生涯中，不仅需要将我国丰富多彩的民俗体育文化传递给年轻一代，更需激发学生对自身健康的重视，培养他们认识到强健体魄是个人对社会应尽的责任。

此外，体育教师的影响力远远超出了课堂的范围。由于他们接触的学生群体广泛，包括不同年级、不同学科的学生，他们在早操、课间操、课余活动以及各类大型活动中的组织和指导，无时无刻不在影响着学生的行为习惯和价值观。他们的行为模式、精神风貌、言谈举止以及对待工作的态度，都会潜移默化地影响学生，成为学生模仿和学习的榜样。

因此，提升体育教师的民俗体育理论和实践水平是学校教育的重要任务。首先，学校应创造更多的机会，让体育教师参与各级别的民俗体育培训和进修，通过持续学习来提升他们的专业技能。其次，加强民俗体育理论研究，政策上给予一定的支持，以推动学校民俗体育教学的深入发展。最后，鼓励教师之间的交流与合作，通过分享教学经验，共同提高，共同进步，以实现民俗体育教育的最优化。

（三）加大民俗课程建设的资金投入

在当前的教育环境中，民俗体育课程的推广和实施面临着诸多挑战，导致其在校园中的发展步履维艰。许多学校的民俗体育课程在启动阶段就遭遇困境，或者在发展中期因各种问题而被迫中断，这主要归咎于缺乏必要的支持、实验条件的不足以及资金的短缺。此外，研究人员与实验学校之间的合作协调问题也不容忽视，这往往导致课程开发的计划无法顺利进行。

资金问题在其中起着决定性的作用。一旦学校领导听到关于课程的负面反馈，他们可能会迅速削减预算，撤回支持人员，甚至完全停止课程的开发。这种情况揭示了资金短缺对民俗体育在学校中发展构成的严重制约。

因此，我们需要坚持保证对重要民俗体育项目资金的投入，兼顾一般项目的资金需求。我们应该优先发展那些已经相对成熟、具有深厚群众基础的民俗体育项目，通过它们的影响力带动整体民俗体育的发展。除了资金投入，改善民俗体育的场地设施也是必不可少的。在规划和建设新的体育场馆时，应充分考虑民俗体育的特殊需求，预留足够的空间和设施，以满足教学和学生自我练习的需求。

（四）将民俗体育与学生的大课间活动相结合

在当前教育改革的浪潮中，我国部分地区和学校正在积极探索并实施大课间活动，以实现"健康第一"的教育理念，目的是将快乐与活力融入学生的校园生活中。这些活动不仅限于传统的广播体操和眼保健操，还创新性地引入了更多趣味性强、特色鲜明的运动项目。但如何在保证知识技能传授的同时，充分挖掘大课间活动的健身与娱乐价值，是我们面临的一大挑战。

在这个问题上，民俗体育提供了一种可能的解决方案。民俗体育源于民间，内容丰富，形式多样，既富有娱乐性，又具有显著的健身效果。例如，踢毽子、抖空竹、跳绳等项目不仅能锻炼学生的身体素质，还能激发他们的兴趣和创新精神。

我们也应看到，民俗体育在学校中的发展还面临着诸多困难，如资源缺乏、教师专业能力不足、学生认知度低等问题。因此，我们需要在新课程标准的指导下，加大学校体育改革的力度，提高教师对民俗体育的理解和教学能力，同时，通过科研、培训、交流等方式，不断挖掘和创新民俗体育项目，使其在学校的体育教学中发挥更大的作用。

总之，发展和推广民俗体育，是实现大课间活动全面、均衡、可持续发展的重要途径。我们应积极面对挑战，充分利用各种资源，努力构建一个既注重知识技能、又重视身心健康、充满活力与创新的学校体育教育环境。

第四章 民俗体育文化的现代化转型

民俗体育文化作为我国传统文化的重要组成部分，承载着丰富的民族精神和历史记忆。但随着社会的发展和时代的变迁，这些富有乡土气息的体育活动面临着被边缘化、被遗忘的困境。因此，推动民俗体育文化的现代化转型，使其在现代社会中焕发新的活力显得尤为迫切。民俗体育文化的现代化转型是一个系统工程，需要我们从多方面着手，既要保持其原有的文化基因，又要赋予其新的时代内涵，使其在现代社会中展现出更加鲜活的生命力。

第一节 我国民俗体育变迁的核心

民俗体育是人民大众在长期历史发展中创造、享用并传承的一种生活文化形式,它深深植根于特定的民族土壤和历史背景之中,承载着一个国家或民族的历史记忆、价值观念和生活智慧。

但世界并不是静止不变,文化环境的演变在所难免。正如文化人类学所指出的,文化变迁是文化适应环境变化的自然结果,它可以是自发的,如文化创新、传播和遗失;也可以是强制的,如殖民化、有指导的变迁,甚至种族灭绝;此外,还有"复兴运动"、反叛与革命、现代化等多元化的变迁形式。这些变迁都在不断地塑造和重塑着民俗体育的面貌。

面对未来,民俗体育如何在变化中保持其独特性,如何在现代社会中找到新的生存和发展空间,这是一个亟待我们思考的问题。在当前的社会背景下,我国民俗体育的变迁核心在于文化现代化。

一、我国民俗体育变迁的文化环境

(一)文化环境:文化现代化

中国的民俗体育,作为一种深深植根于民族文化土壤中的独特现象,其变迁历程与我国文化现代化的进程紧密相连。自1840年鸦片战争以来,中国文化现代化的脚步未曾停歇,经历了从被动接受到主动创新的三个重要阶段。这一过程不仅体现在科技、经济等显性领域,更在包括民俗体育在内的文化领域中留下了深刻的烙印。

哈贝马斯的现代化理论为我们理解这一进程提供了理论框架。他指出,现代化是一个持续进行的社会转型过程,中国正处在这一过程的深入阶段。目前,我国的文化现代化水平已达到世界初等发达国家的水平,与我国的经

第四章 民俗体育文化的现代化转型

济发展水平大致相当。但这并不意味着文化现代化在全国范围内实现了均衡发展。

从地域角度看，中国东西、南北的文化现代化程度存在显著差异。西北地区由于地理、历史等因素，更多地保留了传统的文化形态，农业文化或原始生态文化特征明显。中部地区在工业化进程中，形成了以农业或重工业为主导的文化特色。而东部沿海地区，得益于更早的开放政策和优越的地理位置，已经率先步入了知识经济和信息社会，文化现代化的步伐明显加快。

这种地域性的文化发展不平衡性，也反映在民俗体育的变迁上（表4-1）。各地的民俗体育活动，无论是形式、内容还是传承方式，都深受当地文化环境的影响。例如，西北地区的民俗体育活动往往与农耕、游牧等传统生活方式紧密相连，而沿海地区则更多地融入了现代元素，如体育竞技、健身活动等。尽管存在差异，但各地的民俗体育都在寻求与现代社会的融合与创新，以适应文化现代化的大趋势。因此，中国的民俗体育变迁不仅是一个文化现象，更是中国社会文化现代化进程的一个缩影。在保持地域特色的同时，通过交流、借鉴和创新，民俗体育正在逐步实现全国范围内的协调发展，为构建具有中国特色的现代文化体系贡献力量。

表4-1 中国"八大地区"文化现代化发展水平一览表

"八大地区"	第一次现代化实现程度（%）	综合现代化水平指标
华东沿海	97	54
华北沿海	93	53
东北沿海	89	41
华南沿海	87	37
黄河中游	85	35
长江中游	85	34
西南地区	79	32
西北地区	82	31

（二）文化调适：我国民俗体育变迁的主题

在当今全球化和现代化的洪流中，各种文化现象都在经历着前所未有的变革，民俗体育也不例外。这种变迁的过程，正如社会学家所指出的，是基于人们对于环境的感知和反应。人们如何理解和解读他们所处的环境，就会如何对环境做出适应性的改变。这种感知是主观的，因此，不同的人群可能会对同一环境产生截然不同的理解，从而引发多元化的反应方式。

民俗体育，作为深深植根于民间、与民众生活紧密相连的文化形式，其变迁的主题是如何在"文化现代化"的大背景下找到自身定位的？我们关注的焦点在于，如何更准确地理解和感知这种变迁。因为只有当感知与文化发展的内在规律相一致时，民俗体育的变迁才能真正实现与现代社会的和谐共存，否则，就可能导致民俗体育的衰落甚至消失。

民俗体育文化，如同生活中的其他方面，是与民众的生活规则共生共存的，它既是文化的载体，也是文化创新的源泉。因此，它在文化发展中的角色至关重要。面对不断变化的文化环境，民俗体育需要通过自我调整，以适应新的文化路径，这就是所谓的"文化调适"。这种调适并不是外部力量强加的结果，而是民俗体育内在生命力的自然展现，是其自我更新、自我完善的动态过程。

从个体或群体的角度看，民俗体育的变迁往往伴随着对原有形式的改造和创新，以满足个人或群体的新需求、新期待。当一项民俗体育项目被置于新的文化语境中，其开放性和适应性就会激发其接受变化的潜力，从而产生新的社会文化价值。这种变迁，被人们视为进步的标志，是文化发展中的自然现象，是文化调适的生动体现。

二、复兴回归：我国民俗体育的历史变迁

（一）作为民众日常生活的民俗体育

在20世纪的第一个十年里，中国的"民俗"几乎就是人们的日常生活。

第四章　民俗体育文化的现代化转型

当时，现代工业化都市的日常生活尚未占据重要地位，与工业和城市相联系的人口规模相对较小。因此，民俗不仅是过去时代的文化遗留物，更是人们现实生活的有机部分。它承载着人们的信仰、习俗、传统和记忆，是连接过去与未来的桥梁。

民俗体育作为民俗事项的重要组成部分，同样依附于民间生活，是社会民众的"日常生活"之一。在新文化运动前后几年间，民俗体育的功能依然与"日常生活"紧密相连，保持着"原生态"的发展模式。人们通过参与民俗体育活动，表达了对生活的热爱和向往，也传承了中华民族的优秀传统文化。

但随着文化现代化的变革和发展，新文化运动期间出现了对传统文化的激烈批判。大多学者、思想家开始持"中体西用"的态度，但到了五四新文化运动期间，情况发生了根本变化。陈独秀、胡适、鲁迅等学者纷纷表达了对传统文化的批判和否定，认为只有彻底打倒传统，"中学"必须根除，中国才能得救。这种极端的"中西对立"态度，对当时的民俗体育也产生了深远的影响。

尽管新文化运动期间"文化现代化"的自由主义流派已经形成，但这种纯粹而激进的自由主义方法论思想尚未形成一股强大的力量来直接"改造"民俗及依附其生存的民俗体育活动。具体来说，在国民政府推行现代化政策的过程中，城市化和工业化进程加速，人们的生活方式和价值观念发生了深刻变化。传统的民俗体育活动逐渐失去了其原有的社会功能和意义，被边缘化和遗忘。

尽管民俗体育在现代社会中面临着诸多挑战和困境，但它仍然是中国传统文化的重要组成部分，具有独特的魅力和价值。因此，我们应加强对民俗体育的保护和传承工作，让更多的人了解和认识这一宝贵的文化遗产。同时，我们也应积极探索民俗体育与现代社会的融合之道，为其注入新的活力和生命力，让其在现代社会中焕发出新的光彩。

（二）向农村地区萎缩的民俗体育

1928年，国民政府在形式上实现了全国的统一，开启了现代化建设的新篇章。政府的意识形态与以胡适为代表的知识分子提出的"全盘西化"思想产生了共鸣。胡适的这一思想主张全面接受西方的科学、民主等先进理念，以期改造中国，实现国家的现代化。

在这样的文化政策引导下，民国初期的改革运动将矛头对准了封建迷信和传统风俗等被视为落后的事物。这些被视为阻碍社会进步的元素，被纳入"打倒"的范畴。正如学者涂传飞所指出的，民俗体育作为传统文化的重要组成部分，其仪式化的特性中往往蕴含着迷信和不科学的成分。在"全盘西化"思潮的冲击下，西式体育逐渐在国内普及，民俗体育因其"落后"属性，被现代化的浪潮和精英阶层所摒弃。

此时，民俗体育被普遍认为是属于社会底层和边缘农民的生活方式，与城市的现代化进程格格不入。因此，它们失去了在城市中的生存空间，被迫"退守"到受现代化运动影响较小的农村地区。

（三）民俗体育的复兴回归

那些承载着中华民族历史记忆和文化基因的"历史遗留物"在老一辈人的深情记忆中逐渐苏醒，重新回到了现实社会。这些"历史遗留物"不仅是中华民族的宝贵财富，更是连接过去与未来的桥梁。

与此同时，中国的体育事业也迎来了空前的发展机遇。体育健儿在国际舞台上奋力拼搏，为国家赢得了无数的荣誉和掌声。学者们开始关注并呼吁中国本土体育的复兴，认为民俗体育作为中华民族传统文化的重要组成部分，不仅具有独特的艺术魅力和文化内涵，还能激发人们的民族自豪感和文化认同感。

在这样的背景下，民俗体育在民俗母体的复兴下孕育而生，在体育事业大发展的前提下呼之欲出。它们重新焕发出勃勃生机，再度成为民众日常生活的一部分。无论是节日庆典还是乡村庙会，民俗体育都以其独特的魅力和文化内涵吸引着人们的目光。

三、"人的自然化"：我国民俗体育变迁的核心

对于我国民俗体育的未来走向，目前无法给予确切的预测。但通过对我国民俗体育历史和现状的深入剖析，我们认识到变迁的核心在于其独特的"自然化"特质。这一特质对民俗体育的历史演变起着决定性作用，也塑造了其当前的发展模式。因此，我们可以推断，"自然化"属性将继续成为引导民俗体育未来现代化进程的关键因素。

（一）民俗体育的"自然化"属性

文化现代化，其核心是马克思所阐述的"自然的人化"，即人类对自然界的改造和适应，是人类社会发展的必然趋势。但这个过程的另一面，即"外在自然的人化"，却伴随着科技和物质文明的飞速发展，带来了严重的环境问题。从森林的消失到河流的干涸，从空气的污染到全球气候变暖，这些都表明人类对自然的控制和利用已经达到了一个关键的转折点。提出"自然的人化"问题，正是为了警示这个临界点的存在，因为只有通过减少对自然的破坏，我们才能恢复"自然人化"的积极意义，即人类生存和发展的必要条件。

与此同时，"内在自然的人化"的进程，即人类身心的进化，也在不断推进。医学、生命科学和基因技术的进步延长了人类的寿命，疾病得到了有效的治疗。但这也带来了新的挑战，如心理结构的扭曲和"理性异化"。人们的生活越来越依赖科技，感性的体验和日常感知被日益抽象化、理智化和机械化，这使得人们在物质生活丰富的同时，却感到生活的意义缺失和精神的空虚。

面对"人化自然"的困境，我们需要寻找一种平衡，即"人自然化"的途径，以实现人与自然的和谐共生。现代体育在一定程度上体现了这种"自然化"的趋势，它关注人的内在身体的自然化，通过运动和锻炼来强化身体机能。但现代体育的理性化、机械化、商品化和世俗化等特性，仍然与"人化"的方向存在冲突，未能充分解决人的心理自然化问题。

相比之下，我国的民俗体育在"自然化"属性上表现得更为全面。它不仅通过身体活动来提升人的生理机能，填补了现代生活中"内在自然"硬件的缺失，而且其丰富的仪式、信仰、禁忌和神秘性，能够对现代科技文明中的人们进行心理上的"治疗"，填补了人们在理性化社会中的精神空虚和无奈。许多在科学和理性中无法解决的人生问题，往往可以通过参与民俗体育活动，找到心灵的慰藉和生活的意义。民俗体育的内在动力，正是源于其自身所具有的"全方位自然化"属性。

（二）"自然化"属性造就民俗体育的变迁历史

自文化现代化的浪潮席卷而来，我国的民俗体育经历了从社会民众日常生活的核心地位，到农村生活的独特存在，再到被视为历史遗留物的曲折历程，最终在现代社会中找到了新的生存空间。这一系列的变化，表面上看是民俗体育与文化现代化环境之间的互动关系，从最初的和谐共存，到冲突对立，再到相对的和谐融合。但这并不是简单的环境适应，而是民俗体育本质属性——"自然化"属性在不同文化阶段的生动体现。

"自然化"属性，是指民俗体育与自然、与人的生活紧密相连，是人们在长期社会实践中，根据自然环境和生活需要创造并传承下来的一种文化形态。在农耕社会，民俗体育是人们生活的一部分，与农事活动、节庆习俗紧密相连，如龙舟赛、舞狮、蹴鞠等，它们自然地融入人们的日常生活中。但随着工业化、城市化的推进，这种"自然化"属性与现代文化环境产生了冲突，民俗体育逐渐被边缘化。

但文化现代化并不是一成不变，而是具有阶段性的发展规律。在经历了初期的冲击和冲突后，人们开始重新审视和珍视民俗体育的价值。它们承载着民族的历史记忆，蕴含着深厚的文化内涵，是连接过去与现在、乡村与城市的重要纽带。因此，民俗体育在现代社会中得到了新的解读和传承，如非物质文化遗产的保护、民俗体育进校园等活动，使民俗体育在新的文化环境中找到了生存和发展的可能。

民俗体育的历史变迁充满了偶然性和不确定性，但其"自然化"属性与文化现代化的阶段性发展规律相互作用，决定了其变迁的必然性。可以说，这种内在的属性塑造了民俗体育的历史轨迹，使其在不断变化的文化环境中保持了生命力和活力。

（三）"自然化"属性决定民俗体育的现实路径

我国的民俗体育，作为一种深深植根于民间的传统活动，正在经历一场深刻的变革，以适应现代社会的发展需求。在"复兴回归"之后，民俗体育的产业化、分化、自觉化、遗产化等趋势，构成了其现代化进程中的重要特征。这些趋势并不是孤立存在，而是相互交织，共同推动着民俗体育的创新与转型。

首先，民俗体育的产业化，是其现代化发展的重要驱动力。在市场经济的推动下，许多传统的体育活动被赋予了商业价值，如龙舟赛、蹴鞠等，通过商业化运作，不仅保留了其文化内涵，还为其发展注入了新的活力。相关数据显示，我国民俗体育产业的市场规模在近年来持续增长，成为文化产业的重要组成部分。

其次，分化与自觉化是民俗体育现代化的内在动因。随着社会分工的细化，民俗体育的功能也在分化，如竞技性、娱乐性、教育性等各具特色的体育形式应运而生。同时，民众对民俗体育的认知也在深化，开始主动参与、传承和创新，使其更加符合现代人的审美和价值追求。

最后，遗产化趋势则反映了民俗体育在文化保护层面的觉醒。在全球化背景下，保持文化多样性成为国际社会的共识。我国政府积极响应，将一些具有代表性的民俗体育项目列入非物质文化遗产名录，如太极拳、舞龙舞狮等，目的是通过制度保护，防止其在现代化进程中被边缘化或消失。

这些变革的背后，是民俗体育"自然化"属性的深层影响。无论是城市居民对乡土体育的向往，还是民众对传统体育文化的自觉传承，都体现出人们对自然、淳朴生活方式的追求。这种"自然化"属性，既与现代社会的生态理念相契合，也是民俗体育在现代化进程中保持独特魅力的关键。

（四）"自然化"属性引领民俗体育的未来发展

民俗体育，作为传统文化的重要载体，其历史变迁始终与社会文化现代化的进程交织在一起。但这种变迁并不是简单的"现代化"过程，而是一个复杂、动态的适应与融合的过程。在过去的岁月中，由于文化现代化的发展水平有限，民俗体育的"自然化"特性并未得到充分的挖掘和体现。这里的"自然化"指其与自然环境、人类本能需求的紧密联系以及其在社会生活中的自发性与原生性。

近年来，随着文化现代化的深入发展，一种回归自然、尊重自然的思潮开始兴起，与民俗体育的"自然化"属性不谋而合。这种趋势表明民俗体育未来将有更大的发展空间，它将更好地适应现代化的社会环境，同时保持其独特的自然属性，成为文化现代化进程中的重要组成部分。

第二节 我国民俗体育文化现代化演进规律

我国的民俗体育在现代化进程中的演变规律具有高度的复杂性。依据文化现代化演进的基本原理，并考虑到民俗体育的本质属性和独特特征，我们可以将其现代化发展规律归纳为"二律背反"原则、"后现代主义理论"的综合体现。

一、民俗体育现代化演进的二律背反问题

新式体育在中华民国时期，随着众多留学欧、美、日的学子们带着先进的体育理念回国，得到了全面的实施与推广。这些学子们不仅带回了西方的

第四章 民俗体育文化的现代化转型

体育项目和训练方法,更将现代体育的竞技精神、健康理念深深植入国人心中。新中国成立后,尽管体育领域在一定程度上受到过一些批判和反思,但总体而言,体育的范式仍然保持着现代化的方向,而非完全回归传统。

进入21世纪,随着非物质文化遗产保护工作的不断深入,我国体育领域也开始重视并安排"非遗"传统课程的内容。这一举措不仅体现了对传统文化的尊重与传承,也显示了体育现代化与体育传统之间并存共进的局面。

在中国民俗体育的自身发展过程中,同样存在着这种现代与传统交织、激荡前行的现象。在现代化的大潮中,民俗体育不断吸收科学、产业、商品、市场、教育、传媒等现代元素,以适应文化现代化的社会环境。但与此同时,民俗体育也面临着如何保持其原生态、信仰、传统技艺等特质的问题。这种矛盾、背驰的现象,正是德国哲学家康德在《纯粹理性批判》中所提出的"二律背反"现象的体现。

"二律背反"意指双方对于同一个对象各自依据普遍承认的原则建立起来的、公认为正确的两个命题之间各自成立但相互矛盾的现象。在民俗体育的现代化与传统保持中,同样存在这种矛盾。一方面,民俗体育要实现现代化,就需要接受并融合科学、产业、商品等现代元素;另一方面,要保持其民俗性,就必须坚守其原生态、信仰、传统技艺等特质。这种矛盾看似难以调和,但在现实中却同时出现,民俗体育在现代与传统中演进。

在文化现代化的社会背景下,民俗体育的演进受到多方面因素的影响。科学化、产业化、商品化、传媒化、市场化、教育化、城市化等都在一定程度上改变着民俗体育的面貌。但这并不意味着民俗体育必须完全放弃其传统特质以迎合现代社会的需求。相反,民俗体育应该在保持其传统特质的基础上,积极吸收现代元素,实现现代与传统之间的和谐共存。

(一)科学体系与迷信体系的共存

民俗体育,作为传统文化的重要载体,其科学化进程在现代社会中日益显现。这一进程主要体现在三个层面:物质形态、制度规范和思想认知,它们共同塑造了民俗体育的现代面貌。

在物质形态层面,我们可以看到,随着科技的发展,民俗体育的器具制作工艺流程经历了从手工艺到机械化的历史性转变。传统的手工制作技艺逐渐被现代化的生产线所取代，提高了生产效率，也使得这些体育器具更加普及和便利。例如，传统的蹴鞠，其制作过程已由手工缝制转变为工业化生产，形态和性能也得到了显著提升。

制度规范的变迁则体现在从"乡规民约"向"法制、民主"的过渡。在过去，许多民俗体育活动遵循着乡村社区的规则和习俗，而现在，这些活动逐渐被纳入国家的法制框架内，更加规范和安全。如春节的烟花爆竹燃放，现在需要遵循严格的法律法规，以保证公众安全。

在思想认知层面，民俗体育的迷信体系正逐步向理性体系转变。人们开始用科学的视角去理解和解释这些活动，减少了盲目信仰的成分。但这并不意味着迷信体系的完全消失。在民俗体育中，如清明的踏青、重阳的登高、端午的龙舟等，其深层的信仰体系，如对祖先的敬仰和对自然的敬畏，仍然是活动的核心，赋予了它们独特的文化内涵。如果失去了这些信仰体系，这些民俗体育活动就会失去其灵魂，变得与西式体育中的类似活动无异。

民俗体育的科学化趋势是社会进步的必然结果，它使得民俗体育更加适应现代社会的需求。但我们不能忽视其非科学信仰体系的重要性，这是民俗体育的"立足之本"，是其区别于其他体育形式的独特标识。因此，我们在推动民俗体育科学化的同时，也要尊重和保护其非科学的信仰体系，以保持其丰富的文化多样性。

（二）民俗体育在城市与乡村间徘徊

民俗体育，这一独特的文化现象，是中国深厚农耕文明的产物，它在广袤的农村土地上生根发芽，与乡土环境、乡规民约以及乡民的情感紧密相连。它以其独特的乡土气息、民间仪式传统和看似迷信的参与动机，构成了中国乡村文化的重要组成部分，为农村社区的凝聚力和社区生活增添了丰富的色彩。

但随着中国城市化进程的加速，农村的面貌正在发生深刻的变化。农村人口大规模向城市迁移，城市区域不断向农村扩展，传统的农业生产方式正在被现代化的生产方式所取代。这种社会环境的变化对民俗体育的生存和发展提出了严峻的挑战。原有的乡土环境被转化为绿地、公园、运动场，乡规民约被现代的法律、规则所替代，人的心理结构也逐渐城市化，民俗体育原有的生存土壤正在逐渐消失。

面对这种困境，民俗体育的发展面临着两难的选择。一方面，它需要保持独特的乡村化发展路径，保持丰富的乡土气息和特有的民间传统，以满足人们对乡土文化认同和情感寄托的需求。另一方面，它又需要适应城市化的发展趋势，寻找在城市环境中生存和发展的新路径，如在城市社区中建立民俗体育的活动场所，吸引城市居民参与，以保持其生命力和影响力。

因此，民俗体育的发展问题实质上是城市化与乡村化之间的平衡问题。城市化的发展方向是不可逆转的，但乡村化的发展需求具有合理性。如何在城市化进程中保护和传承民俗体育，使其在新的社会环境中焕发出新的活力是我们面临的重要任务。

（三）产业化发展与非产业化保护

西方体育赛事的繁荣长久以来一直是全球体育文化的一道亮丽风景线。其中，体育与经济的深度融合是推动其持续发展的重要引擎。西方体育赛事通过商品化和产业化的运作模式构建了自我更新和自我增值的机制，不仅能够自给自足，甚至还能为社会创造可观的经济效益。

在中国，我们也在探索如何将这一经验应用于本土的民俗体育发展中。借鉴"体育搭台，经济唱戏"的理念，各地纷纷举办各种体育节日，如山东的"风筝节"、青海的"登山节"、内蒙古的"摔跤节"等，将体育活动与丰富的旅游资源相结合，有效推动了地方经济的发展，同时也丰富了民众的文化生活。

但产业化、商品化的道路并不是一帆风顺。民俗体育的市场改造需要谨慎对待，因为过度迎合市场需求可能会破坏其原有的文化价值和特色。民俗学者乌丙安警示我们，如果在非物质文化遗产保护工作尚未做到位时就急于将其推向市场，可能会导致其原始形态的破碎，这是一种以保护为名的文化破坏，我们不能为了短期的经济利益而忽视了民俗体育的长远保护。

因此，非产业化的保护方式同样重要，包括对民俗体育进行原生态的保护，通过政府专项基金支持传承人，避免随意篡改；或者利用现代科技手段，将民俗体育的各个方面完整记录下来，保存在博物馆中，以供后人研究和学习。

总的来说，民俗体育的产业化和非产业化保护是相辅相成的。我们需要在推动其经济发展的同时，注重其文化价值的保护，寻找两者之间的平衡点，以实现民俗体育的可持续发展。

二、遵循后现代主义的发展走向

（一）民俗体育发展的后现代性质

后现代科学是在反思现代科学的基础上形成的一种新的科学理念，主张社会应该是多元、整体、非决定论和自由的，而非单一、理性化和原子化的。我国的民俗体育，以其独特的仪式、禁忌、传说和信仰，体现了非祛魅的特性，是理性与非理性、科学与信仰的融合。其内容和形式的多样性以及对社会文化的依存性，也符合后现代科学的多元性原则。

在现代化进程中，民俗体育在物质和制度层面遵循科学规律，但抵制机械化和同质化，倡导手工化、个性化和乡土化。在思想层面上，它尊重传统的信仰体系，强调人的自由发展。后现代科学的任务是恢复人与自然的和谐，而非消除神秘性和人生的意义。因此，民俗体育的科学性和信仰体系与后现代科学观相一致，其文化价值将在后现代社会中得到进一步提升。现代体育若要适应未来社会，也需要进行新的文化转型。

（二）民俗体育的多元化、个性化发展趋势

后现代主义学者雅克·德里达对后现代文化的理解，揭示了一个充满无限差异的世界，其中多样性与差异性成为核心价值。他指出，这种文化趋势

第四章 民俗体育文化的现代化转型

挑战了传统现代文化中的独断性和一致性,对"自我"的塑造方式产生了深远影响,打破了"自我"被单一模式束缚的局面。这种转变在"自我时尚的设计""自我理念的确立"以及"自我行为的显露"中体现得淋漓尽致,它们以压倒性的力量冲击着现代文化的绝对主义和垄断性。

在中国,民俗体育的现代化进程同样展现了这种多元化和差异性的特质。在经历了产业化、商品化、科学化和理性化的转变后,民俗体育并未丧失其独特的多样性,反而在"十里不同风,百里不同俗"的传统中找到了生存与发展的价值。这种特性与后现代文化的多元化、个性化特征相契合,强调了文化多样性和地域个性的重要性。与现代体育追求的标准化、统一化不同,民俗体育的扩布性和流变性使其在不同的地域环境中保持着独特的文化个性和活力。

现代体育在塑造"自我"方面的确发挥了作用,但其过于强调标准化和一致性,往往导致个体的模仿和趋同,而非真正的自我表达和创新。相比之下,民俗体育的多元性、多样化和时空范围内的流变性,为参与者提供了更广阔的空间,使他们在实践中激发创造力,实现自我风格的塑造、自我行为的表达和自我理念的建立。

(三)民俗体育的乡土化走向

在现代社会的快速发展中,现代性与传统的关系被重新定义,后现代性以其独特的视角,对传统与乡土的回归提出了新的思考。我国民俗体育的发展,正是在这一背景下,展现出与后现代主义的"返乡性"深度契合的态势。

现代化进程以城市化为核心,带来了科技、经济的飞速进步,但同时也引发了精神、生态、社会等多方面的危机。后现代主义对现代性的批判,体现在对"回归自然"和"返乡运动"的倡导上,旨在揭示现代主义的矛盾和问题。现代性的理性主义、工具主义和城市化原则,已经深入社会的每一个角落,甚至影响到体育和身体娱乐活动,使其逐渐失去原有的乡土特色,被现代化、工具化、城市化和标准化所同化。

以西方现代体育为例,其高度的标准化和程式化,虽然在一定程度上适应了城市生活的需求，但同时也削弱了其与自然和社会的深层联系。我国的民俗体育在追求现代化的过程中，也面临着从乡土环境向城市环境转变的挑战。为了适应现代化，民俗体育的乡土性、个性化和社区性等特质在一定程度上被淡化，甚至被破坏。

但民俗体育的根性在于其深厚的乡土性，它植根于民间，与社会的最基层紧密相连。因此，对于现代化过程中失去根性的民俗体育来说，回归乡村，寻找和保护其乡土性，是其持续发展的重要路径。这种"返乡寻根"的趋势，不仅是理论上的反思，也是社会实践中对现代体育流弊的回应。

后现代主义的"返乡"思潮为这种回归提供了理论指导，它倡导的非理性体验和对自然、社会和谐关系的追求，可以在民俗体育活动中得到体现。民俗体育强调身体的自然体验和心灵的感悟，它超越了理性的界限，让人们在与自然、社会的互动中，重新发现和建立人与环境的和谐关系。

（四）民俗体育的非商品化走向

在现代社会的快速发展中，体育产业的商业化和我国民俗体育的市场开发成了一种普遍现象。在西方现代体育发展模式的影响下，许多具有深厚文化底蕴和独特魅力的民俗体育项目，如龙舟赛、蹴鞠、太极拳等，纷纷被包装成商品，通过产业化运作，迎合大众市场的消费需求，从而获得了新的生命力。这种市场商品化的发展路径，为我国民俗体育的传承与创新开辟了新的道路，使其在现代社会中得以延续和繁荣。

但这种商品化的发展模式也带来了一些问题。文化工业理论指出工业化生产下的大众文化产品具有同质化和可预料性的特点，即所有的文化产品都趋向于标准化，其最终结果在生产之初就可以预见。这种现象在民俗体育的商业化过程中也有所体现，一些民俗体育项目在追求经济效益的过程中，会丧失其独特的文化个性和艺术创造力，变得同质化，甚至沦为资本的工具，失去了原有的文化价值和精神内涵。

面对这样的挑战，我国民俗体育的未来发展需要深刻反思和调整。我们应重视并保护民俗体育的文化非同质性，强调其艺术创造力和精神价值，而不是单纯追求经济利益。

这种非商品化的发展路径，与后现代主义的思想潮流相契合。后现代主义反对物质的同质化和文化的商品化，倡导回归非物质性的文化价值，强调个性和多样性。因此，我国民俗体育的现代化演进，应当积极探索非商品化的发展模式，通过创新性的保护和传承方式，保持其独特的文化个性，提升其艺术创造力，使其在服务社会、丰富人们精神生活的同时，也能抵御现代化的负面影响，保持其原有的文化魅力和生命力。

总的来说，我国民俗体育的发展需要在商业化与文化保护之间找到一个恰当的平衡点，既要利用市场机制推动其创新和发展，又要防止其过度商品化导致的文化同质化和价值流失。只有这样，我们才能真正实现民俗体育的繁荣，使其在现代社会中焕发出更加璀璨的光芒。

第三节　我国民俗体育现代化演进模型

民俗体育的变革核心体现在文化现代化中，其发展规律必然与文化现代化的进程紧密相连。自1840年的中英鸦片战争，中国的文化现代化进程已持续了超过一个半世纪，依次经历了起步、局部现代化以及全面现代化的不同阶段。目前，我们正处于全面完成初次现代化并部分进入第二次现代化转型的关键阶段。

一、民俗体育现代化的概念模型

关于民俗体育的现代化进程，其复杂性不容忽视，构建一个精简的概念模型是必要的。尽管目前对于民俗体育现代化，以及与其相关的民俗体育变迁、进化、进步、适应、转型、发展和互动等术语，学界尚未形成统一的定义,但这些概念之间确实存在着深厚的关联,具体见表4-2。

表4-2 民俗体育现代化的几个相关概念

概念	基本含义(没有统一的定义)
民俗体育	这是一种普遍模式化的体育文化形态,它被广大民众传承并融入日常生活之中。这种文化既体现在体育活动中,也体现在生活方式上。它植根于特定的民俗文化土壤,是民俗文化体系中的重要构成部分,对民俗文化的延续与发展起着关键作用。
民俗体育变迁	民俗体育的变革是一个持续不断的过程,其形态和类别呈现出多样的特性。
民俗体育进化	民俗体育的演进过程表现为从初级阶段向高级阶段,以及从简易形式向复杂形态的逐渐发展,这一过程涵盖了一般演进和特殊演进两个方面。
民俗体育进步	民俗体育的变迁可被视为有利于提升生产力、促进社会进步及人类全面发展的一系列变化。反之,若其变迁无法带来这样的效益,则可被视为民俗体育的倒退。
民俗体育适应	依据生存环境的变迁对民俗体育进行的相应调整可被定义为正适应或负适应:若这种调适能促进生产力提升、社会进步以及人类的全面发展,即称为正适应;相反,若产生消极影响,阻碍上述发展,则称为负适应。
民俗体育转型	是指民俗体育形态的演进,具体表现为从农业阶段的民俗体育形态过渡到工业化阶段的民俗体育形式,再进一步发展到知识经济阶段的民俗体育形式。
民俗体育发展	民俗体育的演进趋势体现出对提升生产力、推动社会进步以及促进人类全面发展的重要影响。这包括了民俗体育创新力的提升、内容的多元化、进步的动态性、观念的革新以及适时的适应性变革。
民俗体育互动	民俗体育对社会生活的各个层面产生着相互影响,例如其与政治、经济、文化、旅游及民俗产业的交织关系。
民俗体育现代化	现代民俗体育经历了动态的形成、发展、转型和互动的综合进程,其构成要素亦同步进行着创新、选择、传播和淘汰的复合活动。

显然,民俗体育的现代化与民俗体育的变革、演化、进步、适应、转型、发展及互动等概念之间存在着密切的关联和交错性。依据民俗体育现代化的定义,我们可以构建一个反映这些关系的模型(表4-3)。首先,民俗

体育的发展可以视为其变革、演化、进步和适应的共同影响结果；其次，民俗体育的现代化则是民俗体育转型、发展和互动的交集体现。

表4-3 民俗体育现代化的概念模型

概念假设	主要内容
假设1	民俗体育的发展表现为对生产力提升、社会进步和人类全面发展具有积极促进作用的民俗体育现象的演变。
假设2	民俗体育正趋向于适应以促进生产力提升、社会进步和人类全面发展为目标的调适活动。
假设3	民俗体育的转型过程可被定义为两个主要阶段：首先是从传统的农业民俗体育形式向工业化民俗体育形式的过渡，然后是从工业化民俗体育进一步向知识经济民俗体育的转变。
假设4	民俗体育地位的变化指的是其在国家文化创新体系中的地位以及对民众体育生活品质影响的变化。
主要推论	主要内容
模型1	民俗体育发展=民俗体育进步+民俗体育正适应
模型2	民俗体育现代化=民俗体育发展+民俗体育转型+民俗体育地位变化
模型3	民俗体育现代化=民俗体育发展+民俗体育转型+民俗体育互动

二、我国民俗体育现代化演进的动力模型

（一）影响民俗体育现代化演进的动力因素

民俗体育的现代化演变受到多重因素的交织影响，包括文化背景、文化交流、文化竞争、创新进程、经济进步、社会体制和观念转变等。这些因素并不是孤立存在，也非处于同一体系，他们相互作用、碰撞、融合，有的相互促进，有的相互制约，形成了一种错综复杂的动态关系。

以社会体制为例，它既可以刺激文化创新，也可能对其产生限制作用；而文化创新既能巩固社会体制的发展，也可能催生其变革。另一方面，观念的演变，特别是在现代科学认知的推动下，对民俗体育的接纳度呈现出两种对立的态势：一种情况是，对科学的推崇可能导致对信仰性或传统性的民俗体育持否定立场，导致其在特定历史阶段面临边缘化甚至淘汰的境地；另一种情况是，随着对理性思维的深入理解，人们开始重视非科学、非理性的文化价值追求，以寻求精神的解放和个体的发展。

作为休闲娱乐或心理调适手段的民俗体育，其发展也深受经济发展水平的制约。经济条件的限制可能阻碍其在满足心理需求层面的发展；相反，经济的繁荣会催生更高层次的娱乐需求，从而为民俗体育的繁荣创造条件。众多因素环绕并影响着民俗体育，要深入理解其动力机制，需要对这些复杂的因素进行提炼和简化。

（二）民俗体育现代化演进的动力模型

民俗体育的现代化演进过程中，动力机制涉及的因素繁多，关系错综复杂。为全面深入理解这一现象，我们可以运用不同的动力学模型，从各个维度进行剖析。

1.创新动力模型

所有的文化转变都可以归结为创新，这指的是在特定社会群体中被广泛接受的任何新实践、工具或思想。我们将基于意外发现的活动称为原始创新，而基于已知原理有目的性创造的新事物称为次生创新。民俗体育的现代化演变同样基于"创新"的概念。创新可能体现为原有规范、工具或概念的偶然变化，也可能源于专业研究机构的系统性探索。这些新理念、新机制、新知识或新工具通过次生创新的有意识应用，被融入民俗体育，促使其革新，形成新的民俗体育形态，从而实现其持续的现代化进程。这一系列阶段都伴随着双向信息反馈的过程，如图4-1所示。

第四章　民俗体育文化的现代化转型

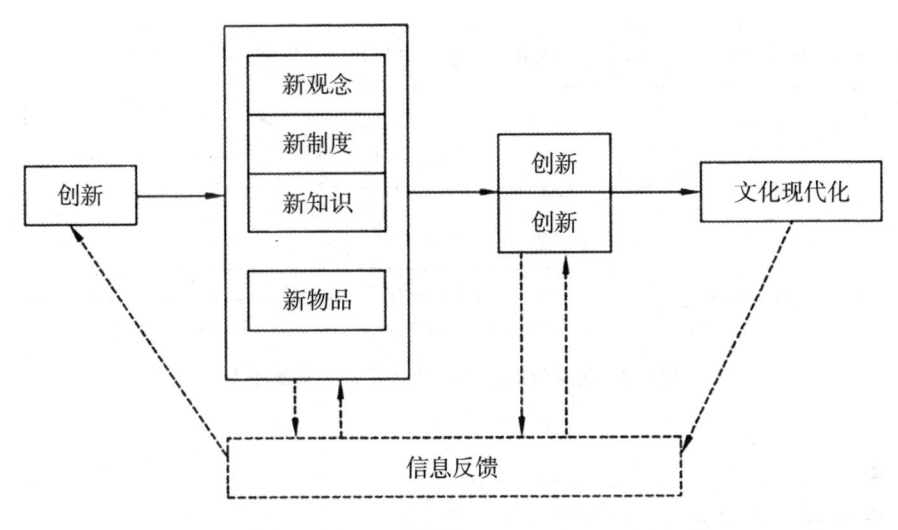

图4-1　民俗体育现代化的创新动力模型

2."双轮"驱动模型

民俗体育的演进与转型本质上与民族利益的维护及市场需求的响应息息相关。民族利益保证了对民族文化特色的保护与认同，以民族导向为原则，指导文化创新与服务的开展；另一方面，市场需求则驱动具有市场潜力的民俗体育向市场化、产业化及商品化方向演进，对非市场潜力项目进行自然淘汰与功能边缘化。民族利益的驱动彰显出一种"文化自觉"的精神，犹如百花取萃，被选中的花种因其优秀而被珍视，未被选中的也可能同样具有价值。市场需求的驱动则体现了文化产业化的理性逻辑，如同淘金过程，唯有"金子"般的项目得以保留，而"沙子"则被自然淘汰。这种双重动力机制既加速了我国民俗体育的文化产业化和商品化进程，又维护了其独特的文化身份，保持了对日常生活关注的深度以及生态化发展的平衡，如图4-2所示。

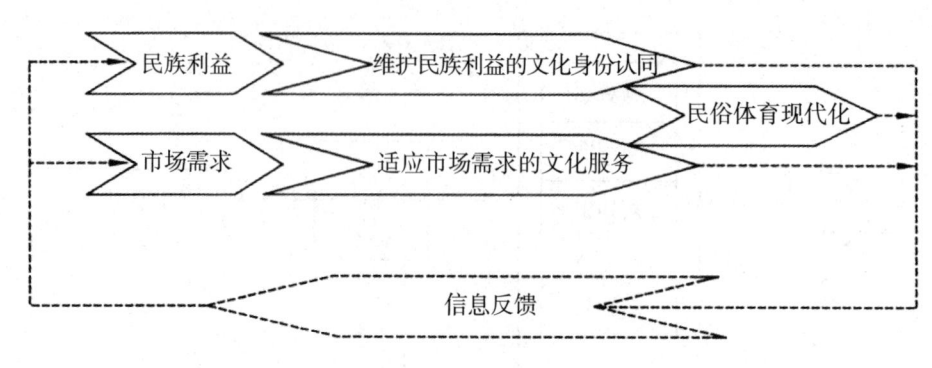

图4-2 民俗体育现代化的"双轮"驱动模型

3.联合作用模型

在民俗体育的现代化进程中，另一种动力机制模型发挥着至关重要的影响。这一演进可被理解为一个多维度动力的复合效应，主要由创新竞争、互惠交流和适应性变革等多种要素共同推动。这些动力因素相互作用，对民俗体育的演变和发展产生积极的促进作用，从而引导其不断地向现代化的积极趋势发展，如图4-3所示。

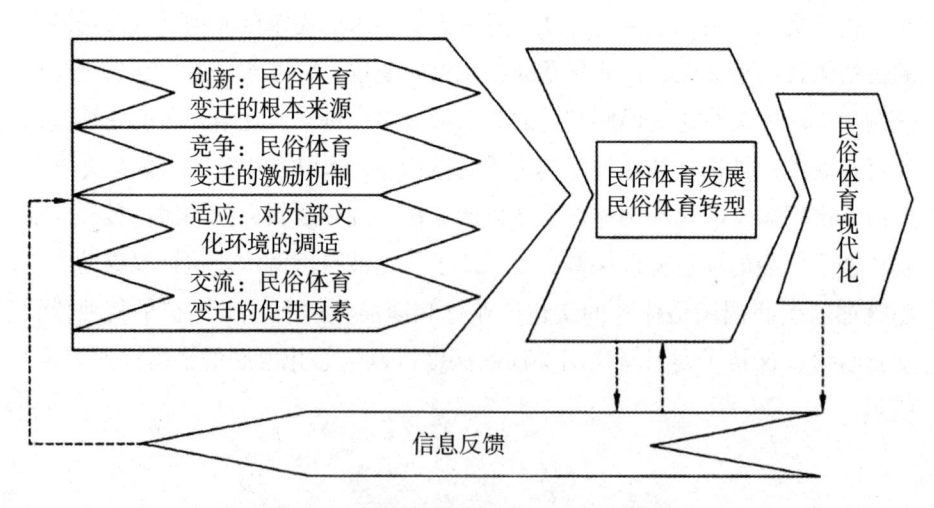

图4-3 民俗体育现代化的联合作用模型

三、我国校园民俗体育的现代化转型模型

随着社会的快速发展和科技的不断进步，传统民俗体育在校园中的地位和作用逐渐发生了变化。为了适应现代社会的需求，校园民俗体育的现代化转型显得尤为重要。以下是对我国校园民俗体育现代化转型模型的进一步探讨。

（一）课程体系的创新与优化

为了更好地传承和发展民俗体育，学校需要对现有的体育课程体系进行创新与优化。首先，可以将民俗体育项目纳入体育课程，使其成为学生必修或选修的内容。例如，可以开设一些具有地方特色的民俗体育项目，如舞龙、舞狮、武术、风筝等，让学生在学习过程中深入了解和体验这些项目的独特魅力。其次，课程内容应注重理论与实践相结合，让学生在了解民俗体育文化背景的同时，掌握相关的运动技能。这不仅有助于提高学生的身体素质，还能增强他们对传统文化的认同感和自豪感。具体来说，课程设计可以分为理论学习和实践操作两个部分。理论学习部分可以通过课堂讲授、观看视频、阅读相关资料等方式，让学生了解民俗体育的历史渊源、文化内涵和技术要领。实践操作部分则可以通过实际参与和体验，让学生在老师的指导下，逐步掌握各项民俗体育运动的基本技能和技巧。通过这种创新与优化，学校不仅能够丰富体育课程的内容，还能激发学生对民俗体育的兴趣，从而推动民俗体育的传承和发展。

（二）师资力量的培养与引进

现代化转型的过程中，专业人才的支撑是不可或缺的。为了实现这一目标，学校应当加大对体育教师的培训力度，提升他们对民俗体育的理解和教学技能。通过系统的培训，教师们能够更好地掌握民俗体育的知识和教学方法，从而在课堂上更有效地传授给学生。此外，学校还可以积极引进具有民

俗体育专业背景的教师，这些教师能够为学生提供更为专业和深入的指导，帮助他们更好地理解和掌握民俗体育的精髓。

为了进一步丰富学生的知识视野，学校还可以邀请民俗体育领域的专家学者进校园进行专题讲座和交流活动。这些专家学者不仅能够带来最新的研究成果和实践经验，还能激发学生对民俗体育的兴趣和热情。通过与专家学者的互动，学生能够更直观地了解民俗体育的历史背景、文化内涵和技术要点，从而在学习过程中获得更全面的体验。

（三）场地设施的改善与完善

为了更好地开展民俗体育活动，学校需要在改善和完善相关场地设施方面做出努力。首先，可以对现有的体育场地进行改造和升级，使其能够更好地满足民俗体育项目的需求。例如，可以增加一些特定的器械和设施，以适应不同民俗体育项目的特殊要求。其次，可以考虑新建一些具有地方特色的民俗体育场地，以丰富学生的运动体验。例如，可以建设一个专门的武术馆，配备专业的武术器械和设施，让学生能够更好地学习和练习武术。此外，还可以建设一个龙舟码头，提供一个适合龙舟比赛和训练的环境，让学生有机会体验和参与这项具有浓厚地方特色的体育项目。通过这些措施，学校可以为学生提供一个更好的运动环境，促进民俗体育活动的开展，增强学生的体育锻炼兴趣，提高他们的身体素质。

（四）校园文化的融入与推广

民俗体育不仅仅是一种简单的体育活动，它更承载着丰富的文化内涵和历史传承。学校作为教育的重要场所，应当积极地将民俗体育融入校园文化之中，使其成为学生日常生活中不可或缺的一部分。通过精心策划和组织各类民俗体育节、比赛以及展示活动，可以有效地激发学生们对民俗体育的兴趣和热情，进而增强他们对传统文化的认同感和自豪感。

为了进一步扩大民俗体育的影响力，学校还可以充分利用校园内的各种媒体资源，如校报、广播站和校园网站等，进行广泛的宣传和推广。通过这些平台，可以详细介绍各种民俗体育项目的起源、规则和文化意义，让更多学生和教职工了解这些传统体育活动的独特魅力。同时，利用网络平台的传播优势，可以将民俗体育的精彩瞬间和相关知识分享给更广泛的受众，吸引更多人参与到这些传统体育活动中来。

此外，学校还可以邀请民俗体育方面的专家和传承人进校园，开展讲座和工作坊，让学生们有机会近距离接触和学习这些传统技艺。通过这种面对面的交流和实践体验，学生们不仅能更深入地了解民俗体育的文化背景，还能亲身体验到其中的乐趣和挑战，从而更加热爱和珍惜这些宝贵的文化遗产。通过这些综合性的措施，民俗体育将在校园内得到更好的传承和发展，同时，这些措施也为传统文化的传播和弘扬做出了积极的贡献。

（五）社会资源的整合与利用

民俗体育的现代化转型离不开社会各界的大力支持与紧密合作。学校可以积极与政府、企业、社区等多个方面携手合作，整合各方的社会资源，共同推动民俗体育的繁荣发展。例如，学校可以与企业建立合作关系，共同开展民俗体育项目的研究与开发工作，利用企业的资金和技术优势，推动民俗体育项目的创新与发展。同时，学校还可以与社区紧密合作，共同举办丰富多彩的民俗体育活动，让更多的人有机会参与到民俗体育的传承与发展中来，从而提高公众对民俗体育的认识和兴趣。通过这种多方合作的方式，民俗体育不仅能够得到更好的保护和传承，还能在现代社会中焕发新的活力，为人们带来更多的健康与快乐。

通过以上几个方面的努力，我国校园民俗体育的现代化转型将取得显著成效。这不仅有助于保护和传承我国丰富的民俗体育文化，还能为学生的全面发展提供有力支持。

第四节　我国民俗体育文化现代化转型的动因

一、我国民俗体育文化现代化转型的经济、政治与文化因素

（一）经济因素：社会经济高速发展带动民俗体育转型

随着社会经济的高速发展，民俗体育这一传统领域也正经历着前所未有的变革。过去，民俗体育主要源于农耕文化，是人们在劳动之余休闲娱乐、强身健体的方式。但如今的经济结构已发生了显著变化，工业化、城市化、信息化的步伐不断加快，这对民俗体育产生了深远影响。

首先，经济的繁荣为民俗体育提供了更丰富的资源。政府对体育事业的投入增加，各种体育设施在城乡中普及，为人们参与民俗体育活动创造了便利条件。同时，随着人们生活水平的提高，对于体育活动的需求也从单一的健身娱乐转向多元化、专业化，推动了民俗体育的创新和发展。

其次，经济全球化推动了民俗体育的交流与融合。在经济全球化的背景下，各国的民俗体育项目得以跨越地域限制，相互借鉴、融合，形成新的体育形式。例如，一些具有地方特色的民俗体育项目通过国际赛事得以展示，吸引了世界各地的爱好者，进一步推动了其发展。

最后，现代经济活动也为民俗体育带来了新的发展机遇。随着旅游业的兴起，民俗体育作为地方文化的重要组成部分，被越来越多地融入旅游项目中，成为吸引游客的一大亮点。同时，随着互联网的普及，许多民俗体育项目通过网络平台进行传播，扩大了影响力，也为其商业化提供了可能。

但经济高速发展也带来了一些挑战。如何在现代化进程中保护和传承民俗体育的传统文化内涵，防止其过度商业化导致的异化，是我们需要面对的问题。因此，对于民俗体育的转型，我们既要积极拥抱变化，利用经济发展带来的机遇，也要注重保持其独特的文化价值，实现可持续发展。

第四章　民俗体育文化的现代化转型

（二）政治因素：乡村振兴、城镇化推动民俗体育进入城市

在乡村振兴的大背景下，传统的民俗体育不再局限于乡村的田野和庙会，它们开始逐渐融入城市的脉搏，成为连接城乡文化的重要桥梁。城镇化进程的加速，为民俗体育进入城市提供了更为广阔的空间和更多的机遇。

随着城市人口对精神文化需求的日益增长，民俗体育以其独特的魅力和深厚的文化底蕴，吸引了越来越多的市民关注和参与。在城市的公园里、广场上，甚至在一些商业街区，都可以看到民俗体育的身影。舞龙舞狮、打腰鼓、踩高跷等传统项目，不仅丰富了市民的业余生活，也让他们更加深入地了解和感受到了传统文化的魅力。同时，民俗体育进入城市也促进了其与现代体育的融合。在保留传统特色的基础上，民俗体育吸收现代体育的元素，形成了一系列新颖有趣的活动形式。这些活动不仅吸引了年轻人的参与，也让传统民俗体育焕发出新的活力。此外，政府和社会组织也在积极推动民俗体育的发展。他们通过举办各类比赛、展览和演出等活动，为民俗体育提供了更多的展示平台。同时，他们还加强对民俗体育的保护和传承工作，让这一宝贵的文化遗产得以延续和发扬光大。

（三）文化因素：西方体育文化强势入侵带动民俗体育转型

在全球化的浪潮中，西方体育文化以其独特的魅力和广泛的影响力，正在逐步改变着世界各地的民俗体育形态。这种入侵并不是恶意的侵蚀，而更像是文化交流的一部分，使得全球的体育领域呈现出更加多元和丰富的景象。

一方面，西方体育如足球、篮球、网球等，以其公平竞争的规则、高强度的竞技性和广泛的群众基础，吸引了大量的人群参与。这些运动项目通过国际赛事的传播，如世界杯、奥运会等，进一步提升了其在全球的影响力，使得许多国家和地区的年轻人纷纷效仿，将其纳入自己的生活方式中。在这一过程中，许多地区的传统民俗体育活动的参与度相对下降，甚至面临被边缘化的风险。

另一方面，西方体育文化的传播也促使民俗体育进行自我更新和转型。

为了适应新的社会环境和年轻一代的喜好，许多民俗体育项目开始借鉴西方体育的组织形式、竞赛规则和营销策略，以提升自身的吸引力和竞争力。例如，一些地方性的传统运动会在保留原有文化元素的同时，引入了更加规范的竞赛机制和现代化的传播手段，使其在与西方体育的竞争中找到了新的生存空间。

同时，这种文化交融也为全球体育文化的多样性做出了贡献。西方体育与民俗体育的碰撞和融合，产生了一种新的体育形态，它既保留了各地独特的文化传统，又融入了现代体育的元素，为全球体育文化的丰富性增添了新的色彩。

二、我国校园民俗体育现代化转型的动因

（一）人们的休闲需求增加

随着社会经济的迅猛发展，人们对于健康和休闲的需求也在不断攀升。校园作为培养青少年的关键场所，自然而然地成了推广民俗体育的重要阵地。通过将民俗体育融入校园体育课程，不仅可以丰富学生的体育活动，还能增强他们的身体素质和文化认同感。民俗体育作为一种具有深厚文化底蕴的体育形式，不仅能够让学生们在运动中感受到乐趣，还能让他们在不知不觉中了解和传承传统文化。这种形式的体育活动不仅有助于提高学生的身体素质，还能培养他们的团队合作精神和集体荣誉感。通过参与民俗体育活动，学生们可以更好地了解自己国家和地区的文化背景，增强对本土文化的认同感和自豪感。因此，将民俗体育融入校园体育课程，不仅是一种创新的教育方式，更是对传统文化传承的重要贡献。

（二）外来项目的涌入

随着全球化的加速推进，来自世界各地的体育项目不断涌入我国，这对

第四章　民俗体育文化的现代化转型

我国的传统民俗体育带来了巨大的冲击和挑战。为了保护和传承这些珍贵的文化遗产，我们必须采取积极的措施，对校园中的民俗体育进行现代化转型，使其更具吸引力和竞争力。

首先，我们需要创新教学方法和手段，结合现代科技手段，使民俗体育项目更加生动有趣。例如，我们可以利用多媒体技术，将民俗体育项目的起源、发展和规则等内容以视频、动画等形式展示给学生，使他们更直观地了解和掌握这些知识。此外，我们还可以利用虚拟现实技术，让学生在虚拟环境中体验民俗体育项目的乐趣，从而激发他们的学习兴趣。

其次，我们可以通过举办各种民俗体育比赛和活动，提高学生对民俗体育项目的参与度和兴趣。例如，我们可以组织校园民俗体育运动会，邀请各班级的学生参加，通过比赛的形式，让他们在实践中体验民俗体育项目的乐趣。此外，我们还可以邀请民俗体育项目的传承人或教练进校园，为学生进行现场教学和指导，使他们更深入地了解和掌握这些项目的技巧和方法。

最后，我们可以通过加强宣传和推广，提高社会对民俗体育项目的认识和重视。例如，我们可以利用网络、社交媒体等平台，发布关于民俗体育项目的介绍、比赛和活动信息，让更多的人了解和关注这些项目。此外，我们还可以与地方政府、企业等合作，共同推动民俗体育项目的传承和发展，为我国传统文化的保护和传承做出贡献。

（三）国家政策的保障

国家政策的大力支持为校园民俗体育的现代化转型提供了坚实的后盾。近年来，国家陆续发布了一系列政策文件，旨在鼓励各级学校开展具有民族特色的体育活动，以弘扬和传承传统文化。这些政策文件不仅为校园民俗体育的发展提供了明确的指导方向，还为其提供了有力的政策保障和资金支持。各级教育部门积极响应国家号召，采取了切实可行的措施，将民俗体育纳入学校体育课程体系，确保这些传统体育项目能够在校园内得到广泛的推广和实践。通过这些努力，校园民俗体育得以焕发新的活力，不仅丰富了学生的体育活动内容，还进一步增强了学生对传统文化的认同感和自豪感。

（四）信息技术的发展

随着信息技术的飞速进步，校园内的民俗体育活动迎来了现代化转型的绝佳契机。借助互联网平台和社交媒体等多样化渠道，民俗体育项目得以跨越地域限制，触及更广泛的受众群体。这种推广方式不仅打破了传统传播的局限，还为更多人了解和参与民俗体育提供了便利。

与此同时，现代科技手段如虚拟现实（VR）和增强现实（AR）的应用，为学生带来了前所未有的民俗体育体验。通过这些技术，学生们仿佛置身于真实的民俗体育场景中，感受到运动的魅力和文化内涵。这种沉浸式的体验不仅增强了他们的参与感，还提升了互动性，使他们在享受乐趣的同时，更加积极地参与到民俗体育活动中去。

此外，信息技术还为校园民俗体育的教育和传承提供了新的途径。通过在线课程、互动教学平台等工具，教师可以更有效地传授民俗体育知识和技能，学生们也能随时随地进行学习和练习。这种灵活的教学方式，不仅提高了教学效果，还激发了学生对民俗体育的兴趣和热爱。

（五）社会各界的努力

为了实现校园民俗体育的现代化转型，我们需要社会各界的共同努力和支持。家庭、社区、企业以及其他相关机构都应该积极参与进来，形成一个强大的合力，共同推动校园民俗体育的发展。通过组织和举办各类民俗体育比赛、展示活动以及相关的推广活动，我们可以进一步扩大民俗体育的影响力，让更多的人了解和关注这一领域。这样，我们就能吸引更多青少年积极参与到民俗体育活动中来，激发他们的兴趣和热情。通过这种方式，校园民俗体育不仅能够得到更好的传承和发展，还能实现可持续发展，为青少年的健康成长提供更多的机会。

第五章 民俗体育的现代功能与社会文化价值研究

作为传统文化的重要组成部分,民俗体育深厚的历史底蕴和独特的魅力在现代社会中仍然发挥着不可忽视的功能和价值。在探讨其现代功能与社会文化价值时要关注其传统意义上的传承和弘扬,着眼于其在现代社会中的新发展和新应用。本章重点研究民俗体育现代功能与特点、民俗体育文化与城镇化现代化建设的互动关联、民俗体育现代功能演进、民俗体育社会文化价值,以及民俗体育现代功能与社会文化价值的互动。

第一节　民俗体育现代功能与特点

一、民俗体育现代功能的具体描述

民俗体育的现代功能可从两个主要方面理解。首先，其根植于丰富历史背景的传统角色，它承载并延续了民族文化的精粹，保存了历代的智慧和情感。其次，随着现代社会的演进，民俗体育展现出适应时代的新特性。此处的"新"，并不是指产生的全新功能，而是传统功能在应对社会变迁中体现出的新生机和新价值，鲜明地反映了社会文化的价值。这种新特性不仅是民俗体育现代本质的展现，更是一个持续演进、与时代同步发展的动态过程。通过这一过程，民俗体育在当代社会中不断焕发出新的活力，为我们的生活注入了更为多元和深厚的文化内涵。

（一）促进身心健康功能

现代性发展着重于提升身心健康，鲜明地揭示了环境对生存状态的决定性作用。在民俗体育的多元功能中，对身心健康的促进被牢固地确立为其基本和核心的要素。这一功能在历史传承中得以保持，并随着时代的发展，不断适应社会需求，与环境产生深度互动。在现代社会的演变进程中，民俗体育对身心健康的现代性发展可概括为两个互补的阶段：第一阶段主要侧重于继承与理解，第二阶段则集中于拓展与创新。

第一阶段，自1949年至改革开放前夕，这一时期主要聚焦于民俗体育强身健体的历史传承，并赋予其新的内涵。在此期间，民俗体育对身心健康的促进作用主要可划分为三类。首类着重于健身，以身体健康为核心目标，心理健康的促进作为辅助。例如，新中国成立初期，为应对国内外战争的严峻形势，民众对军事防身项目怀有浓厚兴趣，其强身健体功能主要围绕通过军队入伍选拔和战场实战能力提升而展开。次类则以祛病健身为手段，达到心

第五章　民俗体育的现代功能与社会文化价值研究

灵安抚的效果。尽管古代医疗条件有限，但民俗体育中蕴含的祛病健身理念在现代社会得以延续，尤其在提升身体素质以预防潜在疾病方面，已得到广泛认可并推广。末类追求身心合一的体育锻炼，目的是在修身养性、促进身心和谐。随着生活品质的提升和休闲时间的增多，此类民俗体育项目在现代社会日益受到青睐，如放风筝、荡秋千等，不仅陶冶情操，更能促进身心的和谐发展。

第二阶段，自改革开放以来，民俗体育在身心健康促进功能方面逐渐由模糊认识向清晰化转变，呈现出螺旋式的发展态势。世界卫生组织对健康的多维度定义，即身体健康、精神（心理）健康和社会适应能力，为民俗体育的发展提供了明确的指引。除了显著的身体健康促进功能外，随着科技的进步、经济的繁荣、劳动力替代的增加以及现代文明病的增多，民俗体育在缓解压力、释放情绪、促进心理健康方面的作用日益显著。通过参与多样化的民俗体育活动，人们能够在不同的时间和场地中，依据多变的规则，找到适合自己的健身与休闲方式。此外，在全球化的背景下，民俗体育以其独特的健身功能和文化特性，成为展现民族力量和自立心理需求的重要载体。在民俗表演的广阔舞台上，不仅展现了其健身功能，更传递了民族的自信与力量。

（二）教育功能

现代教育的功能演进在变革中催生创新，其形成机制在既定的结构框架内逐步发展。民俗体育作为文化传承的手段，被人类用于教育后代，它不仅是民族文化的组成部分，还拥有广泛的群众基础，反映出不同族群的特质和偏好。同时，民俗体育在促进个体智力和非智力因素的发展中发挥着独特的引导作用。

随着科技的进步，民俗体育的教育功能经历了演变。在经济发展的历程中，民俗体育的某些功能逐渐淡化，同时也在适应时代需求的过程中不断优化和完善。这一过程使得其教育功能从单一性向综合性转变，从侧重传承转向重视创新，呈现出现代化的进程。

以清明节和重阳节为例，民俗体育的教育功能展现出了综合性的特点。

清明节的踏青活动，从单纯的祭祖活动扩展为传承文化、缅怀先烈等多种教育功能的载体。重阳节的登高习俗，不仅蕴含着健身和思乡的教育意义，还随着历史发展，逐渐融入了尊老、敬老的文化内涵，体现了教育功能的多元化。

新中国成立后，民俗体育在传授劳动生产技术和生活技能方面发挥了重要作用。如赫哲族的叉草球运动，源于实际的渔猎生产，随着生产方式的变迁，它成为民俗体育项目，传递了生产实践和生活的智慧，展现了民俗体育在传授实用知识和技能方面的教育价值。

同时，一些具有宗教或法术意义的民俗体育活动，其功能逐渐转变为以娱乐为主的表演形式，反映了社会需求变迁对民俗体育功能的影响。这种功能的转变，尤其是祈福和敬天功能的淡化，体现了民俗体育教育功能的科学化和现代化进程。

（三）维系功能

民俗体育的现代生存机制深受环境因素影响，并在时代需求的驱动下展现出独特的现代特质。其影响力超越了家庭范畴，深入到国际的文化交流与互动中。在国家建设的历程中，民俗体育曾被广泛采纳，以促进族群内部的和谐与稳定。随着经济的快速增长和国际交流的加深，其蕴含的政治功能也日益显现出重要性和实用性。

历史上，民俗体育曾被用作氏族和宗族内部领导者实施礼乐教化、规范族人行为的有力工具。村落的统治者，作为宗族主导力量的代表，常借助民俗体育活动，通过娱乐、教育和团结族人，以维护宗族内部的社会秩序。在节日庆典或宗族祭祀等场合，他们利用传统风俗组织民俗体育表演，以此强化内部的团结与和谐，同时也保证了传统体育习俗的传承，教育族人遵守秩序、尊重规范、重视礼仪。

随着现代文明的发展，民俗体育的维系理念已深深植根于儿童的内心。在民族间文化交流日益频繁、社会内部关系日益复杂的背景下，民俗体育的维系功能在形式和作用上不断演变。面对外来体育文化的冲击，本民族的民俗体育文化显得更为脆弱，其维系作用显得更为关键。任何文化都需要适应外部环境和内部关系的变化，不断调整和创新。

在这一动态过程中，民俗体育在保持社会稳定性、促进团队合作、维护生态平衡以及推动地方文化传承与经济发展等方面发挥着不可替代的作用。

（四）经济功能

民俗体育在现代经济中的角色日益显著，其多元功能的深度融合呈现出崭新的发展趋势。其娱乐特性经过深度开发和广泛运用，已牢固地确立了在旅游业中的核心地位，以其独特的魅力吸引大量游客，为地方经济持续注入活力。这种坚实的娱乐功能基础，进一步强化了民俗体育的经济作用。

旅游行业积极响应市场需求，大力开发民俗体育资源，各地纷纷构建集休闲与娱乐于一身的"民俗文化村""民俗生态村"等经济实体。在此过程中，民俗体育以其独特魅力成为休闲活动的焦点，受到游客的热烈追捧。目前，民俗旅游已与自然景观旅游、历史遗迹旅游并列，成为推动旅游业繁荣的重要增长点，为地方经济带来了前所未有的发展机遇。

时至今日，民俗文化的多元价值已被公认为旅游业宝贵的资源，民俗旅游取得了显著的成就。通过充分利用各民族的传统节日或发展现代节日，有力地促进了旅游业的繁荣。中国各民族拥有各自独特的传统节日，如傣族的"泼水节"、蒙古族的"那达慕"、苗族的"芦笙节"等，这些节日形式多样、内容丰富，成为吸引游客的重要资源。近年来，政府的积极支持和组织使得这些传统节日的庆祝活动更加盛大和活跃。同时，各地还积极创新，发展现代节日，如南宁的国际民歌节、潍坊的风筝节等，为旅游业注入了新的生命力。

以那达慕大会为例，这一盛会不仅包含传统的射箭、赛马、摔跤等活动，还融入了马术、步枪射击、摩托车表演等现代元素。来自周边地区的蒙古族、那温克族、达斡尔族牧民身着节日盛装，共同参与这一盛大的庆典。在那达慕期间，物资交流成为大会的重要部分，牧民们借此出售和购买各种生活用品和生产资料。如今，那达慕大会的规模不断扩大，吸引了众多国内外游客前来观赏。当地政府充分利用这一传统节日平台，积极开展经贸活动，推动经济贸易的繁荣发展。这些多样的商贸活动促进了其他产业的成长，同时也将本地的资源优势转化为经济优势，为地方经济带来了新的活力。

二、民俗体育现代化发展的特点

（一）非线性特点

民俗体育的现代化进程并不是一帆风顺，而是展现出非线性的特质，这些特质显著地体现了其发展历程中的"文化转型"现象。此转型表现为从原有的神秘、封建、传统和乡土属性，逐步演变为工业化、遗产化、经济化、分化、科学化及象征性的特征。这一变化不仅反映了民俗体育在现代化进程中的自我革新和适应能力，也彰显了文化演进的多元性和复杂性。

随着现代化进程的不断推进，民俗体育将再度经历文化的转型，这次将趋向于更加人性化、生态化、信仰化和生活化的趋势。这种转型不仅是对现代化进程的深度反思和批判，也是对人类文化发展深刻洞察的表现，揭示了文化演进的多样性和动态性。

民俗体育的文化转型与整个社会文化的现代化转型之间存在着紧密的关联，两者在很大程度上是并行不悖的。但民俗体育的现代化转变具有一定的滞后性，因为作为一种文化形态，其演进需要时间的积淀和酝酿。

民俗体育文化作为社会文化的重要构成部分，在文化现代化进程中发挥着关键作用。民俗体育的现代化进程必然受到社会文化现代化的引导和影响，这种引导不仅体现在理念的更新，还体现在实践的创新。在现代化过程中，民俗体育既要保持独特的传统特性，又要适应现代社会的需求，这是一个充满挑战与机遇的历程。

（二）局部可预期

文化的现代化是一个可预期的进程，具备实现的可能性，但并不是一条必然且唯一的发展路径。在社会持续演进的历程中，现代化进程会受到多维度因素的干预和塑造，包括经济、社会、政治等各个层面的影响，这些因素以不同程度塑造着现代化的走向。同时，经济发展和社会变迁也会引发人们观念和认知的变化，这些变化又会反作用于人们的需求，进而对民俗体育文化产生或大或小的影响：有的文化可能因应需求变迁而发生适应性调整；有的可能因不适应新需求而逐渐淡出；有的可能因人们的重视而得到传承和发扬；而有的则可能在遗忘中消逝。

在民俗传统体育文化的传承中，我们必须坚守科学和适度的现代化策略，防止激进或极端的政策对这一文化体系造成破坏。在市场经济的环境下，产业化和商品化成为民俗传统体育文化发展的预期趋势。城市化进程中的生活方式和思维方式的转变同样会对民俗体育的生存环境产生影响。因此，现在与未来之间存在着直接且可预见的关联，我们需要正视这种联系，采取适当的策略来保护和传承民俗传统体育文化，保证其在现代化进程中得到合理的发扬和演进。

（三）部分可逆

在社会生活的广阔舞台上，民俗体育活动演变与社会变迁紧密相连，相互作用。在这个充满变数的环境中，部分民俗体育项目在特定的社会背景下会经历显著转变。例如，社会环境的恶化可能对某些民俗体育产生消极影响，导致其逐渐衰落乃至消亡。在此情境下，那些曾深受民众喜爱的体育活动或许会渐渐淡出公众视野，失去其原有的魅力与活力。

此外，政府所制定的政策与措施对民俗体育的发展具有显著影响。这些政策既有可能为民俗体育的繁荣注入动力，也可能使其面临困境，甚至迅速消亡。

近年来，我国政府对民俗体育文化的重视度不断提升。为保护和传承这些宝贵的文化遗产，政府已出台一系列政策和措施，积极推动民俗体育的发展。这些政策的实施，不仅提高了公众对民俗体育的认知度和参与度，也为这些传统体育项目注入了新的生机与活力。在政府的积极推动下，我国的民俗体育文化正迈向一个崭新的发展阶段。

（四）路径依附性

我国的民俗体育文化发展深受社会传统文化，尤其是儒家文化的影响，其根基深植于母体文化的沃土之中。这种文化的显著特征表现为对儒家传统心理文化结构的依附，以及实用理性信仰体系的体现。诸如重阳登高、清明踏青、赛龙舟等活动，无不与我国深厚的祭祀文化紧密相连，它们是我国传统文化不可或缺的元素，映射出我国人民的价值观念和生活方式。

我国民俗体育文化的特性显示出其非独立的性质和明显的路径依附性。其发展过程受到我国传统文化的滋养，儒家文化的影响尤不可忽视。在传统体育活动中，规则往往基于血缘、等级等因素，存在着一定的不平等性，这与儒家文化中强调的等级秩序和尊老观念有着直接的联系。

（五）演进的不均衡性

民俗体育文化现代化的进程并不统一，其差异性体现在多个维度。

首先，地域差异显著，不同地区的民俗体育文化现代化水平不尽相同。例如，沿海发达地区或大都市圈的民俗体育文化，得益于经济、文化的快速进步和较高的对外开放度，其现代化程度较高，更易融入现代生活，吸引年轻群体参与。而偏远山区或农村地区，因保守的生活习惯和较少的现代元素渗透，其民俗体育文化多保持传统形态，现代化进程相对滞后。

其次，在人群分布上，民俗体育文化的现代化也显示出不均衡性。不同社会群体，如城市居民与农村居民、不同职业群体，因价值观和教育背景的差异，对民俗体育文化的态度和接受程度亦有所不同。城市居民往往追求现代性和创新，因此，富有现代感的民俗体育文化形式在城市中更受欢迎。而在农村地区，尽管现代生活逐渐渗透，但传统观念仍根深蒂固，民俗体育文化承载着丰富的传统意义和文化认同，其变革速度相对缓慢。

最后，随着社会的进步和文化交流，部分民俗体育文化在全国范围内产生了广泛而深远的影响，如春节的舞龙舞狮、中秋节的赏月和猜灯谜等，这些活动不仅增强了民族凝聚力，还成为传播中华优秀传统文化的重要途径。但也有一些民俗体育文化在现代社会的冲击下逐渐边缘化，甚至消失在历史的长河中。这一现象提醒我们，在推动民俗体育文化现代化的同时，亦需重视其保护与传承，避免珍贵的文化遗产在时间洪流中遗失。因此，针对面临失传风险的民俗体育文化，我们应通过教育、政策扶持以及与现代元素的融合等多种方式，促进其重新焕发活力，实现传统与现代的和谐共生。

第二节 民俗体育文化与城镇化现代化建设的互动关联

一、新型城镇化概述

城镇化是一个涵盖广泛的概念，它指的是农业乡村地区在基础设施和社会服务等方面得到全面升级，居民和从业人员各自发挥其专业职能，从而推进现代化的整体进程。城镇化具体体现为农村居民向城镇的迁移，以及农村劳动力向城镇第二产业和第三产业的转移。这种转变不仅体现在地理位置上，更体现在经济结构和社会生活方式的转变上。

所谓的新型城镇化，其核心在于转变传统的发展模式，不再单纯追求城市规模的扩大和空间的扩张，而是转向提升城市的文化底蕴、公共服务和其他内在品质，真正使城镇成为人们宜居的高品质地方。新型城镇化的核心价值观是"以人为本"，追求人的自由和全面发展，这不仅仅是一种物质层面的提升，更是精神和文化层面的进步。

城镇化是一个历史悠久且不断发展的过程，它不仅仅是城镇的数量和规模的增加，更是城镇结构和功能的转型升级。城镇化的本质包含了三个主要方面：首先是农村人口在居住地的转变；其次是非农产业向城镇的集中；最后是农业劳动力向非农业劳动力的转型。

从农村城镇化的角度来看，城镇化具有四个显著的特征：首先是时间特征，城镇化是一个持续的过程，具有明显的过程和阶段性，以逐步推进为主；其次是空间特征，城镇化表现为城镇群体的联合发展，以城镇为核心；再次是就业特征，城镇化过程中，农民逐渐转变为工人，非农业成为主导；最后是生活方式特征，城镇化带来了生活方式的多元化，既有传统的元素，也有现代的元素，但以现代为主，新与旧并存，但以新为主。

二、新型城镇化建设对民族传统体育文化传承的影响因素

（一）时间因素

城镇化进程作为国家工业化和现代化进程中的必然阶段，是社会变革不可或缺的体现。这一过程并不是瞬间完成的，而是表现为一个渐进且有序的统一进程，始终秉持"稳步前进"的原则。在此过程中，民族传统体育的传承与发扬亦需遵循时间的规律，以稳定和有序的方式进行。

民族传统体育在城镇化的版图中占据着重要地位，其传承与发展是一项精心设计、目标清晰的复杂任务。这一任务包括保护、发掘、整理、传承、创新、普及与应用等多个阶段，这些阶段需按照预定的顺序逐步推进，随着社会的演进而逐步完善和深化。如果仓促行事，急于求成，会使民族传统体育短暂繁荣后迅速消失，虽然可能短暂带来显著的关注与荣耀，但这并不利于其长期发展，也不利于民族文化的保存与发扬。因此，我们必须以长远的战略视角有条不紊、有计划地推动民族传统体育的传承与发展，以保证其在城镇化进程中保持持久的生命力和活力。

（二）空间因素

随着现代农业的持续演进和农村经济现代化的加速，农村人口与劳动力

第五章 民俗体育的现代功能与社会文化价值研究

向城镇转移的现象在城镇化进程中日益凸显,这一转变引发了农村地区特质和景观的显著变革。在此背景下,民族传统体育的生存情境由传统的乡村环境过渡到现代城镇之中。这种变迁不仅是地域位置的迁移,更深层次地将对民族传统体育的结构组成和发展模式产生深远影响。

城镇化的进程在重塑民族传统体育的人文与自然环境的同时,也在一定程度上为其赋予了新的生命力和发展的可能性。这种活力主要表现在两方面:其一,城镇化建设为民族传统体育提供了科技支持和导向,引入了现代管理理念和制度,推动了传统体育向现代化和科学化的道路迈进。其二,城镇化进程为民族体育开辟了更广阔的发展领域,使这些原本局限于特定地域和民族的运动项目有机会走向国际舞台,不仅促进了不同民族间的体育文化交流,也为合作创造了条件。历史经验表明,许多现在在奥运会上占有一席之地的项目,最初都是具有地域性、民族性的传统体育,经过时间的洗礼和不断的演变,最终成为全球共享的运动项目。

(三)主体因素

民族传统体育不仅是精神文化生活的重要表现,更在人类社会发展中扮演着关键的驱动力角色。其核心价值在于人,旨在促进人的全面进步和社会属性的提升。它借助各种体育形式,旨在满足人们的多元需求,具备健身、娱乐等多重功能,同时也有助于增强社会联系,丰富人类的精神内涵。

新型城镇化的本质在于转变发展理念,不再单纯追求城市规模的扩大和空间的扩张,而是以提升城市的文化底蕴、公共服务等内在品质为重心。其最终目标是构建一个以人为本,追求人全面自由发展的新型城市模式。

在此背景下,民族传统体育的发展具有重大意义。它是满足人民日益增长的美好生活需要的重要手段,也是展现民族和地域特色的重要平台。但面对主流体育文化的冲击,许多富有民族和地域特色的体育活动无法得到充分展示,更难以进入教育体系。在民族地区,学生普遍接触现代体育,而对于本民族的传统体育活动及其承载的文化内涵了解不足,导致传统体育文化传承面临困境,老一辈的技艺面临失传的风险,年轻一代中投身于民族传统体育文化的人才寥寥无几。

民族体育文化的传承与创新离不开人的积极参与和深入理解。只有当人们真正理解和掌握这种文化,才能推动其持续传承、创新、发展和传播。这既是保护和发展我国丰富文化遗产的必要举措,也是驱动人类社会进步的重要力量。

三、城镇化推进下民族传统体育文化传承途径及措施

(一)尊重民族分化与聚合,保持民族传统体育文化结构的完整

民族传统体育作为民族文化的重要载体,其发展历程深深地烙印着民族历史的脉络和时代的印记。这种发展遵循着一种既深邃又内在的规律性,它与民族整体发展的基本趋向和规律相辅相成,共同构成了民族历史的宏大叙事。在历史的长河中,民族的分化与聚合如同潮起潮落,交织出一幅幅生动的历史画卷,而民族传统体育正是这画卷中的重要元素,它们在历史的洪流中孕育、演变,承载着民族的记忆和精神。

在民族融合的过程中,文化的交流与碰撞不可避免。一些地方的特殊习俗和文化可能会在这一过程中逐渐淡出人们的视线,这同样也影响着一些民族传统体育项目。但这并不意味着它们的消亡。相反,这是一次文化交融的契机,是一次从传统到现代,从封闭到开放的转型。在这个过程中,民族传统体育可以在新的社会环境中寻求适应和创新,无论是从物质技术的更新,如运动装备的改良,场地设施的现代化,还是制度层面的改革,如规则的完善,管理的规范化,乃至更深层次的心理认同,如对体育精神的理解和传承,都可以在城镇化的大背景下找到新的发展路径。

以太极拳为例,这种起源于中国的传统武术,曾一度面临现代体育的冲击和边缘化的困境。但随着人们对健康生活方式的追求和对传统文化的重新认识,太极拳在保持其核心理念和动作特点的同时,也进行了形式上的创新,如设立比赛规则,推广到社区健身活动等,使其在现代社会中焕发了新

第五章 民俗体育的现代功能与社会文化价值研究

的活力,成为全球范围内广受欢迎的运动项目。

因此,我们有理由相信,只要我们以开放的心态去接纳,以创新的精神去推动,民族传统体育就能在新的历史时期中,抵御住消亡的威胁,克服变革的挑战,通过多样化的运动形式和社会活动,实现传承、创新与发展,从而在世界文化的多元格局中,展现出独特的魅力和无尽的生命力。

(二)改进民族传统体育项目、扩大受益人群

对经典的体育活动,我们有必要进行系统而深入的研究、整理、改革和创新,以期真正实现其"源于民间,惠于民间"的宗旨,使其成为广大人民大众普遍喜爱、积极参与、热衷锻炼的健身、修心和保健运动。因此,我们需要强化这些体育项目的普及和传播,推动它们在校园体育、大众体育和竞技体育领域广泛开展。

特别是那些已具备较高成熟度和良好推广基础的少数民族传统体育,应当将其融入学校的正规教学课程中,以促进其在校园体育中的进一步发展。同时,通过成功举办少数民族体育赛事,为民族体育创造了新的发展契机。这些项目通过技术改良,以符合竞技体育的高标准,同时向更符合市场需求的现代竞赛体系转型。如此,民族传统体育项目的竞技性、娱乐性、教育性和观赏性等多元价值将得以充分展现。

通过这样的方式,我们不仅能保护和发扬我国丰富的文化遗产,还能吸引更广泛的群体了解和参与这些传统体育,进而推动我国体育事业的全面进步。

(三)积极申请非物质文化遗产保护,建立和完善保护体制

我国对于非物质文化遗产的保护与传承给予了极高的重视,这一态度在国务院连续发布的多批国家非物质文化遗产名录中得到了充分体现。这些名录不仅包括传统音乐、舞蹈、戏剧等丰富多样的文化遗产,还特别强调对于传统体育项目的收录,其中包括了全球知名的"少林功夫"、深入人心的太极拳、源自河北邢台的梅花拳、以刚猛著称的沧州武术、历史悠久的山东蹴

鞠以及蒙古族独特的搏克等。这些传统体育项目不仅构成了我国体育文化的重要基石，更是民族文化多样性的生动展现。

但我们仍需清醒地认识到，当前仍有许多地区的濒危传统体育项目尚未获得充分的关注与保护。为扭转这一局面，我们需以"以人为本"的新型城镇化进程为契机，通过推动地方经济发展、更新思想观念，使民族传统体育能够更好地服务于人民，满足其日益增长的物质和精神生活需求。同时，我们还应积极发挥教育和舆论的引导作用，提升公众对于非物质文化遗产保护的意识，构建健全的保护机制，为民族传统体育文化的传承与发展营造优良的社会环境。

在当前弘扬民族精神、彰显民族文化特色的时代背景下，民族传统体育的发展必须与人民的生活需求紧密相连，与社会进步同步。对于民族传统体育文化的保护与传承，必须紧密结合我国城镇化、工业化进程以及经济社会发展的阶段性特征，实现民族传统体育与学校体育、群众体育、竞技体育的协调发展，从而保证这些珍贵的文化遗产得以延续，为后代留下丰富的体育文化瑰宝。

第三节 民俗体育现代功能演进

随着社会文化的持续演进，民俗体育文化也显现出适应性的变革，其内在的功能也在无声无息中经历了显著的转型。民俗体育作为日常生活的重要构成部分，不仅积淀了丰富的文化内涵，更潜藏着特有的社会文化意义。在社会文化向现代化迈进的洪流中，民俗体育的功能也顺应时代趋势，逐渐实现现代化的转变。

第五章 民俗体育的现代功能与社会文化价值研究

一、由乡土规范到新乡土规范

民俗作为传统力量的核心组成部分，其深远影响力和持久性在塑造人的思想与行为方面尤为显著。其规范和教化功能，宛若一条无形的文化纽带，将个体的思想、言行乃至举止紧密地联结于共同的文化认同之中。而民俗体育，作为民俗传统的重要表现形式，其独特的规范和教化功能不容忽视。历经时代变迁，民俗体育的规范作用始终如一，其影响力深远而持久。

民俗体育的规范功能往往以潜移默化、不易察觉的方式存在，巧妙地融入各类肢体活动中，使人们在不知不觉中受到影响和制约。这种影响虽无形，但效果却显著，悄然改变着人们的思想和行为方式。

社会规范的力量体现在道德与法律、文本与非文本、正式与非正式等多种维度。而民俗的规范和制约作用，则更多地倾向于道德自律的范畴。它以非正式、非文本的形式存在，无需国家权力机构的强制执行，却能在人们心中留下深刻印记。

在特定区域内，民俗体育发挥着举足轻重的作用，其影响具有延续性的特点。当民众积极参与并展示民俗体育项目时，其教化和规范作用便得以充分彰显。随着我国社会的持续发展与变革，尤其是改革开放以来，人们开始重新审视现代社会与传统文化的关系。人们逐渐认识到社会生活的复杂性和国家权力机构在规范和制约方面的局限性。因此，民俗的道德规范和制约作用重新受到人们的关注。民俗体育作为乡土文化的代表之一，在保持其固有特性的同时，也积极适应现代社会的发展需求。这种乡土特性与现代社会的融合，促进了新的"乡土规范"的形成，使民俗体育在新的历史时期焕发出新的生机与活力。

二、健康功能的演进

在民俗体育的悠久历史中，尽管民众热情高涨地参与其中，但学术界鲜有将其正式纳入"体育"范畴，且其原始参与动机亦非直接体现为追求身体健康。这背后，实则深深植根于我国传统健康观念与中医理论的深厚土壤，其中经络、阴阳、养生与五行相生相克的哲学体系占据核心地位。民俗体育作为特定日期、事件和节日的纪念与庆祝形式，其本质与我国传统健康观念存在显著区别。而现代健康观念，则是随着科学的不断发展而逐步构建和完善起来的。

民俗体育自诞生之初便蕴含健康功能，但在历史长河中，这一功能往往被忽视，并不是人们参与的主要动因。在参与民俗活动的过程中，人们往往在无意识中感受到其健身效果，而真正将强身健体作为核心价值观念的体系尚未成熟。

近代以来，随着民众健康意识的觉醒和广泛传播，新型健康理念与知识得到深入人心的认可。体育的强身健体功能逐渐受到广泛肯定，民俗体育所承载的健康价值亦由民众的无意识参与逐渐转变为社会的普遍认同。改革开放以来，我国经济社会的蓬勃发展推动了人民生活水平的显著提升，健康意识和观念亦随之不断深化。在社会文明程度的逐步提高中，人的本性得到进一步解放，理性认识能力也显著提升。当前，追求健康已成为人们参与民俗体育的重要驱动力，且参与人数持续增长。如今，民俗体育的健康功能已从隐性逐渐显化，并在人们的日常健身活动中发挥着日益重要的作用。

三、经济功能的演进

民俗体育活动，本质上是民众聚集的宝贵载体，尤其在社会经济与交通通信条件不甚发达的阶段。这些活动推动了信息交流和日常商品的买卖，对民众的生活产生了深远影响。起初，这些集会中孕育的经济作用局限于小范围的人群和地域内。

随着社会经济环境的变迁，商品经济和市场经济的蓬勃发展，产业化趋势逐渐显现。这一转变也引发了观念的更新，民俗体育活动逐渐走向商品化、市场化和产业化。地方特有的人文与自然景观，为民俗体育的经济

第五章　民俗体育的现代功能与社会文化价值研究

功能提供了广阔的发展空间,如潍坊国际风筝节、泰山国际登山节等,都充分展示了其经济潜力。现代传播技术的应用,进一步增强了其经济功能的表现。

民俗体育经济功能的现代化进程,反映了活动商品化的趋势。其经济价值逐渐获得社会认可,活动的影响力也超越地域,乃至走向国际。民俗体育的观赏性和娱乐性被赋予经济意义,对地方经济的推动作用显著增强。

但对经济利益的过度追求会导致民俗体育的其他功能被淡化,其本质特性也会受到挤压。过度的经济导向催生了物质主义和享乐主义的价值取向,甚至迫使民俗体育文化适应,失去原有的特色。民俗体育的商业化倾向日益凸显,有时会与群众的日常生活脱节,产生负面效应。因此,我们必须认识到民俗体育作为日常生活的重要组成部分,不能片面追求经济效益而忽视其文化内涵和其他功能。在追求经济价值的同时,我们应致力于保护和传承民俗体育的文化底蕴,使其在现代社会中发挥更加多元和深远的价值。

四、维系功能的演进

民俗的维护功能不可忽视,它在特定的地理和族群环境中,对群体的文化规范、价值观念及行为模式产生显著影响。更关键的是,民俗可能成为族群的象征,强化内部成员的凝聚力,从而促进族群成员的归属感和认同感。因此,民俗体育的维系功能坚实而深远。但在现代化进程中,全球化和一体化趋势日益增强,导致族群间的信息交流频繁,文化交融,价值观念趋同。这些变化影响了族群的认同感,使得民俗体育的维系功能相应减弱。但这并不意味着民俗体育失去了其价值。相反,我们应更加重视并传承发展民俗体育文化,以增强族群的凝聚力和认同感。唯有如此,我们才能在全球化和一体化的冲击中,保护和传承我们的文化,保持族群在多元文化世界中的独特存在。

随着现代化的深入,民俗体育在国家层面的维系作用将更加显著。两次文化现代化过程的阶段特点见表5-1。

表5-1　两次文化现代化过程的阶段特点一览表

阶段	第一次文化现代化	第二次文化现代化
特点	文化的分化、专业化、职业化、理性化、世俗化、科学化、商品化、个性化、大众化、体系化、集中化、多层化	文化去分化、产业化、多元化、网络化、数字化、分散化、生态化、绿色化、全球化、人性化、民主化、知识化

在第一次文化现代化中，民俗体育的特性表现为深度理性化、广泛世俗化、严谨科学化、显著商品化及全面大众化。这些特性揭示了体育活动的现代转变，也反映了族群文化在外部文化影响下的变革与适应。这导致族群文化的独特性和传统价值与外界文化产生趋同，其原有的维系功能有所削弱。

但随着第二次文化现代化的到来，文化表现出更为多元、民主和人性化的特点。在这一进程中，文化的活力、创新以及对多样性的尊重和追求得以体现。在这样的环境中，民俗体育迎来了新的发展机遇，其独特的文化价值和社会功能得到了进一步的发掘和弘扬。

在文化现代化的进程中，民俗体育对族群间联系的影响力虽有所减退，但其对整个国家和民族的向心力却日益增强，扮演着至关重要的角色。作为中华文化的重要组成部分，民俗体育在多个层面鲜明地体现了中华民族的文化核心和价值观，它已演化为我们独特且不可替代的文化标志。

当人们离开故土，置身于异域环境中，对文化本源及其象征性的认同感会更加凸显。无论身处何地，只要目睹如舞龙舞狮等富有民族特色的活动，强烈的归属感便会自然而然地涌现，因为这些民俗体育活动早已深深植根于中华民族的文化基因中，成了我们共同的文化标识。因此，民俗体育的维系作用超越了其本身的运动形式和外在表现，更深层次地渗透到我们的文化心理结构中，成为联结每一位华夏儿女的精神桥梁。

第四节　民俗体育社会文化价值

一、民俗体育社会文化价值概述

社会文化通常与普通民众的日常生活和生产实践密切相关，是由这些民众创造并具有独特民族、群体或地域特征的文化生活和现象的总和。这些多样的文化现象对社会群体的行为和价值观产生深远影响。各种文化成果在各自的社会文化环境中孕育而生，离开了这样的文化土壤，它们将无法茁壮发展。

民俗体育作为人类身体文明发展的重要标志，其起源与发展深深植根于我国深厚的文化传统之中。如果将中华文明比喻为一棵茂盛的大树，那么民俗体育就是这棵树上最丰硕的果实。

从文化起源的视角审视，任何独具运作模式和结构的社会文化价值，并不是在未经干预的自然状态下自发产生。举例来说，自然状态下的黑猩猩群体未能创造艺术表现或构建文字体系，这一事实彰显了社会文化乃社会存在内在需求的必然体现。依据辩证唯物主义的原理，社会存在对社会意识具有决定性作用，而社会文化正是社会意识对社会存在发展所提出的内在需求。它既能如实反映社会存在，又能直接塑造社会意识，并对社会存在产生深远影响。积极的社会文化能够推动社会意识形态的积极演进，助力社会向更高层次迈进；而消极的社会文化则可能引发社会倒退或阻碍其进步。

因此，我们可以将社会文化划分为积极的社会文化价值和消极的社会文化价值。这种分类旨在推动社会运行和文化发展时，积极倡导和利用具有积极影响的社会文化，同时避免消极社会文化价值的产生。

（一）民俗体育文化价值源于社会文化价值

民俗体育活动并不是在无源的文化环境中孤立地产生，也不是在社会文化的大环境中自然而然地形成。它们的深厚文化基础，既是其文化价值得以稳固的基础，也是其独特性的本质所在。更深入地分析，民俗体育文化的形成并不是原始体育元素的随意堆积，更非简单的机械组合，而是受到社会因素的深刻影响，展现出鲜明的社会特性。

随着社会形态的持续发展，民俗体育活动的形式不断丰富，覆盖的领域日益拓宽，所蕴含的文化意义也日渐深厚。这些演变使民俗体育文化能够产生更深远的文化影响和效应。在博大的中华文明历史中，民俗体育文化的每一次重大变迁和进步都与东方文明和社会文化的兴盛紧密相连，相互映照，共同促进了中华文化的博大精深和悠久传承。

（二）民俗体育文化价值是对社会文化的超越

民俗体育活动并不是简单地复刻历史社会或文化传统，也非对民间习俗的曲解和篡改。从社会文化学的视角来看，民俗体育与艺术创作在文化表现形式上具有共通性。此类活动可被视为一种特殊的身心文化，其诞生既根植于社会大众共享的生活环境，又源于他们对特定体育活动所蕴含的宗法规范和精神价值的共同认知。这种共识是在特定历史时刻，社会成员对生活状态的文化性提炼和身体表达的超越。它是人们对历史和文化传统的深度理解和延续，是对宗法秩序和精神实质的敬重与传承。因此，民俗体育活动不仅是体育竞赛，更是一种文化展现，一种精神探索，它彰显了社会文化的多样性，并在人类文化的传承和发展中占据关键地位。

（三）民俗体育文化价值是一种动态存在

民俗体育活动蕴含的文化动力，表现为一种动态且充满活力的生存状态，这种动力是民俗体育文化持续演进和发展的核心驱动力。作为一种起源于民间的文化表现，民俗体育对人类社会的贡献随着社会文化的演变而不断更新和发展。

从价值观念的层面，以及实际功能的角度，民俗体育不应被视为静止不变的存在。忽视文化品质的差异，我们会发现，那些缺乏深厚文化根基的民俗习惯往往难以持久传承。相反，拥有丰富文化积淀的民间习俗，能够经受时间的洗礼，在民俗活动中长久流传，对文化产生深远持久的影响。

中华文明的卓越整合能力在民俗体育与多元体育活动的交融中得以体现，同时也在与各种文化元素的结合中展现出来。从历史唯物主义和辩证唯物主义的视角审视，民俗活动在中国文明的演进中，虽非主要驱动力或强制性力量，但其在人类文明历史的演变过程中，发挥着不可或缺的辅助作用。民俗活动的形式与功能，均无法独立成为推动人类文明历史进程的决定性因素。但基于历史唯物主义的立场，人民群众作为历史发展的主体，通过社会实践和变革，持续地继承、发展和创新着历史。

（四）民俗体育文化价值体现身体文明价值

相较于考古学定义的历史文化，民俗体育文化拥有着独特的本质特征。文字并不是构成古代诗歌的唯一要素，也无法完全等同于文学或七言律诗，因此，文字无法全面体现古典艺术的全貌。但民俗体育文化则不然，它将文化精髓融入身体技巧的实践中，借助身体动作传达深层的文化含义和力量，承载了丰富的文化信仰。这种形式实现了身体文化在目的、形态和内容上的深度融合与统一，从而与传统的文化形式形成鲜明的差异。

在民俗体育文化的实践中，人们通过舞蹈、武术、竞技等多元化的体育活动，不仅强健了体魄，更关键的是，他们在这些活动中传递了文化，保持了信仰，彰显了民族的精神特质。这些活动既是生活的方式，也是文化的表达，它们富含历史信息，承载着人们的记忆和情感。因此，民俗体育文化不仅是身体文化的表现，更是一种精神文化的传承，它以独特的方式丰富了人类文化的多样性，突显了人类文明的独有魅力。

二、民俗体育社会文化价值的类型

民俗体育社会文化价值必须具备以下几种价值类型。

（一）民俗价值

民俗体育的诞生根植于人民内在的需求，它不单是体育的形态，更象征着大众的精神面貌。从另一视角审视，各民族独特的民俗体育形式，实则揭示了他们各自的生存条件和生活观念，是特定地域社会文化精神的直观反映。换句话说，民俗体育的民俗价值，恰恰源于这种社会文化精神的本质。

众多未受干扰的民俗体育表演，承载着古代人类生活和生产的深厚历史信息。通过这些信息，我们可以洞察民俗体育活动所体现的多元民族特性、宗教色彩和地域特性。

民俗体育蕴含了特定民族独特的精神特质和文化本质，尤其在宏大的祭祀性仪式中，其宗教特性显得尤为显著。宗教在调解和处理民族内部以及民族之间的冲突中发挥着至关重要的作用。民俗体育的起源与其所处的生态环境有着密切的联系。因此，地域性成为决定民俗体育符号特征的关键因素，这种特性既体现在地理环境的特殊性中，也反映在特定地域族群的心理构造上。据此可以得出，民俗体育的民俗价值对其维系功能的体现起到了决定性的影响作用。

（二）历史价值

民俗体育，作为民俗与历史文化不可或缺的一环，承载着深厚的历史底蕴与鲜活的文化形态。它们相互交织，共同构筑了我国丰富多彩的民族文化。通过举办各类民俗体育活动，人们得以更全面、真实、直接地领略那些已逝的文化与历史，这不仅有助于民族文化的传承与发扬，更使历史在新时代焕发出新的活力。

民俗体育活动的历史价值主要体现在时代性、人物性和事件性三个方面。这三者既可独立呈现，亦可相互融合，形成更为丰富和深刻的文化内涵。以抬花轿为例，此活动紧密关联于结婚习俗，人们在婚礼现场通过互动与庆祝，感受浓厚的喜庆氛围，并期望将这份喜悦延续。因此，抬花轿作为民俗体育的一部分，成为婚礼庆典中不可或缺的组成部分。

此外，还有众多与人物相关的民俗体育项目，如中幡的传承。传承人的

第五章　民俗体育的现代功能与社会文化价值研究

时代背景、生活环境、性格特点及阅历等因素，赋予了中幡表演丰富的个性与情感色彩。再以民间社团精武体育会为例，其成立不仅反映了当时民众对于国家富强必先强身的时代要求，更培育了一批具有爱国情怀的教育家与武术家。

综上所述，民俗体育不仅是民俗与历史文化的重要组成部分，更是民族精神的传承与弘扬。通过深入了解与积极参与民俗体育活动，我们能够更全面地认识我们的民族文化，传承与弘扬民族精神，使历史在新时代背景下绽放出更加绚丽的光彩。

（三）社会价值

民俗体育活动不仅局限于提供身体健康锻炼的途径，更扮演着社会服务的角色。它借助多元的体育形式，为民众带来精神上的慰藉，参与过程中的愉悦感和满足感显著。这种服务性的特性是民俗体育社会价值的关键表现之一。此外，此类活动还具备维系社区联系和保持宗教信仰的功能，因此具有深远的精神象征意义。

另一方面，民俗体育活动的地域特色在活动的组织方式和独特表演中得以彰显，反映出各地域文化的精神特质和文化吸引力，这也是其能流传至今的重要因素。规范化的教育过程同样是民俗体育社会价值的重要体现，它通过规定的体育动作和行为规范对参与者进行教育，以培养他们的纪律观念和团队合作精神。同时，民俗体育活动富含科学、艺术和历史知识，为个人的学习与成长提供了宝贵的资源。

（四）艺术价值

民俗体育活动，作为一种富含深厚文化精髓的艺术形式，以其独特的方式揭示了各民族的生活特色、审美观以及创新才能，同时展现出强烈的视觉冲击、精湛的技艺和深入人心的情感体验。这些特性充分彰显了其在艺术范畴内的显著价值。其艺术价值主要体现在原生性、活态性、完整性和独立性四个方面。

首先，原生性是民俗体育艺术价值的关键体现。许多民俗体育项目源于劳动人民的日常实践，它们与人们的实际生活和生产环境紧密相连，形式上保持了原始的纯真状态，蕴含着未经雕琢的文化意义。

其次，活态性是民俗体育艺术价值的又一重要体现。这种活动并未与孕育它的文化环境脱节，包括生活方式、语言、社会关系和情感等，这些因素使得民俗体育活动能够在其发源地保持鲜活的生命力，得到人们的传承和欣赏。

再次，完整性是民俗体育艺术价值的第三个方面。一个完整的活动能够全面展示其承载的文化信息。无论是物质载体的工艺精湛，还是在思想层面的创新意识，民俗体育都实现了物质与文化的双重完整性，增强了其艺术影响力。

最后，独立性是民俗体育艺术价值的最后一个特征。独特、不可复制的特性使得这些活动更具吸引力。独立的流程、独特的风格使得民俗体育活动在艺术欣赏上更具魅力和说服力。

第五节　民俗体育现代功能与社会文化价值的互动

一、民俗体育功能与社会文化价值互动关系的特点

（一）互动内容的复杂性

由于功能架构与价值架构无法实现完全映射，民俗体育的功能特性呈现出与社会文化价值网络交织的复杂性。此特性主要体现为，民俗体育的五项主要功能并不是单一线性地与多元价值体系关联，而是进行非线性的交织发展。当其价值导向出现微妙变化，会引发一系列连锁反应，超越了对单一动

第五章　民俗体育的现代功能与社会文化价值研究

力机制的影响和适应。

尽管民俗体育的功能表达受到社会文化价值的塑造和限制，但目前的观察表明，其功能常被再定义以适应更广阔的利益需求，体现出多样的演变形态。同时，民俗体育的功能与社会文化价值体系均趋向多元化和同质化，这种多维度的相互作用加剧了两者关系的复杂性，使其边界模糊。

当前的实际情况表明，民俗体育的社会文化价值已不再单纯地局限于对传统和历史的复制，而是更加强调当下对传统的再创造以及传统对现实的规范作用。随着现实与历史动态关系的演变，民俗体育的演变也随之展开。人们对这种演变的感知首先体现在他们对民俗体育项目功能多样性的认知变化上。因此，民俗体育的功能与社会文化价值体系之间的相互适应和调适过程是复杂且多元的。

民俗体育的功能与社会文化价值体系的相互作用揭示出一种非线性的动态关系，其不是单向驱动，而是双向影响和相互塑造。民俗体育的价值体系在引导功能发展的同时会受到功能变化的反作用。同样，功能演进会受到社会文化价值的限制和规范。双向互动使民俗体育的功能与社会文化价值体系的关系变得更加复杂和多元化。

（二）互动行程的冲击性

在审视民俗体育社会文化价值的演变时，我们可以发现两种可能的动态路径：一种是文化内容的变迁而文化结构维持稳定，另一种则是全新的文化结构涌现而核心内容保持不变。民俗体育作为一种独特的文化形式，其固有的组成部分紧密相连，一旦其中某一环节的文化内容或结构发生调整，其余部分亦需相应变动，以保证整个文化体系内部的和谐与平衡。这种动态的平衡不仅受到文化结构内部互动的影响，还受到其功能体系与外部环境的交互作用，这在当前众多民俗体育项目的生存状态中得到了充分体现。

在我国社会从传统的自给自足生产生活方式向新民主主义革命转变的过程中，经历了巨大的变革。这一变革对民俗体育社会文化价值体系的根基产生了深远的影响，促使其开始经历重组的过程。特别是在改革开放以来的几十年间，随着我国整体经济实力的显著增强和社会价值体系的重大调整，民俗体育的功能体系经历了深度的解构。无论是宁静的乡村还是繁华的都市，民俗体育在现代化浪潮的冲击下都遭遇了前所未有的挑战和变迁，其社会文化价值和功能面临着前所未有的冲击。这种冲击相较于历史上其他外来文化的影响，表现得更为剧烈和深远。

在当前的解构过程中，许多民俗体育项目未能及时适应并重构自身的功能与价值体系，导致在现代化浪潮的冲击下显得格格不入。这种不适应使得近几十年来我国的民俗体育运动遭受了巨大的打击，许多曾经风靡一时的民俗体育项目正面临着濒危、变异、衰退甚至消亡的严峻形势。这一现象不仅令人深感痛惜，也让我们更加清醒地认识到，保护和传承民俗体育文化已经成为一项刻不容缓的任务。

（三）互动过程的兼容性

民俗体育的功能在现代社会已超越了单纯的健身和娱乐，在教育、社会交际和文化传承等多个层面都发挥了作用。这种多功能性使民俗体育能够适应现代社会不同群体的需求，从而在新的文化环境中展现出新的生命力。同时，民俗体育蕴含的社会文化价值体系具有显著的多元性，既包含了传统的道德观念和行为准则，也涵盖了现代的社会价值观和人文精神。这种多元的价值体系使得民俗体育能够顺应现代社会的变化，传播积极向上的社会能量。

二、民俗体育功能与社会文化价值互动模型

在历史的演变中，民俗体育的现代功能与社会文化价值的交融互动，已然编织出一幅并进共融的图景。这种互动并不是简单的线性传递，而是在融合与碰撞的动态过程中，彼此激发，相互影响。融合，犹如细流汇成大江，使民俗体育与现代社会紧密交织，不可分割；而冲突，却似汹涌的浪涛，持续挑战着民俗体育的界限，重塑着其内涵和外延。正是这种融合与冲突的交

第五章 民俗体育的现代功能与社会文化价值研究

织，形成了民俗体育与社会文化价值之间既协同又竞争的复杂动态，共同驱动着双方的持续发展。

（一）竞争模型

民俗体育的现代功能与蕴含的社会文化价值之间的关系，非单一竞争关系，而是一个复杂且多层面的互动过程。这一动态的驱动力源于多元参与者、传承者以及项目执行者的积极介入，同时，也深深根植于文化传统的创新以及社会结构的变迁。如图5-1所示，这种演变过程中，社会结构转型与文化系统重塑两大因素在民俗体育的变革中发挥着至关重要的作用，犹如其发展的两翼，相辅相成，共同促进这一传统艺术形式的持续发展。

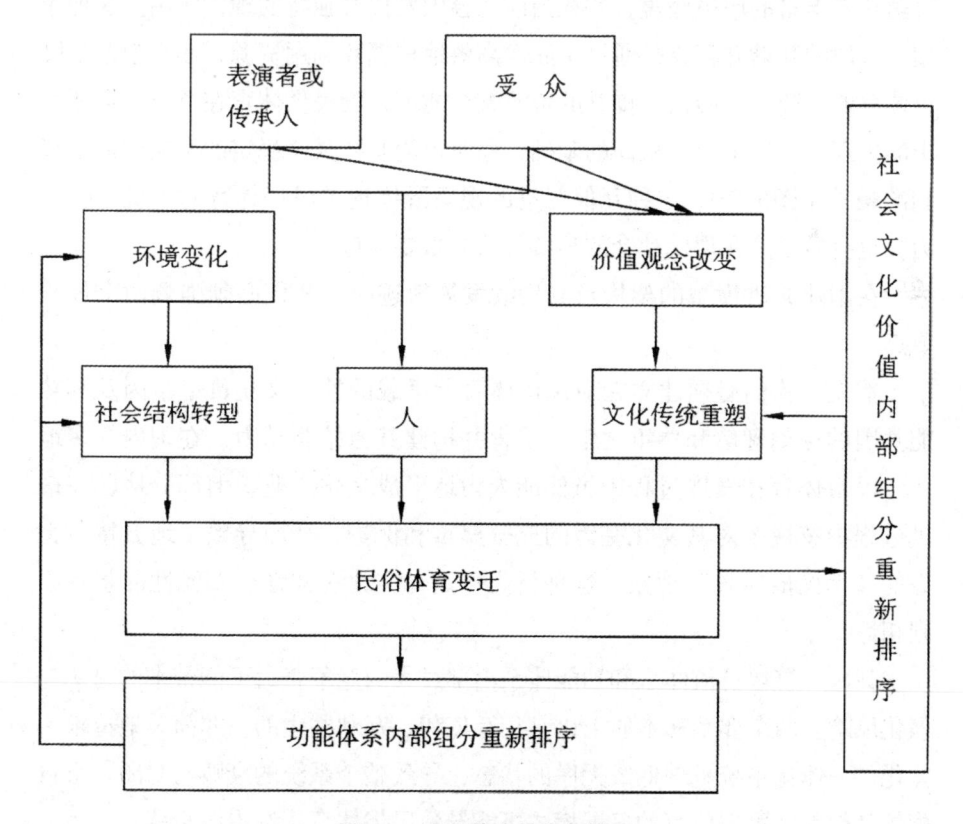

图5-1 民俗体育的竞争模型

当体系重组时，民俗体育的各个子功能会根据各自的功能强度和社会文化价值体系中各元素的相对优势进行重新配置。不是线性的替代，而是基于优势和强度的相互转化原则进行更为精细和适应性的调整。文化创新和社会结构转型对民俗体育的影响是显著的，是其发展的动力，是塑造其现代功能和社会文化价值的关键因素。在此过程中，民俗体育得以在保持其传统魅力的同时，不断融入新元素，展现出持久的活力。

（二）共进模型

民俗体育的现代功能与社会文化价值的协同演进，本质上是其内在价值系统不断强化和功能持续优化的过程。作为文化传承中的重要载体，民俗体育蕴含着丰富的历史底蕴，并在当前社会中发挥着独特的现代作用。这种作用与价值的和谐并存，是通过全面而高效地挖掘和利用资源，逐步塑造了民俗体育的系统能力结构。提升的资源整合能力，为民俗体育在复杂社会环境中的生存与发展奠定了稳固的基础，同时也为其持久、稳定的发展创造了有利的条件（图5-2）。这种互促互进的现象既体现了民俗体育的生机与吸引力，也突显了其在现代社会的独特价值和重要地位。

在阐述共进模型的架构及其后续发展轨迹时，我们必须强调两个核心要点。

首先，我们必须建立在对民俗体育所承载的社会文化价值基因及其功能基因的深刻理解和尊重之上，培育并构建其原始驱动力。在国内众多地区，民俗体育在发展过程中虽然能人为地形成文化产业，但部分地区在推进过程中忽视了对其文化基因的充分尊重和保护，从而导致了地方特色丧失的"伪民俗体育"现象。这种行为显然与文化多样性、多元性的基本原则相悖。

其次，警惕价值体系和功能体系内部过大的竞争张力可能带来的封闭与僵化风险。两个体系从本质上讲是相互依赖、互利共生的，非简单地追求一体化。一体化系统呈现低级无序的状态，导致整个系统的衰败与封闭。盲目模仿其他地区民俗体育的发展模式可能导致民俗体育逐渐走向衰落。

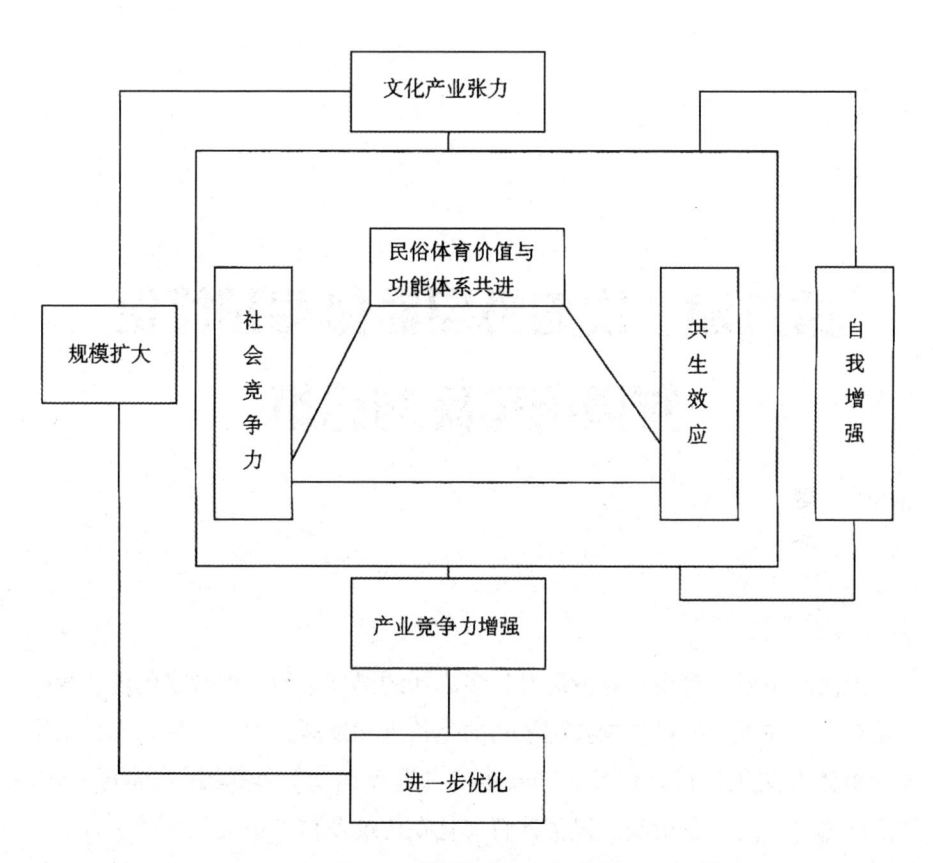

第五章 民俗体育的现代功能与社会文化价值研究

图5-2 民俗体育的共进模型

第六章　国内外民俗体育现代化发展典型案例分析

国内外民俗体育现代化发展有许多成功的典型案例，展现了民俗体育的独特魅力，在现代化进程中找到了新的生长点和发展方向。本章首先介绍国外民俗体育文化现代化建设，如日本的"造乡运动"、韩国民俗体育文化、印度的瑜伽。之后分析我国民俗体育文化在传统乡村聚落文化中的孕育、现代城市化发展对传统乡村聚落文化结构的冲击与改变，以及传统乡村聚落解体中民俗体育的发展。最后还以黄河流域民俗体育文化为例探讨其传承与发展。

第六章 国内外民俗体育现代化发展典型案例分析

第一节 国外民俗体育文化现代化建设

一、日本民俗体育文化——"造乡运动"

"造乡运动"是指20世纪60至90年代，日本在全国范围内推行的一系列运动，其目标在于保护和振兴在经济与文化发展较为滞后的地区内的民间文化。这一举措的背景是，二战结束后，日本成功地在废墟上建立了现代工业体系，实现了经济的迅速腾飞，创造了闻名的"日本经济奇迹"，其经济总量和规模快速攀升，使之跃居为全球第二大经济体。但快速的工业化进程导致城市化进程急剧加速，城乡人口结构和地域分布出现严重失衡，乡土和民间文化因此面临衰落的困境。为了应对这一局面，日本政府启动了"造乡运动"。

（一）"造乡运动"的背景

二战的硝烟散去后，日本面临着艰巨的重建任务。这个东亚岛国选择了改革图强的道路，以坚定的决心和毅力在战后的废墟上迅速崛起。通过一系列的政策调整和产业结构优化，日本在短短的几十年间，成功地建设起了现代化的工业体系，书写了举世瞩目的经济奇迹。1968年，日本超越德国，成为仅次于美国的世界第二大经济体，其经济规模和总量的跃升，堪称人类历史上的一个壮举。

但经济的高速发展也带来了新的社会问题。日本的城市化进程被经济的迅猛增长推到了前所未有的速度，城乡人口比例和城乡分布出现了严重的失衡。在1955年至1971年的16年间，如同潮水般涌向城市的乡村人口达到了1830多万人，使得城市就业人口总数达到了4340多万人，占总就业人数的比例从61%跃升至85%。与此同时，农业劳动力锐减，从1600万人减少到760多万人。人口流动的"大迁徙"使城市化进程快速推进，导致了乡土文化和民间文化的逐渐式微，乡村传统生活方式面临被遗忘的危机。对此，日本政府和民间社会开始反思经济发展的单一导向，意识到文化保护和区域平衡发展的重要性。

20世纪60年代起，日本在全国范围内广泛推行了"造乡运动"，目的是通过恢复和保护乡村的传统文化促进城乡和谐发展，平衡经济与文化的关系。"造乡运动"涵盖修复古建筑、振兴传统工艺、发展乡村旅游等多个方面，唤醒人们对乡土文化的尊重和热爱，为乡村地区带来新的发展机遇。

"造乡运动"拯救了众多濒临消失的民间文化，为乡村经济注入了新的活力。例如，京都的"传统工艺之町"项目成功地将传统工艺与现代设计相结合，吸引了大量游客，为当地居民提供了就业机会。许多乡村地区恢复农田景观和推广有机农业，实现了农业与旅游业的融合发展，既保护了生态环境，又提升了居民的生活质量。

日本在经济崛起的过程中经历了城乡失衡的阵痛，通过"造乡运动"等措施在现代化进程中保留了丰富的文化多样性，实现了经济与文化的和谐共生。这一经验对于全球其他正在经历快速城市化的国家和地区，提供了宝贵的启示。

（二）"造乡运动"的主要形式

在日本的"造乡运动"中，一种由平松守彦于1979年倡导的创新理念——"一村一品"运动，对日本乡村的经济振兴产生了深远影响。这个理念的核心是在政府的引导和支持下，充分利用每个地方的地理、历史和文化资源，发展具有地方特色的主导产品或服务，以推动区域经济的特色化和差异化发展。这种模式不仅限于农业产品，也涵盖了旅游业和文化产业等多个领域。

以千叶大学的宫崎清教授在大沼郡三岛町的实践为例，他发现这个小镇的居民有着丰富的手工技艺传统，每家每户都有独特的手艺和爱好。在宫崎教授的推动下，三岛町的居民积极恢复和提升这些传统技艺，如陶艺、编织和木工等，甚至建立了生活工艺馆，向游客展示和教授这些技艺。游客可以支付少量费用，亲身体验工艺制作的乐趣，购买手工艺品，从而将当地独特

第六章 国内外民俗体育现代化发展典型案例分析

的风俗文化转化为经济效益,推动了地方经济的繁荣。

"一村一品"理念的影响力逐渐跨越了日本的国界,我国也在农业生产领域率先引入了这一理念。在一些地区,通过发展特色农产品,农民的收入得到了显著提高,同时也带动了乡土手工艺和民俗活动的复兴。例如,在2010年北京的农博会上,不仅展示了各种各样的特色农产品,还推出了许多富有地方特色的民俗活动和产品,吸引了大量观众的关注。

二、韩国民俗体育文化——拔河

在韩国广大地域,尤其是朝鲜半岛汉江以南区域,拔河作为一项深具根基的民俗活动广泛流传。其中,忠清南道唐津市机池市的年度庆典活动最为知名,它不仅是对韩国古代农耕社会传统习俗的延续,更蕴含了丰富的宗教内涵,如占卜、仪式、崇拜和象征,充分展示了韩国的传统民间文化、民族信仰以及对农业传统的深厚敬意。

目前,韩国成功保存了六种不同形式的拔河民俗,包括唐津市机池市、江原道三陟市、全罗南道南海仙区、庆尚南道灵山、庆尚南道宜宁以及庆尚南道密阳的拔河活动。其中,唐津市机池市的拔河庆典因其卓越的代表性,被认定为韩国第75号"无形文化财",并已被列入世界非物质文化遗产名录。

此项拔河传统可追溯至朝鲜时代,拥有约500年的历史,被称为"索战",常在农历正月十五日举行,具有广泛的群众基础。各地举办拔河活动的日期各有差异,有的在端午节,有的在中秋节。唐津市机池市的拔河庆典不仅是韩国传统拔河的典范,也是其作为世界非物质文化遗产的重要展示窗口。

机池市的拔河庆典是一个包含多环节的仪式过程,涉及拔河绳的制作、祭祀仪式、搬运和比赛等。其中,拔河的仪式和比赛环节是活动的核心,也是其被认定为世界非物质文化遗产的关键因素。庆典中融入了各种宗教元素,如国守峰祭祀、龙王祭、市场祭和拔河绳祭等仪式,这些都承载着崇敬天地神灵的象征意义。

拔河祭祀仪式至今仍保留着浓厚的民族特色和深远的文化内涵。在仪式的最后阶段，人们会将两根长达100米、重达20吨的巨大拔河绳，沿着近2000米的路线，小心翼翼地拖运至位于机池市的拔河民俗纪念馆的竞技场。这个过程象征着团结与力量的凝聚，是对先祖和神灵的敬畏与敬献。

仪式的高潮是拔河绳的对接仪式，由司仪庄严地指挥，场面壮观而激动人心。参赛队伍代表为"水上"和"水下"两村的村民，人数多达上万人，他们身着传统服饰，脸上洋溢着热情与期待。比赛采用"三局两胜"的规则，尽管双方人数可能不完全对等，但这并不影响比赛的象征意义——展示力量的均衡与和谐，以及对胜利的渴望。拔河比赛不仅是力量的比拼，更是精神的交流。在每一次拉扯中，人们都寄托着对丰收的祈愿和对生活的美好期盼。每一位参与者比赛结束后都会带走一小段草绳，被视为一种吉祥的象征，寓意着将好运和力量带入日常生活。

韩国拔河民俗活动深深植根于民族的传统礼仪和道德文化中，包含对自然的敬畏、对神灵的崇拜以及对社区和谐的追求。拔河民俗活动是对过去的一种纪念，是对现在和未来的一种期许，增强了社区的凝聚力，使人们在共享文化体验的同时深化了对自身身份和民族传统的认同感。拔河民俗活动是体育竞技，是一种文化表达和精神寄托，展现了传统农业社会环境下人们通过仪式性的民俗游戏活动表达对丰收的渴望，对生活的热爱，以及对未知世界的敬畏。

三、印度民俗体育文化——瑜伽

（一）印度古典瑜伽的历史文化背景

瑜伽，这个源自古印度的神秘词汇，其深邃的含义如同其梵文原意"Yoga"一样，象征着精神与肉体的完美融合，旨在追求一种无与伦比的和谐与美。在5000年前的喜马拉雅山脚下，瑜伽的种子在古老的印度文明中悄然萌发，被尊称为"永恒的智慧"，被誉为人类最宝贵的遗产之一。在那个

第六章　国内外民俗体育现代化发展典型案例分析

遥远的时代，修行者们在茂密的原始森林中观察到，动植物通过特定的体态调整，实现了自我疗愈。他们通过模仿和实践，惊奇地发现这些自然界的智慧同样适用于人类，能够带来身心的疗愈效果。

随着时间的推移，这些古印度的先知们不断探索、实践，逐渐发展出成千上万种体位法，每一种都以动植物的名称命名，形成了我们今天所熟知的"瑜伽体位法"。经过数千年的演变，瑜伽在历代修行者们的精心研究、改良，以及全球瑜伽爱好者的创新实践中，逐渐形成了一套理论严谨、对身心健康有益的养生健身体系。如今，瑜伽的影响力已经超越了印度，遍布全球，与现代运动学和医学相结合，构建了完整的现代瑜伽体系。

在科学的验证下，瑜伽的身心修养和塑形效果得到了广泛的认同。这种跨越文化边界的智慧，以其共通的文化特性，被全球不同民族所接纳，实现了全球范围的普及。瑜伽的影响力已经超越了健身领域，它吸收了世界各地的文化精华，同时保持了自己独特的文化魅力，展现出开放性、兼容性、普适性和多元性的特点，成为全球公认的健康和养生方式。

随着社会的不断发展，瑜伽已经不仅仅是一种身心修炼的技艺，更是一种生活方式，一种连接个体与宇宙的哲学。它以深邃的智慧和广泛的影响力，继续在世界各地绽放光芒，为人类的身心健康和精神探索提供无尽的可能。

（二）印度瑜伽推广模式的优势与前景

瑜伽，这股源自古印度河谷的神秘力量，如今已在全球范围内以一种市场化的科学健身理念为载体，实现了其商业化的广泛传播。在世界文化的大熔炉中，各种文化在碰撞与融合中寻找共生之道。那些无法适应时代变迁的地域文化，往往会选择自我革新，摒弃封闭与排外，以更开放的姿态融入全球文化大潮，寻求自我价值的认同与传播。瑜伽，这一古老的东方智慧，正是在这样的历史背景下，成功跨越了地域与文化的界限，成为全球人民共享的健康生活方式。

传统瑜伽强调"苦行"，倡导通过自我约束和冥想，以意志力驾驭心智，进而掌控身体。但现代瑜伽则在尊重传统的基础上，打破了"苦行僧"式的修炼模式，消解了种族、性别等社会壁垒，将瑜伽与现代生活无缝对接，发展成为集科学健身、医学理论和保健知识于一体的综合性学科。

从古印度的静修苦行，到当今世界的时尚运动，瑜伽的演变历程揭示了一个深刻道理：传统文化的传承与创新，必须紧跟时代的步伐，准确把握社会脉搏，才能在现代社会中焕发新的生命力。瑜伽的成功，不仅在于其独特的身心修炼价值，更在于其对全球化的敏锐洞察和灵活适应，真正实现了"瑜伽源于印度，属于世界"的愿景。

第二节 我国民俗体育文化参与城镇现代化建设的路径

一、传统乡村聚落文化对民俗体育的孕育

（一）传统乡村聚落民俗概念

民俗，是广大人民在长期历史沿革中塑造并相对稳定的行为模式与习惯，蕴含着多元且深厚的民间文化根基。在社会的各个层面，民俗文化普遍存在，它与社会运行机制紧密交织，构建出一个全面的知识框架，以此映射出特定人类社群的实际生活景象。

聚居地是指人类居住形式的综合概念，涵盖了人们生活、休息、社会活动以及劳动生产的主要场所。在中国的历史背景下，传统乡村聚落的国家管理力度在新中国成立前相对较小，遵循着"国家权力不过县，县以下以宗族为主，宗族自我管理，依靠伦理道德，乡绅由此产生"的原则。这种情况下，乡村聚落的道德秩序往往通过特定的仪式和民俗文化来维护和调节。

第六章　国内外民俗体育现代化发展典型案例分析

在以宗族为核心的聚居环境中，家庭作为基本的生活生产单位，其特性鲜明。因此，需要开展宗族性的活动以增强内部团结。祭祖活动是宗族的重要仪式，分为春季和秋季两次，主要目的是向传说中的雨水主宰者龙神表达敬意，舞龙是其中的核心活动。因此，舞龙作为民俗体育文化的一部分，对于凝聚宗族力量、构建乡村社会结构、维护聚居地的稳定具有不可忽视的作用。

（二）民俗体育文化作为亚文化而存在于传统乡村聚落

1. 自然环境与民俗体育活动的关系

乡村聚落的自然环境特指那些地处偏远，远离城市喧闹的地区，其居民依偎山川，临水而居，创造出一种独特的地理位置和地形地貌的社区生活环境。这些自然条件，如气候、土壤、水资源等，与人类社会生活相互交织，共同构建了一个和谐的生态系统。任何文化创新活动都离不开特定地理环境中的气候、地形、植被、能源等自然要素，它们是文化发展的源泉和根基。

我国的农耕文化作为传统文化的重要部分，其内敛与保守的特性在一定程度上限制了民俗文化对外的传播及对外来民俗的接纳。这种特性不仅反映在农耕文化的传统习俗和生产模式上，也渗透到人们的生活方式和价值观中。但正是这种内敛与保守，保证了我国的民俗文化得以保存和传承，成为民族精神的基石和文化渊源。

因此，我们可以认识到，民俗体育活动的形成深受自然因素的深刻影响。自然因素在民族体育的形成中扮演着不可替代的角色，它们相互作用，相互塑造，共同铸就了我国多姿多彩的民俗体育文化。这也是我国民族体育文化能在全球体育领域中独步天下，魅力四射的根本原因。

2. 社会经济环境对民俗体育活动产生的作用

民俗体育活动的诞生与演变，既是一种独特的文化现象，又深植于历史与地理的沃土之中，受特定时期与地域生产方式的显著影响。在民俗文化的传承与创新过程中，社会经济政治结构扮演着举足轻重的角色。这些结构不仅为民俗体育文化赋予了丰富的内涵，还为其塑造了独特的外在展现形式。

社会经济状况构成了民俗体育文化精神的基石，而政治结构则为其存在提供了稳固的架构。两者相互交织，共同引导着民俗体育文化的发展路径。由于政治与经济因素的差异，各乡村聚落的从业模式、生产层次及经济条件各有千秋，这些差异在民俗体育文化中得到了显著的体现。

每一种民俗体育文化均展现出特有的风貌，这些风貌不仅映射出不同地域的生产消费方式，还蕴含了当地的节庆娱乐传统、偏好与禁忌等文化习俗。

节日中呈现的民俗体育活动，更是直观映照出乡村聚落的经济生活面貌。例如，在多数农耕地区的聚落中，每逢夏秋之交，皆会举办"尝新节"。此节期间，家家户户皆用当年新收的稻谷烹饪米饭，并在享用前举行祭祀仪式，祈求来年丰收。祭祀之后，长辈们会向年轻一代传授农作知识，并通过特定的肢体动作传递情感。

这些民俗体育活动实质上巩固了社区内部的经济纽带，并且激发了社区与外部世界的交流互动。通过此类活动的实施，农业生产知识得以广泛普及，从而降低了日常生活和经济活动的成本。民俗体育活动的起源与发展，与特定时期和地域的社会经济环境有着深厚的关联。它们的成型与发展，与当地经济条件和社会体制相互作用，互为因果关系。没有坚实的经济基础和社会生产劳动的支持，民俗体育活动无法实现持久的繁荣。这正是民俗体育文化活动充满活力与生命力的核心原因。

二、现代城市化发展对传统乡村聚落文化结构的冲击与改变

在中国深厚的社会结构中，血缘、地缘和业缘关系构成了三大基石，共同塑造了中国社会的基本社会关系网络。血缘关系，作为这一体系的基石，自古以来就在中国社会的各个层面发挥着至关重要的作用。传统乡村社会的血缘关系在情感上为人们提供支持，在物质分配和互助合作中扮演着核心角色。据历史记载，中国封建社会是小农经济主导的生产方式，家庭是基本的

生产单位，血缘和地缘关系紧密交织，形成了独特的社会结构。以血缘关系为本位、地缘关系为基础，涵盖了伦理道德和经济活动的方方面面。例如，家族的宗族制度、村落的组织形式以及各种节日庆典是血缘和地缘关系的具体体现，在维护乡村社会秩序、促进社区凝聚力方面发挥了不可替代的作用。这种社会关系孕育出了丰富多样的乡村聚落文化，如农耕文化、民间艺术、传统体育等，反映了血缘与地缘关系的深远影响，成了维系乡村社会秩序的重要纽带。

但随着新型城市化的快速发展，现代文化元素不断涌入乡村，对以传统价值观念为主导的乡村社会产生了深远影响。乡村居民的价值观、生活方式和行为规范都在发生着深刻变化。城市化进程对家庭结构的冲击，使得原本紧密的血缘关系开始松动，大家庭观念逐渐被核心家庭模式所取代。同时，随着人口流动性的增加，乡村社会的"熟人"关系逐渐被"生人"关系所取代，传统的代际伦理规范和道德约束力也在逐渐弱化。

传统的差序格局社会结构正在被以经济利益为导向的市场文化侵蚀，城市化、工业化进程对乡村社会产生了强烈的冲击。乡土社会的伦理规范和文化传统面临着被边缘化的风险，乡村秩序结构正在经历一场深刻的变革，改变了乡村社会的外在形态，影响了乡村居民的思维方式、价值取向和行为模式。血缘和地缘关系在中国社会结构中的重要性不容忽视，但随着社会变迁这些关系的形态和影响力也在不断调整和重塑。面对这种挑战，如何在保持乡村文化特色的同时，适应现代社会的发展，是当前中国社会面临的重要课题。

三、传统乡村聚落解体中民俗体育的发展

（一）传统乡村聚落解体导致民俗体育大量丢失

1.乡村聚落民俗传统体育活动组织行为的弱化

在传统的农业社会中，民俗体育活动不仅被视为强化身体健康的有效手

段，更扮演着强化大家庭内部以及各家庭间联系的关键角色。这种增强的联系为民俗体育文化的繁荣提供了坚实的动力。这些活动加强了血缘和地缘关系的紧密度，同时也丰富了民俗文化传承的模式。民俗体育文化的形成，与家族观念的传承有着密切的关联。

但随着国家对乡村自治制度体系的不断规范化和制度化建设，乡村原有的家族地位受到了冲击，传统的权力体系在乡村聚落中逐渐淡化。这一点在各姓氏宗族的集体祭拜活动的减少，以及家族族谱存在但缺乏族长的现象中可见一斑。宗族内部的功能，如互助、调解和经济功能，已显著削弱，几乎丧失了往日的作用。因此，民俗体育活动的组织和传承在家族影响力减弱的背景下，其能力也相应地衰退，未能建立起有效的管理机构。在这种背景下，民俗体育活动的传承和开展变得无序，主要依赖乡村居民的自发行为。

2.参与人员的缺失

城市化进程如同海绵的强劲吸附力，大量吸收农村劳动力，使得乡村社区面临严重的人口外流问题。这一动态导致农村地区出现了众多"空巢""空心"等特征，这些词汇逐渐成为描述农村状况的常见词汇。在乡村，民俗体育文化的持续与传承依赖于人口基数，特别是那些富有活力、具备劳动能力的青壮年。农村人口的快速减少将不可避免地导致这些传统文化的大幅度衰落。

我国的农村地区，特别是山区，其人口结构以中老年人为主。自20世纪90年代以来，乡村的劳动力人口大幅度减少，这种人口流动趋势引发了传统体育文化的年龄结构断层及后继人才短缺的问题。另外，农村地区的教育资源不足，也促使青壮年及学龄青年的数量在农村聚落中显著下降。这种劳动力迁移现象，加剧了传统体育文化的困境，使其陷入无人传承的窘境。

（二）乡村聚落解体导致对民俗体育传承价值的认识发生改变

1.后物质主义的经济价值转向

在交通欠发达、信息流通不畅的乡村社区中，传统民俗体育活动的举

第六章　国内外民俗体育现代化发展典型案例分析

办，常作为村民集会的关键节点。相较于改革开放初期，当时民俗体育的经济作用尚未显著体现。随着改革开放的深化和市场经济的稳固确立，社会逐步趋向商品化，民众市场意识显著增强，民俗体育活动亦逐渐步入商业化轨道。深入挖掘民俗体育的观赏性，能够对当地经济起到积极的推动作用。

过度强调经济功能可能会扭曲民俗体育的原始本质，以满足经济增长的需求。当民俗体育活动过度追求经济价值时，其商业气息愈发浓厚，甚至有人误将民俗体育的主要功能定位为经济效益的拉动，从而导致民俗体育从乡村居民日常生活的一部分转变为市场经济的生产方式，削弱了其固有的生活属性。

后现代理论的杰出代表因格哈特曾强调，在追求幸福感受的过程中，应着重于提升生活质量和丰富体验。当前，中国文化现代化正处于由物质主义价值观向后物质主义价值观转变的过渡阶段，人们的价值观也正由生存价值向幸福价值转变。特别是在新型城镇化进程中，这一转变尤为明显，人们正逐渐从单纯追求生存价值向追求幸福生活的价值转变。

2.由观赏到参与的娱乐

在中国传统的农耕文化中，民众普遍以观察者的角色参与民俗体育活动。但随着现代农业技术的革新，乡村居民对体力劳动的需求大幅降低，这促使他们在这些定期举行的活动中，从旁观者逐渐转变为积极的参与者。这些活动吸引了众多在外地辛勤劳作的居民，他们开始更为主动地投身其中，表达内心情感，释放心理压力，同时也提升了他们对未来的信心，更加珍视生活的每一刻。

在这个转变过程中，民俗体育活动的参与度呈现出深度和广度的双重提升，参与者的群体结构也发生了变化。尤为引人注目的是，女性的参与度显著增加。这与现代社会中女性性别平等意识的提升密切相关，使得原本由男性主导的民俗体育活动开始对女性敞开大门。这种变化不仅丰富了活动的多样性和内容，也有力地推动了社会性别平等的进程。

第三节 黄河流域民俗体育文化的传承与发展案例分析

一、基于扎根理论的黄河流域民俗体育传承影响因素及优化路径

传承是民俗体育文化遗产保护的核心，亦是优秀传统文化弘扬和发展工作的关键所在。黄河流域民俗体育是大河沿岸民俗生活的真实写照，是岁时节庆身体实践的文化表征，是中华民族最具代表性、最接地气的主体文化。在西方文化的强势裹挟和中国社会现代化转型过程中其适存性与共生性面临巨大挑战。为进一步让散落的黄河流域民俗体育遗产"活"起来，通过扎根理论这一质性研究方法，探寻民俗体育与现代社会的契合记忆，从第一手访谈材料中提炼传承影响因素，厘析各因素的作用机理，以期从微观视角揭示黄河流域民俗体育突破传承瓶颈的可能途径，透视参与主体的价值诉求与情感赋予，唤起大众对优秀传统文化的认同感，推进农耕文明的文化遗产保护体系建设。

（一）文献述评

通过对相关文献的梳理发现，学界研究包括：从社会学、文化学、解释学角度进行概念界定、特征分析、价值审视等宏观理论研究，崔乐泉等研究表明，国家顶层设计引领与民俗体育传承状况呈正相关[①]；黄聪等发现乡土

[①] 崔乐泉，孙喜和. 中华优秀传统体育文化传承发展的理论与实践——《关于实施中华优秀传统文化传承发展工程的意见》解读[J]. 北京体育大学学报，2018，41（01）：126–132.

社会的西方化与城市化对民俗体育传承有负向影响[1]；冯宏伟认为参与者信仰认同与民俗体育传承呈正相关。[2]从人类学、考古学、民俗学角度通过田野调查等方法选取典型区域个案：赛龙舟、舞龙等微观实证研究。近年来，传承的主客体、传承方式、传承场域等与民俗体育的关系受到更多关注。刘喜山等的研究表明传承者年龄偏大、文化程度偏低对民俗体育的传承具有阻碍作用[3]；杨中皖认为参与者经济状况改善为民俗体育传承提供了外部条件；项目组织管理机构与社会行政、公共组织的关系密切程度对民俗体育传承具有一定影响作用[4]。已有研究对民俗体育传承过程中存在的问题提出了有针对性建议，但个案研究结论无法推论至整体，具有一定局限性；采用问卷调查进行验证性分析，不能系统反映传承影响因素。基于此，尝试以黄河流域民俗体育的亲历者为对象，以扎根理论方法研究黄河流域民俗体育传承的影响因素及其机理，建立自下而上的理论体系，以期为新时代民俗体育创造性转化和创新性发展提供借鉴。

（二）研究设计

1.研究方法

扎根理论是美国学者Glaser和Strauss在20世纪60年代提出的定性研究方法，核心宗旨为在经验材料的基础上建立理论，即通过对系统资料的整理与分析，逐步建立新的理论框架。[5]与传统研究方法不同，研究者在研究伊始

---

[1] 黄聪，李金金.村落民俗体育文化传承问题的社会根源及解决对策[J].北京体育大学学报，2018，41（12）：123-129.

[2] 冯宏伟.新时代农村地区民俗体育的发展：形式、局限与路径[J].北京体育大学学报，2018，41（10）：125-132.

[3] 刘喜山.我国体育非物质文化遗产传承保护的历程、困境及发展策略[J].体育文化导刊，2019（10）：63-68.

[4] 杨中皖，袁广锋，麻晨俊，高亮."国家—社会"关系中的民俗体育考察——来自骆山村"骆山大龙"的田野报告[J].体育与科学，2018，39（03）：91-99.

[5] 卡麦兹.建构扎根理论[M].重庆：重庆大学出版社，2009：34-38.

不进行假设，在对原始调查资料进行归纳基础上，提炼出能有效反映社会现象的概念，进而构建范畴和范畴之间的关联，最终凝练为理论。

本研究问题为民俗体育传承的影响因素，传承者是民俗体育传承的主体和实施者，是决定传承的内生性影响因素，通过与民俗体育项目传承人的深度访谈，把握民俗体育传承的手段、场域、方式。外部情景环境也对民俗体育传承具有影响作用，为了更加全面地了解有关民俗体育的国家政策和传承环境，对高校体育专业多年研究民俗体育的专家和文化局非遗办公室的工作人员进行了访谈。鉴于研究主题涉及民俗体育传承中不同人群的态度与观点，故选择访谈法，访谈对象基本信息见表6-1。首先通过开放式编码对访谈原始材料进行录入与分析，凝练概念和初始范畴；其次通过主轴编码，对初始范畴进行进一步概括，形成主范畴；最后通过选择性编码，建立核心范畴，在此基础上，形成民俗体育传承影响机制理论模型。

表6-1 访谈对象基本信息表

姓名	年龄	性别	职务
段XG	75	男	传承人
吉BC	81	男	传承人
苏AF	62	男	传承人
刘YT	85	男	参与者
刘HY	56	男	参与者
杨LV	61	男	参与者
姚ZH	47	男	非遗办公室工作人员
吴WQ	48	男	非遗办公室工作人员

2.研究资料收集

访谈资料是扎根理论研究的第一手数据，考虑到访谈对象对黄河流域民俗体育影响因素看法各异，因此，在对相关文献进行梳理的基础上，编制访谈提纲，采用半结构化提问方式展开访谈，在取得访谈对象同意后做好录音和访谈记录，每人访谈时间大概30~40分钟。内容围绕黄河流域民俗体育传

第六章 国内外民俗体育现代化发展典型案例分析

承影响因素展开,包括传承主客体、传承手段、传承场域、传承内容、外部环境等方面。访谈结束后将音频资料结合访谈记录转化成文本资料,提取有效编码要素,并重复这一过程,直到没有新的范畴,达到理论饱和。

(三)黄河流域民俗体育传承影响因素质性分析与模型构建

1.黄河流域民俗体育传承影响因素质性分析

(1)开放性编码:概念和范畴提取与分析

开放性编码是扎根理论编码的第一步,研究者在不带有主观理论定式的基础上,从访谈原始文本中提取概念、提炼范畴。本研究采用Nvivo11对58422字的访谈原始文本进行初步分析,得到11684字与研究主体相关的有效信息,从中提取出与黄河流域民俗体育传承有关的103个初始概念,比如:商业薪酬是由原始语句"我每外出表演一次,能领到150~300元的酬劳,下次有机会我还去"归纳得到。因初始概念具有数量较多、语义交叉等特点,对其进一步分析、凝练,形成了40个初始范畴,比如将"国家经费划拨、经费使用情况、经费来源"整合为经费因素。因考虑篇幅因素,选取部分初始化概念和范畴提炼过程(表6-2)列表说明。

表6-2 开放性编码示例

原始文本资料	初始化概念	范畴
A1:这项目是老祖宗留下的东西,不能保守,要让更多的人知道,不能像过去一样,老是害怕别人学里面的窍门。现在,应该这样想,国家给了这么好的条件,咱就要好好干,让这个项目传下去,不能在咱手里给丢了。	传承人传承观念 传承人思维方式	传承人理念
A2:每年庙会,来参加这项活动的很多都是老人,就为了讨个彩头,祈求明年家里顺顺当当的。现在,很多年轻人在外面待的时间长了,其人生观、价值观也都发生了很大的变化,不愿意学这个。	文化认同 宗教祭祀 价值观变化	参与者价值认同

（2）主轴编码：主范畴的归纳与分析

主轴编码是扎根理论编码的关键环节，在开放式编码基础上，通过聚类厘清范畴与范畴之间的潜在关联，形成主范畴。经过主轴编码，发现40个初始范畴之间存在的内在关系与逻辑结构，根据实践活动构成要素理论，即主体、客体、中介，发现范畴之间的内在关系，形成4个主范畴，即：传承主体、传承客体、传承中介、环境因素。如"传承人年龄、传承人健康状况、传承人理念、传承人社会影响力等范畴"符合人的实践活动构成要素中的主体要素，"参与者整体素质、参与者参与动机、参与者家庭收入等范畴"符合人的实践活动构成要素中的客体要素，传承方式、传承场域、器材设备等范畴符合人的实践活动构成要素中的中介要素，"自然环境变化、经费因素、政策因素、与学校体育的融合度等范畴"符合外部环境相关理论。如图6-1所示，主范畴与范畴之间呈现出环形放射状的层次结构，并存在嵌套关系，具有鲜明的主次关系。受篇幅限制，本文对频率排序前三位的进行分析（表6-3）。

表6-3　主轴编码示例

主范畴	范畴	范畴内涵
传承主体	传承人年龄	传承者的老龄化导致民俗体育项目传承的危机。
	传承人理念	保守或开放的传承观念影响核心技术的传承。
传承客体	参与者参与动机	薪酬收入、强身健体、愉悦身心等不同参与动机，促使大众参与民俗体育活动。
	参与者价值信仰	宗教信仰、文化认同、驱动大众参加民俗体育活动。
传承中介	传承场域	传承场域是保障民俗体育活动开展，激发大众参与的重要保障。
	传承方式	师徒式、家族式传承方式，无法适应当今民俗体育传承需求。
环境因素	自然环境变化	随着全球变暖，民俗体育赖以生存的生态环境发生变化，给部分项目工具制造带来了困难。
	社会经济变革	随着经济全球化和现代化，大众人生观、价值观发生变化。

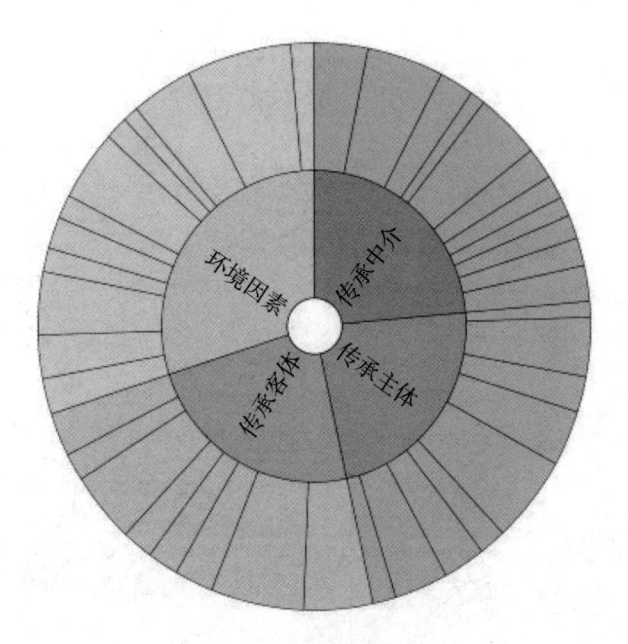

图6-1 主范畴与范畴层次

（3）选择性编码

选择性编码是扎根理论编码的最后环节，通过对主范畴和范畴进行系统分析挖掘出具有提纲挈领作用的"核心范畴"。对原始文本、范畴及主范畴进行深入分析与比对，结合研究主题，发现可以用"黄河流域民俗体育传承机制"这一核心范畴来统领整个访谈材料（图6-2），构成黄河流域民俗体育传承的各个要素及它们之间的相互关系和运动方式。故事线架构为：传承主体、传承客体2个维度是黄河流域民俗体育传承的内部因素，传承方式、传承场域、激励机制等范畴为黄河流域民俗体育架构起传承的桥梁，起中介作用，经费因素、经济社会变革、与学校体育的契合度等范畴是黄河流域民俗体育传承的外部环境因素。

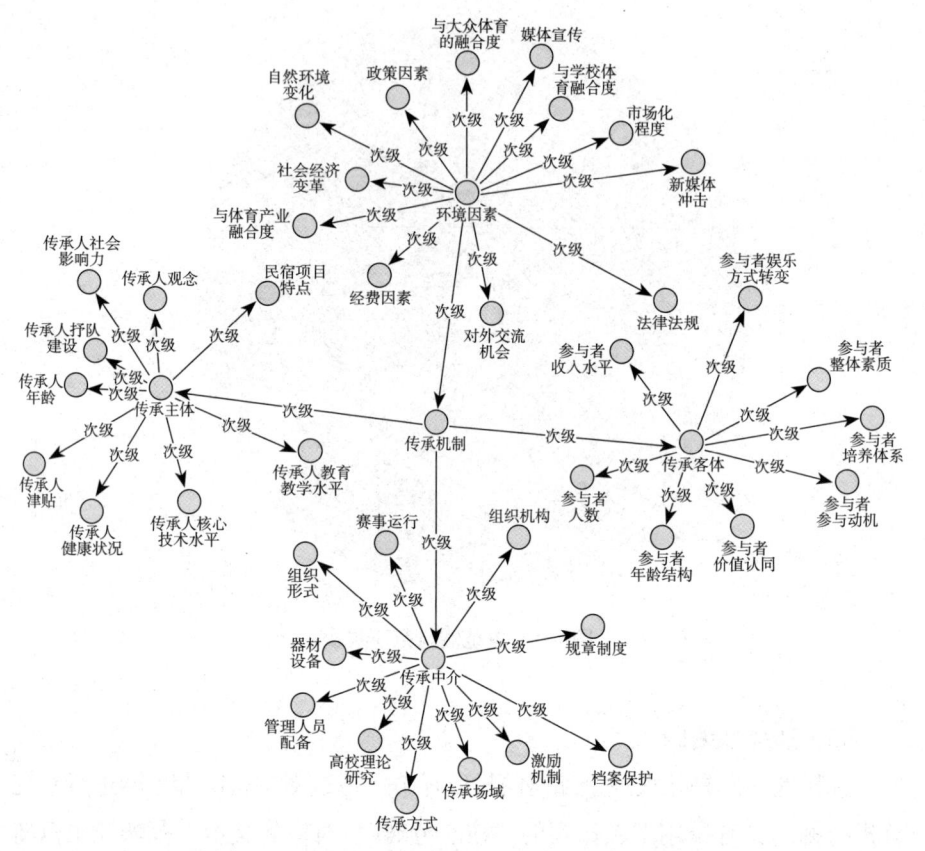

图6-2 黄河流域民俗体育传承影响因素的选择性编码

2.黄河流域民俗体育影响因素作用机理分析

黄河流域民俗体育影响因素的范畴权重排序见表6-4。黄河流域民俗体育项目影响因素的主范畴权重排序见表6-5。

表6-4 黄河流域民俗体育影响因素的范畴权重排序

主范畴	范畴	频数	权重	排序
传承主体	传承人梯队建设	66	4.93%	3
	传承人年龄	45	3.36%	8
	传承人观念	42	3.14%	9
	传承人核心技术水平	42	3.14%	9

第六章　国内外民俗体育现代化发展典型案例分析

续表

主范畴	范畴	频数	权重	排序
传承主体	传承人社会影响力	33	2.47%	10
	传承人教育教学水平	27	2.02%	12
	传承人津贴	21	1.57%	14
	民俗项目特点	18	1.35%	15
	传承人健康状况	12	0.90%	17
传承客体	参与者价值认同	72	5.37%	2
	参与者年龄结构	54	4.04%	5
	参与者整体素质	54	4.04%	5
	参与者人数	33	2.47%	10
	参与者参与动机	30	2.24%	11
	参与者培养体系	24	1.79%	13
	参与者娱乐方式转变	24	1.79%	13
	参与者收入水平	21	1.57%	14
传承中介	传承方式	60	4.49%	4
	激励机制	51	3.81%	6
	传承场域	42	3.14%	9
	高校理论研究	27	2.02%	12
	器材设备	27	2.02%	12
	管理人员配备	24	1.79%	13
	赛事运行	21	1.57%	14
	规章制度	18	1.35%	15
	组织形式	18	1.35%	15
	组织机构	15	1.12%	16
	档案保护	12	0.90%	17
环境因素	经费因素	81	6.05%	1
	政策因素	54	4.04%	5
	与学校体育的融合度	54	4.04%	5
	社会经济变革	48	3.59%	7
	与大众体育的融合度	33	2.47%	17

续表

主范畴	范畴	频数	权重	排序
环境因素	与体育产业融合度	27	2.02%	12
	对外交流机会	24	1.79%	13
	媒体宣传	18	1.35%	15
	市场化程度	18	1.35%	15
	新媒体冲击	18	1.35%	15
	自然环境变化	18	1.35%	15
	法律法规	12	0.90%	17

表6-5 黄河流域民俗体育项目影响因素的主范畴权重排序

主范畴	频数	权重	排序
传承主体	102	22.97%	4
传承客体	104	23.42%	3
传承中介	105	23.64%	2
环境因素	133	29.95%	1

（1）传承主体

传承主体是掌握民俗体育项目核心技术，在族群、群体中具有一定社会影响力的个人或群体，是民俗体育文化的承载者和传递者，对民俗体育的传承与发展具有决定性作用。传承主体在一定的条件下，通过传承中介对传承客体传承民俗体育项目的身体动作和文化信仰。传承人梯队建设（编码频数66次，占比4.93%）是传承主体中的首要因素。完善的、系统的传承人梯队建设，有助于民俗体育项目传承的可持续性。在与黄河流域民俗体育项目传承人访谈中了解到，传承人希望在参与者中挑选出德才兼备的人培养成为继任者但困难重重；平时无固定时间对项目内容进行系统传授，采取临场讲授方式。可见，大多黄河流域民俗体育项目缺乏完善系统的梯队建设制度与实施方案。传承人的年龄是传承主体中的次要因素。合理的、科学的年龄结构，有助于民俗体育项目的有效传承。黄河流域民俗体育的项目传承人多为

第六章　国内外民俗体育现代化发展典型案例分析

60岁以上的人群，随着传承人的老龄化，像高跷走兽等项目中很多高难度技术动作无法完成；甚至有些核心技艺还未完全传承，传承人就已谢世，带来了民俗体育项目的断代危机。传承人的观念，指传承人对于民俗体育项目传承的态度、认识。保守的或开放的传承观念对黄河流域民俗体育传承具有不同影响。访谈中了解到，部分传承人认为，"国家给咱传承人每月发钱，这就是国家的东西，有人愿意学，我就毫无保留地教"；也有传承人认为，"这是老祖宗留下来的东西，只想传给后人、徒弟"。保守的或开放的传承观念体现着传承人对传统民俗体育文化的眷恋与尊重。

（2）传承客体

传承客体是指民俗体育项目活动中的传承对象，即参与民俗体育活动的个人或群体，是民俗体育文化的继承者和传播者，对民俗体育的传承与发展具有驱动作用。参与者的价值认同是传承客体中排序第一的因素。不同时期参与者的动态价值认同，是黄河流域民俗体育项目得以存续的关键。其先后经历了"祖神认同—族群认同—社会认同"三个阶段。"高跷走兽"传承人在访谈中说道："在民国初年，只要我们村举行活动，方圆100多里的人都来看，观看人数能排到二里地去，村里人都以能参加高跷走兽为荣。"该项目在发展鼎盛时期，表现出高度的族群认同。近年来，年轻一代外出打工，与前辈们对黄河流域民俗体育传统文化在"文化共识"和"符号系统"方面表现出代际差异性。永济"背冰"参与者在访谈中说道："我们从十几岁就开始参加，现在正月不举办还觉得少了些什么，但年轻人觉得光着膀子，不雅观。"黄河流域民俗体育项目的参与者以40岁以上的中老年人为主，年轻人较少。缺乏年轻力量是黄河流域民俗体育项目普遍面临的问题，在城镇化进程中如何引导年轻一代对传统文化的认同感和参与感，成为亟待解决的问题。参与者的整体素质是指在民俗体育传承过程中，表现出的身体、思想、文化能力。很多黄河流域民俗体育项目不仅要求参与者具有全面的身体素质，还需具备高尚的道德情操。比如"背冰""高跷走兽"要求参与者具有较强的力量、平衡能力和坚韧不拔、不怕吃苦的品质。在一定程度上制约着黄河流域民俗体育项目的传承。

（3）传承中介

德国古典哲学将事物之间的联系环节和事物发展的中间环节称为中介。

传承中介是民俗体育文化在主客体间传承的桥梁，为民俗体育传承提供重要平台。多样化的传承方式是黄河流域民俗体育项目可持续传承的重要保障，目前黄河流域民俗体育项目的传承方式仍然以家族式和师徒式为主，还包括节庆展演式、营利商业式等方式。值得一提的是，曾经参加过2008年北京奥运会开幕式的高台花鼓项目，目前主要是通过传承人苏安福创办安福艺校进行传承，学员多数来自留守或残疾儿童，学员来源和数量是现阶段最主要的制约因素。可见，"多元一体"的传承方式，对形成独特的族群文化象征具有重要意义。激励机制，是为了让更多的人参与，所采取的奖励或晋升措施。在每年正月的永济民间社火活动中，根据参与者"背冰"重量给予不同等级的奖励；在安福艺校中，学员按照学习年限给予薪酬，一定程度上激励着参与者的参与动机。传承场域，指开展民俗体育活动的主要场所。在走访中发现，黄河流域民俗体育项目绝大多数都不固定传承场所，一般都在村里全民健身的场地上，器材设备也无固定存在地点，"高跷走兽"的器材存放于传承人的家中，"高台花鼓"的安福艺校选择在租金较低的关帝庙。传承场域的不固定性制约着黄河流域民俗体育项目传承的定期、定点举办。

（4）环境因素

环境因素，是开展民俗体育活动赖以生存的自然因素和社会因素，是代际传承的客观条件。黄河流域民俗体育项目的活动经费主要依靠国家拨款，国家级非物质文化遗产项目得到政府资助较多，"高跷走兽"在被认定为国家级非物质文化遗产后获得了两次经费资助，但经费使用审批程序过于烦琐，周期较长。市级非物质文化遗产，受地方经济发展制约，得到扶持数额较少，形式单一。散落于民间的黄河流域民俗体育项目活动经费依靠传承人与参与者自筹。经费来源单一，审批程序烦琐是黄河流域民俗体育项目经费的现实写照。近年来，随着经济全球化和乡土社会城市化，黄河流域民俗体育的文化生态正面临巨大挑战。受市场经济影响，大量农村青壮年进城打工，带来了可观的经济收入，但对黄河流域民俗体育文化产生较大冲击，使得很多项目和技艺逐渐被人们淡忘，加速了传承空间的萎缩。这种现象在一定程度上反映了当今社会群体对黄河流域民俗体育文化的轻视和对本土文化的不自信。与学校体育的契合度，指民俗体育传承与学校教育的融合程度。

第六章 国内外民俗体育现代化发展典型案例分析

将民俗体育与学校教育有机融合,可扩大传统文化的普及范围和提高普及时效性。在访谈中发现,只有北阳城村小学将"高跷走兽"作为大课间活动进行传承,其他黄河流域民俗体育项目没有在学校中开展不同形式的传承活动。可见,学校没有在黄河流域民俗体育传承过程中发挥作用。

3.黄河流域民俗体育传承影响因素模型构建

为厘清黄河流域民俗体育传承的范畴与主范畴之间的内在关系与运行机理,根据实践活动要素理论,汲取传统体育文化相关研究成果,对原始文本的编码进行推演,探寻各个维度之间的逻辑关系,构建出黄河流域民俗体育传承影响因素理论模型(图6-3)。

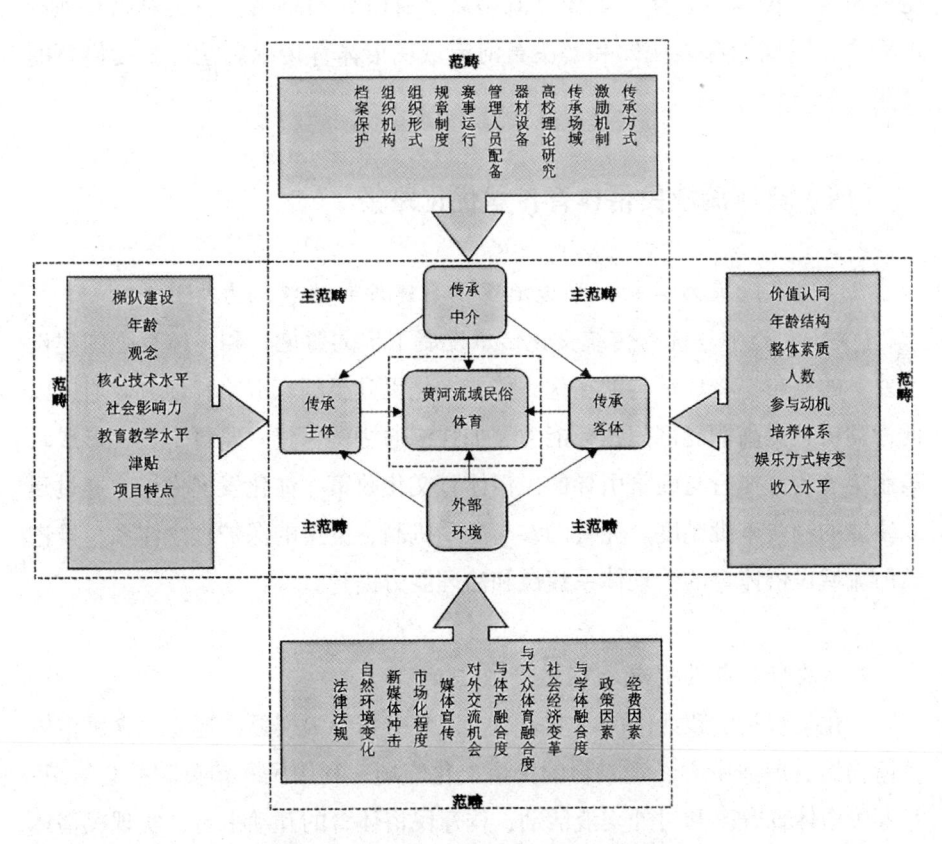

图6-3 黄河流域民俗体育传承机制模型

黄河流域民俗体育传承影响因素理论模型全面客观地解释黄河流域民俗体育传承的形成机理。"传承主体"与"传承客体"并不是完全独立的，它们之间相互影响、相互促进，实现黄河流域民俗体育传承。传承主体是黄河流域民俗体育传承的根本动因，系统的传承人梯队建设、合理的年龄结构、开放的传承观念有利于黄河流域民俗体育传承；传承客体是黄河流域民俗体育传承的直接因素，参与者的价值认同、年龄结构与整体素质直接影响黄河流域民俗体育传承的范围与效果；传承中介在黄河流域民俗体育传承中起调节作用，它通过传承方式、激励机制与传承场域影响传承主、客体的参与度与积极性，外部环境对黄河流域民俗体育传承具有驱动作用，多元化的经费来源与便捷的经费审批程序、民众的"文化自信"、与学校体育的深度融合影响着传承主客体。该模型既是对已有研究的总结，也是对已有理论的升华，以期为深入认知和解决黄河流域民俗体育传承影响因素提供新的视角。

（四）黄河流域民俗体育传承优化路径

1.以国家政策为引领，推进治理体系建设和治理能力提升

《关于实施中华优秀传统文化传承发展工程的意见》和《体育强国建设纲要》的颁布，将传承与弘扬优秀传统文化提升至国家战略，地方政府应以此为契机，提高职能部门执行能力、加强沟通协调、建立监督平台，形成政策制定、政策执行与政策引导的民俗体育文化政策一体化发展格局。通过建立便捷的经费审批制度、完善的参与激励机制、健全的保护理念体系，推进黄河流域民俗体育的治理体系建设和治理能力提升。

2.以政府指导为引领，促进产业深度融合

文化景观是实践活动的时空表达，以政府指导为引领，建立包含民俗体育博物馆、展演中心、观景台的民俗文化广场；利用民间精英和社会组织，举办民俗体育赛事和对外交流活动，构建民俗体育的互动平台，实现民俗体育的物质空间与社会空间再造。推动民俗体育与全民健身、旅游产业的深度融合，助力黄河流域乡村振兴、脱贫攻坚与高质量发展。

3. 以课程思政为引领，构建多元教育传承路径

充分挖掘典型民俗体育的教化功能，通过强化师资队伍建设、完善课程体系、数字化平台建设，努力将黄河流域民俗体育的制度文化、行为文化、心态文化和器物文化引入学校课堂教育。梳理黄河流域民俗体育产生与发展背后的故事，注重解读传统文化的人文背景；厘清典型黄河流域民俗体育蕴含的人文价值、伦理道德、行为模式，引导学生树立正确的人生观、价值观；把握黄河流域民俗体育的意义化生成逻辑，传播文化精神，构建集技术传承与价值引领于一体的多元教育传承路径。

黄河流域民俗体育以其独特的文化象征，承载着当地民众的历史记忆与价值选择，是乡村传统文化的重要组成部分。它的传承与发展受到诸多因素影响。本研究认为深入挖掘黄河流域民俗体育传承机制是促进黄河流域民俗体育活动传承的核心环节。运用扎根理论对黄河流域民俗体育传承机制进行分析，通过"三级编码"凝练出40个初始范畴与4个主范畴，在对主范畴内在关系进行梳理的基础上构建黄河流域民俗体育传承机制。本研究可丰富区域民俗体育文化理论，对探索民俗体育文化传承路径具有学理意义。诚然，运用质性研究探究区域民俗体育文化传承机制属于探索性研究，后续可在丰富理论模型、深入分析典型案例方面进一步研究，以推动区域民俗体育文化的可持续传承。

二、记忆—认同—困境：河东"高跷走兽"仪式叙事的田野考察

优秀传统文化是文化强国的历史支撑，是治国理政的思想源泉，是中华民族伟大复兴的坚强基石。习近平总书记在党的十九大报告中指出："深入挖掘中华优秀传统文化蕴含的思想观念、人文精神、道德规范，结合时代要

求继承创新，让中华文化展现出永久魅力和时代风采。"[①]2017年，国务院颁布的《关于实施中华优秀传统文化传承发展工程的意见》中提到，非物质文化遗产是民族的血脉和人民的精神家园，它的形成、发展和延续，始终都与我们民族的精神需求、价值取向紧密联系在一起。[②]河东被称为中华民族的发祥地之一，历史文化资源丰富，但在社会转型过程中，诸多非物质文化遗产项目传承与发展面临困境，甚至濒临消亡。基于此，以河东"高跷走兽"为个案，以"记忆—认同—困境"为历史发展脉络，从人类学文化变迁视角，通过参与式观察和口述史的方法，对其进行历史溯源，分析文化生态和传承模式变迁以及目前遭遇发展困境的原因，以期对高跷走兽的创新式传承与发展提供理论参考。

（一）研究对象与研究方法

1.研究对象

以国家级非物质文化遗产河东"高跷走兽"民俗体育活动为研究对象。高跷走兽是河东地区稷山县北阳城村一项历史悠久、特色鲜明的民俗体育活动。它是由两人表演的连体高跷，表演者面涂油漆、腰间装饰一神兽，恰似人骑在神兽上（图6-4）。"高跷走兽"以独特的身体运动符号传承着传统文化，2006年被评为首批国家级非物质文化遗产。

2.研究方法

（1）文献资料调研

利用非物质文化遗产电子博物馆查阅相关资料，对高跷走兽获得感性认识。在学校图书馆和中国知网中查阅有关人类学、民俗学和非物质文化遗产的文献资料，为本文的撰写提供理论支撑，通过地方志进一步了解其演变过

[①] 中共中央国务院. 第十九次全国人民代表大会报告[N]. 人民日报, 2017-11-01（01）.
[②] 中办国办印发《关于实施中华优秀传统文化传承发展工程的意见》[J]. 中国德育, 2017（04）: 5.

第六章 国内外民俗体育现代化发展典型案例分析

程，为后续研究提供基础。

图6-4 "高跷走兽"活动现场

（2）田野调查

运用典型的田野调查方法时，需要在前期准备的基础上共实施3次田野调查。第一次通过非结构性访谈获得稷山县北阳城村村委书记杨新立、高跷走兽非物质文化遗产第四代传承人段铁成、有着30多年走兽经验83岁高龄的吉丙山老人联系方式，为后续工作奠定基础。第二次，通过口述史的方法对村委书记杨新立、传承人段铁成、走兽经验丰富的吉丙山及知情村民进行结构性访谈，了解其溯源、历史沿革、发展现状及困境和期望，获得一手资料。第三次，2024年正月初七至初八，此时间段为北阳城村民每年一度的上庙活动时间，通过参与式观察全程体验了上庙活动，熟悉"高跷走兽"的动作特点及流程。在3次的田野调查中共拍摄照片50余张，拍摄视频70分钟，录音180分钟，并完成了田野笔记，从而为整体研究提供全面资料。

（二）河东"高跷走兽"民俗活动仪式

1.北阳城村村情简介

北阳城村属于晋南地区，位于山西省运城市稷山县的东南部，南依稷王山，相传后稷在这里教人们耕田稼穑，被称为是华夏农业文明的起源。村东有汾河下游的峨眉台塬冲沟，貌似骆驼和凤凰，形成一道独特的风景。北阳城村历史悠久，4500年前人类就聚集于此，古时是尧都至蒲板的官驿道，村里的阳城坡，坡陡、路窄，被公认为战略要塞，也是兵家必争之地。全村共有5个居民小组，400户村民，总人口1600人，耕地面积4000余亩，是该镇较大的自然村。北阳城村村民的收入来源为种植小麦、果树和金刚石加工业，以农业收入为主。2018年全村人均收入为6000元。值得一提的是，北阳城村在2017年被评为第三批中国传统村落，为该村的发展提供了更多的机遇。

2.河东"高跷走兽"的发展脉络
（1）群体记忆：高跷走兽的历史溯源

追溯高跷走兽的历史起源，并无翔实文字记载，主要靠村民的口耳相传。在做口述史过程中发现，对于民间传说的探讨往往符合民俗文化的不可重复性逻辑，即对同一个民俗活动每个人都有不同的理解。对于高跷走兽的起源在当地有着三个不同的版本。

在北阳城村的东南方向有座火神庙，庙里供奉着"火灵圣母"，根据老人传言火灵圣母有求必应，自从有了这座庙周围百里连年风调雨顺、商家生意兴隆。当地人们为了感恩火灵圣母的庇佑，每逢闰年的正月二十九，在火灵圣母生日这天，举行上庙活动，也叫热闹，高跷走兽是热闹中最出彩的部分。根据庙里的梁脊记载，这座庙建成于清朝雍正三年，也被认为是高跷走兽的起源。（根据传承人段TC口述整理）

被称为华夏农耕始祖的后稷，生于稷山（今稷山县），小时候，被父母遗弃，但有神灵保护，成年后赐予村民种子，教他们耕种，使其免于饥荒灭种之灾。当时，野兽经常残害村民，后稷带领当地的村民做了神兽的造型，像麒麟、独角兽、貅狼等，在腿上绑上木棍模仿神兽走路，野兽看到神兽造型被吓跑，从此人们过上祥和幸福的日子。为了纪念后稷，每逢闰年正月二十九会举行祭祀活动，高跷走兽是最为出彩的亮点。（根据村民王YX口述整理）

古时，汾河水势凶猛，当地百姓经常遭受洪水威胁，据说河里有蛟龙作

第六章　国内外民俗体育现代化发展典型案例分析

怪。为了镇妖防灾，当地百姓建了火神庙，庙中供奉着火灵圣母，每逢闰年当地百姓会做麒麟、独角兽等神兽来进行走兽活动，在清朝雍正初年走兽活动盛行，几乎每年都进行，如果遇到洪灾，每年会有几次，寓为驱邪避妖，战胜灾难。祈求火灵圣母佑护风调雨顺、五谷丰登。（根据村民王JS口述整理）

著名人类学家马林诺夫斯基认为，所有的巫术和仪式都是为了满足人们的基本需求，帮助那些需要帮助的人。[①]从村民的口述发现，人们通过高跷走兽这一有组织的民俗活动实现其内心诉求和心理慰藉。施特劳斯认为，在对民族文化进行研究时，神话和传说的真伪不是重点，重点应放在神话和传说背后蕴含的原始逻辑或"野性思维"（结构）。[②]流传至今的民俗活动通常会与一定的民间传说共同存在，包括其起源、演变过程，这也构成了群体记忆的结构。[③]祭祀是高跷走兽的重要文化载体，没有祭祀仪式，高跷走兽活动就无法传承至今。高跷走兽是祭祀仪式的重要组成部分和表现形式，正因为有了高跷走兽，才使得祭祀活动更加丰富。所以，高跷走兽与祭祀活动栖息共存、共同发展。

（2）文化认同：高跷走兽发展的繁荣阶段（民国时期—1968年）

在文献资料查阅和热心村民口述的基础上了解近代高跷走兽的发展。根据村里老人回忆，从他们记事起，每逢闰年的祭祀活动（也称上庙活动）都很热闹，远在外地做生意的商贾都会来参加，并给庙里捐款捐物。因为北阳城村古时为驿道，在上庙活动的前几天，村里的十几家客店就住满人，连附近村也都相继住满看客和商贾，附近百里的人们，有钱的坐马车，没钱的步行，都来看上庙活动，多达十几万人。根据北阳城村村民王XM回忆，有年正月二十九，他一亲戚在西门外卖羊杂汤，忘带盛水工具，让他给送水缸，他从早上出门，人多得走不动挤来挤去到中午才送到。直到1968年，村里举行了最后一次盛大的上庙活动。

[①] 马林诺夫斯基.文化论[M].费孝通，译.北京：华夏出版社，2002：46.
[②] 博厄斯.原始人的心智[M].北京：国际文化出版社，1982：26.
[③] 汪熊.族群记忆与文化认同：花腰彝"女子舞龙"文化生态变迁的人类学考察[J].武汉体育学院学报，2014，48（12）：47-54.

文化信仰认同：信仰是一种社会意识形态，在各民族的发展过程中，存在一定的社会意识活动，是人类对不能征服和支配的自然异己力量的神圣化的、颠倒性的反映，影响着人们的生产生活习俗和行为意识。如前所述，北阳城村上庙活动在当时非常兴旺，通过祭祀仪式，既能祈求风调雨顺、五谷丰收，又能佑护生意兴隆，村富民安。所以，北阳城村每逢闰年的祭祀活动，既表达对神灵或先祖的敬仰之情，还可祈福求安、驱邪避灾。

社会环境认同：祭祀活动的盛行与所处的社会环境具有密切关系。当时，人们生存条件艰苦，长期受到压迫，祭祀符合村民的生活需求，人们通过祭祀活动中的高跷走兽表达美好心愿。

（3）式微、困境发展：高跷走兽的濒危阶段（改革开放至今）

改革开放后，村里每逢闰年举行祭祀仪式，都属小型活动，再无之前盛况。虽然2016年在村里几位老人的努力下，成功申报了国家级非物质文化遗产，但并没有从根本上改变高跷走兽的发展困境。

马林诺夫斯基认为，任何一种民俗现象只有满足人类的需要时，才会一直留存和传播，如果失去这种功能便会消失。高跷走兽在不同的历史时期发挥着不同的作用，才使得它可以流传至今。

3.高跷走兽活动的组织与过程

高跷走兽作为一项民俗活动，能够流传至今，与周密的组织方式密不可分。课题组通过参与式观察与访谈，了解高跷走兽从筹备到表演的组织过程。每逢闰年的前年腊月，村委会成员和各巷主事确定高跷走兽的演出形式和名单，并张榜公布，除非天灾人祸，不可更改，以显示对火灵圣母的敬仰。1968年之前，每逢闰年都会组织盛大的庙会活动，高跷走兽是庙会活动中最亮眼的节目。现在，村里每年在正月十五之前有小型表演，原因为十五后很多表演者和观看者外出打工。在确定举办日期后，村委会成立筹备委员会着手准备，包括：表演人员培训、器材制作与翻新、服装准备。为了保证演出效果，庙会前两天，举行预演，邀请走兽经验丰富的老人进行技术指导，保证正式演出万无一失。庙会分为准备、游街、祭祀表演三部分。准备阶段由庙会主事在凌晨四五点敲锣三次，第一次提醒起床，第二次催促吃饭，第三次召集游行队伍，表演者在第二次敲锣时，开始根据不同人物剧情化妆，接着绑高跷，绑

第六章 国内外民俗体育现代化发展典型案例分析

好后，套兽身，穿戏服、扮兽头，在第三次敲锣后，各巷主事统一安排次序准备游行，最前方的是祭神所备的鼓车，后面跟着20多人的旗队，紧接着是锣鼓和抬阁，之后就是队伍中最亮眼的高跷走兽队伍：麒麟走兽、獬走兽、貅狼走兽、独角兽走兽，这些走兽原型来自神话故事，浩浩荡荡的队伍出村西门与南阳城村队伍汇合后，一路向西到达火神庙，祭祀神灵。游走路线较长，再加上七八十斤兽身重量，要求表演者具有较强的耐力和力量。

4.高跷走兽的参与人群分析

人类学功能主义认为：一种文化的内部结构决定着外部表现，组成文化的各要素发挥作用，才会使整体的功能最大化。通过访谈得知（表6-6），目前北阳城村高跷走兽的表演者一共有30余人，在性别方面，均为男性，无女性参与，这和男尊女卑的旧时风俗和项目特点（胆量、耐力、力量素质要求较高）有关。在年龄方面，50—70岁是主要参与人群。高跷走兽技术需刻苦训练才得以掌握，而年轻人忙于外出打工，虽然有一定商演，但报酬缺乏吸引力，如何调动年轻人参与高跷走兽的积极性是急需解决的问题。在收入方面，以中低收入人群为主，通过商演可增加收入。据庙会理事会主任介绍，表演者参加一次商演的收入是200元，每年正月邀请较多，像各地庙会、旅游景点等。外出展演可增加这项非物质文化遗产的影响力，但受经费限制，不是所有表演者都有机会参加商演，一定程度上增加了表演者之间的竞争性。

表6-6 不同参与人群的分类标准、人数及百分比表

不同人群	分类	人数	百分比（%）
性别	男	37	100
	女	0	0
年龄	20—40	2	5.41
	40—60	28	75.68
	60岁以上	7	18.91
收入状况	低收入人群	6	16.22
	中等收入人群	29	78.38
	高收入人群	2	5.41

5.高跷走兽活动的资金往来

经费保证是一项民俗活动得以持续的先决条件，高跷走兽的经费来源主要包括：

非物质文化遗产的专项经费，占90%。2006年高跷走兽申请为国家级非物质文化遗产后，2009年和2012年国家分别下拨20万、50万经费。

商演收益，高跷走兽表演团队外出商演除劳务支出，余有部分收入。经费支出方面：兽身的制作，主要用软布、草纸、麻丝、麻绳绑扎而成，很容易磨损，使用后需要重新裱贴和修缮维护，一头兽身制作费用为1万左右。

为了推广这项民俗活动，2013年在市文化局的支持下举办了首届阳城村高跷技巧技艺比赛，参与者均可获得一定奖金鼓励。通过出版高跷走兽的书籍、画册、宣传广告牌等，扩大这项民俗活动的影响力。可见，高跷走兽活动经费来源单一，但支出项目较多。

（三）高跷走兽发展困境原因分析

1.文化生态环境变迁

文化是一个生态系统，要了解一种文化存在与发展的意义离不开它的本土文化环境。[①]北阳城村处于中原腹地，耕地资源丰富，气候适宜，优越的自然环境为农业生产提供便利条件，在农耕经济时期，村民通过祭祀活动祈求风调雨顺、五谷丰登。近年来随着市场经济的不断发展，人们生活方式发生改变，手机、电脑等电子产品的出现带来信息的多元化，村民参与和观看表演的兴趣日渐淡薄，可见文化生态变迁影响着高跷走兽活动的开展。

2.传承模式单一

布迪厄认为，场域是一个独立的客观社会关系空间，存在着复杂的资本

---

① 万义. 土家族烧龙习俗的文化生态变迁与体育价值——湘西马颈坳镇的田野调查报告[J]. 体育学刊, 2009, 16（10）: 94-98.

第六章 国内外民俗体育现代化发展典型案例分析

争夺。[①]对于高跷走兽表演者来说走兽技术、绑腿技术是其进行资本争夺的本钱。家族式传承、师徒式传承已成为高跷走兽传承的社会习惯。从高跷走兽传承人段师傅处了解到,高跷走兽的制作工艺和表演艺术非常复杂,不允许外传,他12岁跟着叔父学习高跷走兽技术和兽神制作工艺,随着年龄增长,尤其是申报为国家级非物质文化遗产后,也想把老祖宗留下来的这门手艺流传下去,但现在的年轻人忙于生计,尤其是外出务工接触外来文化后,对传统民俗项目缺乏文化自信,认为无法带来可观的经济收入。传承人年龄增长、传承方式单一、年轻人缺乏文化自信也是影响高跷走兽活动发展的原因。

3.经费管理制度

在走访过程中发现,庙会理事会与村委会之间就经费管理存在争议,庙会理事会认为高跷走兽是国家级非物质文化遗产,根据《国家非物质文化遗产保护专项资金管理办法》相关规定,该项目各项经费的支出,应按照申请、下拨、使用等流程进行,外出商演收益由庙会理事会管理。而村委会认为这个项目是村里的项目,经费应该由村委会管理。这一争议,使得每三年下拨一次的国家非物质文化遗产经费,从2012年后已经停止。缺乏合理的经费管理制度使得这一项目发展举步维艰。

(四)高跷走兽创新式传承路径

1."旅游+"传承路径

河东文化作为晋文化的典型代表,是山西旅游产业中的重要资源。从政府角度,构建高跷走兽活动的顶层设计,与阳城古村落发展相结合,借助第三届"中国农民丰收节"的契机,规划全域美丽乡村旅游线路,开发具有个性化、体验式、产品互动的特色项目,避免乡村旅游的同质化现象。通过乡

---

① 皮埃尔·布迪厄,华康德. 实践与反思[M]. 李猛,李康,译. 北京:中央编译出版社,1998:12.

村旅游中民俗活动展演、衍生产品营销、游客体验等方式，为高跷走兽传播提供新的平台。

2."赛事+"传承路径

在家族式传承、师徒式传承基础上，打造精品赛事，增加高跷走兽的"在场"。继续推进由政府部门主导，庙会理事会协办的高跷比赛，吸引各地高跷爱好者参加；组织高跷走兽表演者参与全国各地高跷比赛，在更好地宣传高跷走兽活动的同时，也为其传承与发展提供了营销平台，探索高跷走兽活动传播与交流的新模式。

3."数字+"传承路径

从文化角度，建立高跷走兽的走兽技术、制作工艺、口述历史、实物史料的电子数据库。将高跷走兽技术与3D、AI技术相结合，形成动作形象的生动展示与人机交互体验。通过微信公众号、新媒体App定期推送高跷走兽活动的最新动态，让更多的人了解它，以实现高跷走兽的文化传承与现代价值。

"高跷走兽"作为河东文化的典型标签，彰显了河东民俗节庆的身体表达，诠释着河东村落民众生活的真实写照，表达了民众对美好生活的向往。本书通过对高跷走兽活动的起源和文化内涵进行剖析，阐释了高跷走兽的演变脉络，从文化生态变迁、传承模式、经费管理等角度分析式微原因，运用文化学、人类学基础理论，提出了多层次、宽领域的破围之路，为高跷走兽的创新式传承与发展提供思路，对高跷走兽活动的长期跟踪，是进一步研究的方向。

三、匼河"背冰"活动的人类学考察

文化是一个国家人民的精神家园，是一个民族的灵魂，是一个国家强盛的重要保障。习近平总书记在十九大报告中指出，"文化自信是一个国家、

第六章　国内外民俗体育现代化发展典型案例分析

一个民族发展中更基本、更深沉、更持久的力量","坚定文化自信,推动社会主义文化繁荣兴盛"。①在此背景下,国家与传统文化的发展形成共生态势。"一千年文明看北京,三千年文明看陕西,五千年文明看山西",河东文化底蕴深厚,是山西传统文化的重要组成部分,它的传承与发展应受到重视。民俗体育作为河东文化的重要表现形式,内容丰富、形式多样,如马拉鼓车、永济飞狮、万荣抬阁等。但随着社会不断发展,部分项目已经失传,学界对其研究更多地倾向于宏观理论分析。基于此,本研究选取国家级非物质文化遗产且近年来重新走热的匼河"背冰"民俗体育活动,通过参与观察和口述史等人类学中的实证方法,以马林诺夫斯基的功能主义理论为指导,了解其历史渊源、发展现状及重新走热的原因,以期从人类学的视角对匼河"背冰"的未来发展提供理论参考。

(一) 研究对象与方法

1. 研究对象

本书以国家级非物质文化遗产匼河"背冰"民俗体育活动为研究对象。每年农历二月二,山西匼河村会出现一群赤裸上身、身着裤衩的男性背着大冰块、木椽、石碾等重物进行力量展示的表演,这就是匼河"背冰"活动。

2. 研究方法

(1) 文献资料法

根据研究目的和内容,通过学校图书馆、中国知网和地方志研究所搜索有关匼河"背冰"的中外文献资料,为本论文的撰写提供一定理论支撑。以关键词为"匼河背冰"在中国知网中搜索到论文46篇,了解其历史脉络和发展现状。通过地方志近20年的相关资料进一步了解其发展和演变过程,为后续的质性研究提供坚实基础。

---

① 中共中央国务院.第十九次全国人民代表大会报告[N].人民日报,2017-11-01(01).

（2）田野调查法

田野调查是人类学中主要研究方法，为了获得匼河"背冰"活动的有效资料，主要通过参与观察和口述史相结合的形式保证资料的信效度。我们在前期准备基础上共进行了5次田野调查工作。第一次通过非结构性访谈方式获得了芮城县委宣传部常务副部长姚振华、匼河村委书记刘红义、对匼河背冰有70年经验的刘永泰老先生的联系方式，为以后工作的开展奠定基础。第二次，通过口述史方法对上述几人以及知情村民进行结构性访谈，了解匼河"背冰"活动的起源、目前的开展现状、参与人群、参与动机、困境和期望，获得第一手资料。第三次，2017年1月28日至2月4日，此时间段为二月二匼河村民古会活动期间，通过参与式观察法全程参与并体验了"祭祀"活动，从而熟悉了"背冰"活动的全部流程。第四次，运用问卷法对参与村民进行调查，确定先前相关资料的准确性。第五次，2018年2月初，该次为2018年的"背冰"活动表演，再次全程参与了表演，并与之前的"背冰"活动进行对比分析，完成田野调查工作。在5次的田野调查中共拍摄照片279张，拍摄视频80分钟，录音147分钟，并完成了田野笔记，从而为整体研究提供全面资料。

（二）结果与分析

1.匼河村村情简介

匼河村属于晋南地区，位于山西省运城市芮城县风陵渡镇，因三面被黄河环绕而得名。在《说文解字》中，"匼"是指周匝被环绕之意，河指如今的黄河。值得一提的是，在20世纪60年代，考古学家通过发掘，出土了大量石制品及动物化石，认定在六七十万年前这里已经有人类活动迹象，它被称为"匼河文化"。匼河村共9个村民小组，706户村民，总人口2796人，村域面积2977亩，是该镇较大的自然村。当前该村已达到小康水平，主要收入来源为蔬菜大棚和青壮年外出打工，人均收入为6000元。这里交通便利，被称为山西的南大门。良好的物质基础和文化资源，为该村以后的发展带来了更多机遇。

2.匼河"背冰"亮膘起源的田野考证

关于"背冰"亮膘起源的资料，无文字记载，主要是通过村民的口口相

第六章 国内外民俗体育现代化发展典型案例分析

传。匼河村流传着三个关于"背冰"亮膘起源的神话传说。根据传承人和热心村民口述：

60万年前，在旧石器时代早期，人们过着群居的生活，相传部落内部会定期举行负重爬坡比赛。在一次比赛中两名年轻的小伙同时达到终点，在难以评判胜负之时，只见其中一名小伙子背着一个粗壮的枯树从山下往上爬，另一名小伙子奔向黄河，用石头砸破河面，背着冰块朝大家走去。部落首领认定背冰小伙子获胜，将部落中最漂亮的姑娘赏给他。为了平衡，也赏给背木头的小伙子一位漂亮姑娘。从此，部落内每年定期举行的负重比赛，成为部落内的竞技活动，甚至通过亮膘赤裸上身展示自己的实力。

相传东汉光武帝时期，黄河泛滥成灾，当地人们流离失所，东岳大帝黄飞虎将黄河水退后数十里，百姓才免受其害。为了纪念黄飞虎，匼河村民修建了一座神庙取名为泰山神庙，每年农历二月初二这天举行祭祀活动，祈求神灵佑护来年风调雨顺。其中包括小伙子通过背冰、背碾展示强壮的身体。（根据刘HY口述整理）

在战国时期，魏王将匼河村民组成一支队伍，用黄河的冰块顶住了敌军的火箭、用镰刀攻破过敌城。汉唐时期，当地人为了纪念当时的勇士，在古会表演时年轻的小伙赤裸上身，肩扛冰块或者木头等，展示自己强壮的身体。（根据姚CZ口述整理）

由于匼河"背冰"运动的起源来自传说，且无史料可查，因此在"礼失而求诸野"的原则下，希望通过田野调查到实际中去寻找答案。在匼河村的村头确有泰山神庙，而匼河村三面被黄河所环绕，地势较低，如雨水较多时，极有可能遭受涝灾。人类学功能主义代表人物马林诺夫斯基认为，科学的不断发展，可帮助人们克服很多困难，但并不能完全预测自然和社会中的偶变，消除意外和把握机遇。[1]我们在观察"背冰"亮膘活动和实地考察的基础上认为，纪念"黄飞虎"的祭祀活动的起源解释更符合匼河"背冰"的历史原貌。

---

[1] 马林诺夫斯基. 文化论[M]. 费孝通，译. 北京：华夏出版社，2002：46.

3.匡河"背冰"当代展演

（1）匡河"背冰"当代发展脉络

通过查阅文献资料和对村民的参与式访谈及口述回忆得知，"背冰"活动从东汉开始一直传承至今，但并无早期的相关文字资料。根据村里年长者的回忆，笔者了解了当代的"背冰"亮膘活动的发展脉络。在新中国成立前，"背冰"活动主要是以祭祀活动为主，20世纪50年代开始到21世纪初，以民间社火活动为主要表现形式，但在"土改"运动后停滞了10年，改革开放后，随着现代化进程的加快，很多民俗体育项目逐渐消失，并濒临失传，"背冰"活动当属其中。21世纪后（表6-7），除特殊原因（2018年因竞选村主任）外每年都定期举行，随着人们生活水平不断提高，"背冰"活动被赋予了新的内涵，表现形成更为多样，逐渐转变为大众体育运动，鼓励人人参与、户户参与。近年来，政府推出了匡河"背冰"亮膘表演活动，一定程度上促进了黄河沿岸旅游业的发展。人类学家马林诺夫斯基认为，任何一种文化现象只有满足人类的需要时，才会一直留存和传播，如果失去这种功能便会消失。"背冰"运动在不同的时代背景下发挥着不同的作用，所以，它才可以留存至今。

表6-7 近20年来背冰活动的行事表

时间	地点	举办方	时长（天）
2000年2月	匡河村新堡子	新堡子村民自发	1
2003年2月	匡河村贾咀	匡河村贾咀自发	1
2004年2月	匡河村新堡子	匡河村自发	1
2006年1月28日	匡河村新堡子	匡河村自发	2
2009年2月	匡河村新堡子	新堡子村民自发	1
2010年2月	匡河村贾咀	匡河村贾咀自发	2
2011年2月	风陵渡开发区	风陵渡政府	2
2012年2月	风陵渡开发区	风陵渡政府	2
2015年2月	芮城市区	芮城政府	3
2016年2月	芮城市区	芮城政府	3
2017年2月	风陵渡开发区	芮城政府	3

注：来源于芮城县县志

第六章　国内外民俗体育现代化发展典型案例分析

（2）匼河"背冰"活动的组织与过程

匼河"背冰"活动能够自古传承至今，与其组织方式密切相关。我们通过参与式观察与访谈了解"背冰"活动从筹备到实施的组织过程。在2011年之前，每年腊月村委会商议来年是否会举行"背冰"活动，在纳入非物质文化遗产之前，决定举行"背冰"与否的主要因素是收成。可见，民俗运动的开展与政策和重大事件关系紧密。2011年后，随着人们生活水平的提高，以及"背冰"被纳入国家级非物质文化遗产，再加上政府的重视，"背冰"活动每年都会如期举行。在确定举行后，村委会成立筹备委员会，着手展开工作，具体事宜包括"背冰"人员的安排和通知、"背冰"道具和服装的准备等。

在2011年之前，匼河"背冰"会在每年农历二月二这天举行，近年来受到政府部门的重视，考虑到冬季旅游业的开发，所以将时间调整为正月十五，是庙会中的一大亮点。

庙会当天，全村男女老幼装扮成不同的历史人物参加游行，最前方的是由村里最年长的老者带队的龙凤旗阵，随后是东岳大帝仪仗队、伞队和背花队，伞和背花上用金银首饰点缀，俗称"亮宝"，这些都来自村民捐献，祈求来年少灾多福。往后是威武的锣鼓队和"背信子"方队，男士肩背一根长棍，上立一名儿童，演绎各种民间故事。再往后就是这个庙会最引人入胜的"背冰"亮膘（图6-5）：一群赤裸上身，穿红色短裤衩的男士们。走在最前方的是一位扛着大椽的壮士，接着就是扛大冰块的、扛石磨的、扛门板的，扛的重量从上百斤到几百斤不等，走街串巷，显示匼河人粗犷、强悍、坚韧不拔的精神。

图6-5　匼河"背冰"活动现场

(3)匼河"背冰"活动的参与人群分析

人类学功能主义认为一种文化的内部结构决定着外部表现,组成文化的各要素发挥作用,才会使整体的功能最大化。所以,我们有必要分析其参与人群。在匼河村委会文档室得到2018年参与背冰的人数共251人(见表6-8),在性别方面,男性占到77.6%,女性为22.4%,随着人们观念的转变,近年来也有女性参与。在年龄方面,40—60岁的中年男性为"背冰"运动的主要参与人群。走访过程中了解到,年轻人对"背冰"亮膘运动这项传统民俗文化活动存在认识上的局限性:天气太过寒冷,在大庭广众之下赤裸上身不雅观。在收入状况方面,低收入和中收入人群较多,主要是近年来随着这项运动被列入国家级非物质文化遗产和政府的逐渐重视,参与"背冰"运动给予一定劳务费。在身份状况方面,村里党员、村干部、历年来参与背冰的德高望重的老人参与较多。另外,我们也了解到,参与背冰的人群较为固定,在一定程度上不利于这项运动的广泛开展。如何调动年轻人的积极性是日后应考虑的问题。

表6-8 不同参与人群的分类标准、人数及百分比表

不同人群	分类	人数	百分比(%)
性别	男	195	77.6
	女	56	22.4
年龄	20—40	74	29.4
	40—60	128	50.9
	60岁以上	49	19.5
收入状况	低收入人群	117	46.6
	中等收入人群	89	35.4
	高收入人群	45	17.9
身份状况	有一定社会地位	132	52.5
	群众	119	47.5

(4)匼河"背冰"活动的资金往来

资金支持是一项民俗活动开展的先决条件,在匼河村委书记刘红义处了解到,"背冰"运动的资金来源主要有以下几方面:一、政府拨款,占80%,

第六章 国内外民俗体育现代化发展典型案例分析

包括在认定为非物质文化遗产后来自文化部的拨款、运城市人民政府拨款、芮城县政府拨款、运城市文化局拨款；二，社会捐款，占20%，包括匼河村富裕村民、运城市部分旅行社。资金支出方面，主要包括了劳务支出，正如前文所说，为了推广和鼓励更多的人参与这项民俗活动，根据道具重量不同给予参与者一定的劳务支出，从200元到500元不等，这是主要的资金支出。另外还包括了服装、道具及冰的制作费用等。可见，匼河"背冰"运动资金来源较为单一，但支出项目较多。

4.匼河"背冰"运动传承的外部因素阐释

通过田野调查发现，匼河"背冰"运动在2011年之前，举办较少，都是村民的自发活动，自从2011年入选国家非物质文化遗产之后，随着专项资金的下拨和村民生活水平逐渐提高后，呈现出常态化的发展趋势。另外，祭祀活动目前仍然是匼河"背冰"活动的传承核心支柱，村民希望通过"背冰"祈求来年风调雨顺、避邪御凶。人类学理论认为，科学技术日新月异，但并不能完全消除意外，也不能完全消除偶然的遭遇。所以，"背冰"活动成了春节期间匼河人一项重要的民俗活动。

5.匼河"背冰"活动重新走热分析

博厄斯在其代表作《原始人的心智》中提到，对人类行为起决定作用的不是遗传因素，而是文化因素。其对人类行为的影响是全方位的、无条件的，任何人都无法抗拒。①基于此，从制度文化、精神文化、物质文化角度分析匼河"背冰"活动的重新走热现象。

在与芮城县委宣传部副部长姚振华访谈时，他谈道，党的十八大以来，国家提出全面复兴传统文化，省委、县委积极启动各种方案，从制度方面保障传统文化的挖掘和传承。匼河"背冰"属于地方性的传统民俗体育活动，2011年前都是村民自主举办，规模小、参与程度低。近几年，政府大力支持，在经费、筹备、技术等方面给予帮助和鼓励，再加上村委会和村里德高

---

① 博厄斯.原始人的心智[M].北京：国际文化出版社，1982：26.

望重的老人积极组织，才使得"背冰"活动得以顺利开展。政府和村委会的制度保障是匼河"背冰"活动开展的先决条件。

参与过70年背冰活动的老人刘永泰在访谈中说道，我活了这么大岁数，年年参与背冰活动，这是祖先们留给我的精神财富，我们现在已经不愁吃、不愁穿，但更需要精神文化生活。另外，现在村民也希望通过"背冰"来展示自己，显示力量、强悍品质。可见，"背冰"活动可满足匼河村村民的精神文化需求。

在乡村旅游业快速发展的今天，民俗文化的持有者对经济利益的诉求逐渐强烈。可充分利用当地民俗文化资源发展旅游经济，将民俗体育文化与旅游业有机结合，形成当地经济新的增长点。每年的背冰活动会给参与者一定的酬劳，根据重量不同从200元至500元不等，这是村民愿意参加的重要因素。除此以外，近年来的社火表演在一定程度上扩大了这项活动的知名度，也给村民带来了一定的收入，比如带动餐饮业、附近旅游业的发展。

6.匼河"背冰"活动传承与发展的建议

体育与科学杂志社主编程志理教授指出，我们在认知体系中，身体认知在先，且是基础性认知，通过"体会""体贴""体味""体察"等手段来认知事物的演变发展历程，强调身体认知的重要性。匼河"背冰"的发展与演变，诠释了人类文明与进步的游戏转向，通过民俗文化游戏的身体转向，彰显了民俗体育活动的现代价值和生存意义。匼河"背冰"历经岁月的洗礼，已然成为地方民俗节庆文化的符号，融入地方村落社会生活，架构起匼河"背冰"的历史印记、集体记忆与国家认同。作为带有独特历史文化烙印的匼河"背冰"，应从地方政府的角度，构建匼河"背冰"的顶层设计，建立匼河"背冰"博物馆，推进匼河"背冰"民俗村落创新开发。结合市场规律打造匼河"背冰"精品赛事、设立匼河"背冰"旅游线路，给予一定政策支持。经济角度，扩宽融资渠道，增加民间资本的投入。文化角度，鼓励媒体积极报道"背冰"活动，讲好"背冰"故事，扩大品牌效应，丰富"背冰"活动内容，结合实际塑造多样的人物设定，带动更多群众参与。随着乡村旅游的兴起，将民俗文化与旅游业有机融合，带动黄河沿岸旅游业发展，增加村民收入。以匼河"背冰"符号为主线，形成点线面全方位的开放格局，完

第六章 国内外民俗体育现代化发展典型案例分析

善匼河"背冰"的再地化造血功能，实现匼河"背冰"的文化共识和现代价值。

　　河东地区古老而淳朴的"背冰"民俗身体活动折射出河东大地村落民众基本的生活方式，以及他们对未来美好生活的向往。"背冰"诠释了传统与现代、乡村与民众、生产和生活的融合。本书对匼河"背冰"活动的起源和在当代的开展详情进行梳理，从人类学的角度分析了近几年该项活动重新走热的原因，以此推动匼河"背冰"活动的可持续发展。在田野调查中发现，纪念"黄飞虎"的祭祀活动的起源解释更符合匼河"背冰"的历史原貌。目前的发展存在着参与主体存在性别差异、年龄以中老年人为主、收入方面以中低收入群体居多、资金来源单一等问题，这些都不利于"背冰"活动的传承与发展。近几年"背冰"活动重新走热是因为它可以满足村民的精神文化需求、经济效益需求和制度文化需求。针对存在的问题，本书提出了切实可行的建议，以促进作为国家非物质文化遗产的匼河"背冰"活动的可持续发展。但由于笔者仅仅是通过节庆参与展演进行"背冰"活动考究，对于乡村的长期跟踪调研与村落民众生活方式的演变，都没有具体的落实与考证，这也是笔者进一步课题研究的方向。

第七章　文化强国视域下民俗体育文化现代化发展策略

在文化强国战略的指引下,民俗体育文化的现代化发展策略凸显其不可或缺的重要性。它不仅契合了传承与弘扬中华优秀传统文化的核心要求,更是民俗体育适应时代变迁、融入现代生活的必由之路。

第七章 文化强国视域下民俗体育文化现代化发展策略

第一节 我国民俗体育发展存在的问题

当前,我国正处于一个瞬息万变的现代化转型阶段,各领域均面临着史无前例的挑战,民俗体育作为中华传统文化的宝贵遗产,同样无法避免这一现实。它承载着丰富的历史内涵,是沟通过去与未来的纽带。但面对现代社会的快速发展,民俗体育正遭遇着生存与进步的双重挑战,同时,其现代化转型的道路也显得尤为艰难。本部分的目标是深入探讨民俗体育所面临的复杂困境,以期全面理解其文化危机,从而为寻找有效应对或解决这些危机的策略提供稳固的理论基础。

一、民俗体育的生存问题

民俗体育作为民间文化的重要表现形式,其根源与活力源于特定的地理环境、生产模式、价值取向和宗教信仰等多元因素的相互作用。这些因素共同构成了民俗体育的特色与多样性,使之在民族文化的宝库中占有不可替代的地位。但全球化进程中的种种影响对该传统体育文化构成了前所未有的挑战。

首先,地理环境对民俗体育的形成与发展具有决定性影响。中国地域广阔,地理特征丰富多变,既有广阔的平原,也有峻峭的山脉,既有湿润的江南,也有干燥的沙漠。这种环境多样性直接塑造了我国民俗体育的地域特色和多样性。例如,农耕文化孕育了跳竹竿、荡秋千、斗牛等体育活动,而游牧文化则催生了摔跤、骑马、射箭等传统项目。但随着全球化加速,尤其是交通通信技术的飞速进步,传统的地理屏障正逐渐淡化,现代时空观念的普及使地方与世界的联系更为紧密,导致民俗体育原有的保护机制受到冲击。

其次,特定的生产方式是民俗体育生存的必要条件。历史上,这些体育活动与农耕、游牧等生活方式紧密相连,随其发展而发展。但全球化进程正深刻改变着传统的生产方式,社会从农耕逐步迈向工业化、信息化,游牧文化也面临现代化的冲击。这种生产方式的转变对民俗体育的生存基础产生了深远影响,使其生存环境发生重大变革。

二、民俗体育发展的经济问题

(一)民俗体育发展的劣性变异

民俗体育的产业化进程确实为乡村社会带来了经济价值,但这一过程中也对村民的思想观念产生了深远影响,使得其原有的祭祀、娱神、自娱等社会功能逐渐淡化,而娱乐性功能则日益凸显。同时,民俗体育原始的粗犷和古朴特质在现代潮流的冲击下逐渐消失。此外,追求经济收益是产业化的主要驱动力,这使得民俗体育在商业开发中急功近利,导致其出现表面化、商品化的现象。更有甚者,人为编造或曲解不存在的民俗文化,制造出伪民俗现象。这不仅削弱了优秀民俗体育的吸引力,还可能导致其因开发不当而走向衰落或消失。

这种现象引发了深入的反思。与那些正面临消失和传承困境的传统民俗体育相比,那些能够为当地居民带来经济利益并受到游客欢迎的民俗体育展现出不同的景象。但这种看似积极的发展态势背后,隐藏着由于民俗体育变迁中的劣性变异而产生的功利化倾向。我们期望民俗文化能够得到相关部门的充分重视,以保证其得以完整、妥善地保存和传承。

(二)民俗体育发展的制约因素

全球化的进程无可置疑地对人类社会的现代化起到了关键的推动作用。在体育文化的视角下,全球化应当促进文化间的交流呈现出互惠且平衡的特性。但是,观察目前体育发展的态势以及预期的未来趋势,各体育文化间的交流往往表现为一种单向的文化传播模式。以全球化程度最高的奥林匹克运

第七章　文化强国视域下民俗体育文化现代化发展策略

动为例，我们可以清晰地看到，体育的全球化并未彻底摆脱"古希腊"和"西方"体育文化的深刻烙印。[1]

在奥林匹克运动会的运作框架中，从管理层选任到赛事规划，再到主办城市的选定，均彰显出西方体育的中心角色。在全球化的体育盛事中，西方的现代竞技体育占据了主导地位。在此背景下，我国独特的民族传统体育和多样的民俗体育正遭受西方体育的深度影响。这种影响对中华民族传统体育构成了严峻的考验，同时也对其在人类体育历史中的重要地位构成威胁。目前，中华传统体育面临的困境主要表现为理论研究的不足和实际操作的乏力，这不仅限制了其发展潜力和传播力，更在日益全球化的趋势中显得尤为突出。

1.理论研究贫乏

在推动事物发展的过程中，科学的理论具有不可或缺的指导价值。若无理论作为指引，实践则易陷入盲目，难以达成预期成效。

首先，缺乏长期且稳定的理论研究投入。长期、稳定从事民俗体育理论建设的学者与学术团体极为稀缺，这成为制约我国民俗体育现代化的瓶颈。当前，我国民俗体育研究尚处于初级阶段，学者对其理解与认识尚不够深入，导致理论研究在深度与广度上均显不足。

其次，科研投入不足亦是我国民俗体育理论研究滞后的重要原因。鉴于民俗体育相较于其他体育项目的受众规模较小，其在科研投入上往往难以获得足够的重视，导致民俗体育的理论研究难以获得充分的支持，从而制约了其深入研究的进程。

2.实践工作乏力

随着全球化的浪潮深入政治和经济的各个角落，体育领域也未能幸免，呈现出显著的全球化趋势。此过程中，西方的竞技体育逐渐成为全球体育舞

---

[1] 王岗. 体育全球化背景下的民族传统体育发展问题的思考[J]. 体育文化导刊，2004（01）：17-19.

台的核心，主导着世界体育发展的方向。各国在推动本土体育现代化的进程中，普遍选择参照和采纳西方体育模式，以此革新和提升自身传统体育项目。但这种做法不可避免地削弱了本土体育文化的民族特性，传统体育所承载的文化价值难以得到充分的传承和发扬。

我国的情况尤为突出。在推动中华民族传统体育现代化的进程中，我们也不可避免地引入了西方体育的规则和标准，以此改造我们的传统体育。这导致了具有独特民族和地域特色的民俗体育在实践中逐渐丧失其独特性，原有的文化内涵也日渐淡化。

尽管目前社会上对挖掘和整理民俗体育的价值有了更深刻的认识，各地的民俗体育活动和民族运动会的举办即为证明。但遗憾的是，自新中国成立以来，这类盛会的实际举办次数有限。更令人忧虑的是，民族运动会所承载的丰富民族文化气息正在减弱，其独特的娱乐、健身和竞技功能也在逐渐退化。这不仅是对我国民族体育文化的巨大冲击，也是全球体育文化多样性的一大损失。因此，在推进体育现代化的道路上，必须同时致力于保护和传承我们的民族体育文化，让它们在现代社会中重焕活力，展现出新的生命力。

三、民俗体育发展的环境问题

（一）民俗体育环境基础的破坏

民俗体育的延续性与特定的地域环境紧密相关，这包括独特的地理特性、特定的生产模式，以及根植于本土的宗教信仰和价值体系。但全球一体化的趋势对这些传统体育活动的根基带来了不可避免的影响，对其传承和扩展构成了重大挑战。

1. 地理环境的影响

地理环境，如同生命的摇篮，孕育并塑造了各种独特的民俗体育文化。中国的地理版图犹如一幅丰富多彩的画卷，从北国的雪域冰原，到南疆的热

第七章　文化强国视域下民俗体育文化现代化发展策略

带雨林，从西部的高山草原，到东部的广阔平原，这种地理环境的多样性和复杂性，为民俗体育的形成和发展提供了丰富的物质条件和灵感源泉。例如，北方的冰雪运动，如冰灯、冰雕和冰雪蹴鞠，与南方的水上运动，如龙舟、独木舟，都是地理环境影响民俗体育的生动例证。

但随着科技的日新月异，现代通信技术的飞速发展和交通网络的日益完善，地理环境的隔离效应逐渐淡化。全球化的浪潮带来了文化交流的便利以及外部文化的强烈冲击，西方的体育项目如篮球、足球等通过电视、网络等媒体迅速传播到中国的每一个角落，吸引了大量年轻人的参与和追捧。这在一定程度上冲击了民俗体育的生存空间，使一些传统的体育活动逐渐被边缘化，甚至面临消失的危险。面对挑战，应深入思考如何在现代与传统之间找到平衡，在接纳外来文化的同时保护和传承本土的民俗体育文化。为此，需要政策层面的支持和保护，也需要社会公众对传统文化的尊重和理解。

地理环境的变迁和外部文化的冲击对民俗体育文化的生存和发展提出了严峻的挑战，促使我们更加深入地认识和珍视这一独特的文化遗产。只有通过积极的保护和创新，我们才能保证民俗体育文化在现代社会中继续繁荣发展，成为连接过去与未来、连接民族与世界的桥梁。

2. 生产方式的影响

民俗体育，这一独特的文化现象，是人类历史长河中沉淀的智慧结晶，是各地人民在长期的生产和生活实践中创造并传承下来的一种生活方式。它们往往以独特的地域特色、丰富的文化内涵和生动的实践形式，反映人类社会的历史变迁和文化多样性。例如，北方的冰灯会、南方的龙舟赛、西部的马术竞技、东部的武术比拼，这些活动不仅锻炼了人们的体魄，也凝聚了社区的团结，传递了世代相传的智慧和精神。

但随着科技的飞速发展和现代化进程的加速，传统的生产方式正逐渐被机械化、自动化、智能化的生产方式所取代。农田变成了工厂，马背上的生活让位于汽车的便捷，这些变化对民俗体育的生存环境构成了挑战。据统计，全球范围内，近几十年来，至少有30%的传统民俗体育活动面临着消失的危险。

科技的进步和生产方式的转变，使得人们的生活节奏加快，生活方式也发生了深刻变化，对民俗体育的参与度和需求也随之改变。因为时间和空间的限制，现在的人们越来越少有机会参与到民俗体育活动中来；现代生活中的各种新型娱乐方式如电子游戏、网络社交等在一定程度上分散了人们对传统民俗体育的注意力。对此，传统民俗体育需要寻找新的生存和发展路径。例如，通过科技手段如数字化、网络化将民俗体育活动进行创新性转化，使其更适应现代社会的传播和参与方式；通过教育和宣传提高公众对民俗体育价值的认识，将其融入现代生活和教育体系中，使其成为传承文化、增强社区凝聚力、促进身心健康的重要载体。可见，科技的发展和生产方式的转变给民俗体育带来了冲击，但也为其创新和发展提供了新的可能。发展民俗体育应尊重传统、保持其独特性，积极寻求与现代社会的融合，这样才能使民俗体育在新的历史时期焕发出更加璀璨的光芒。

3.价值观念和宗教信仰的作用

民俗体育，作为一种独特的文化现象，其深远意义远非简单的体育活动所能涵盖。它不仅仅是一种身体上的锻炼，更是一种心灵的寄托，一种文化的传承，深刻地反映了特定社群的价值观念、宗教信仰和历史传统。这些体育活动往往承载着民族的精神内核，是民族历史长河中不可磨灭的印记。

以龙舟赛为例，作为中国传统节日端午节的代表性活动，它不仅是一场比赛，更是一种文化的象征。龙舟竞渡的背后，是对屈原这位伟大诗人的纪念，是对团结协作、奋发向上的民族精神的传承。每一年的端午节，当锣鼓喧天、龙舟竞渡之时，人们仿佛能够穿越时空，感受到那份古老的热情和力量。

但在全球化的今天，外来文化的传入和影响愈发显著。人们的生活方式、价值观念、信仰体系都在发生着微妙的变化。这种变化对于民俗体育文化来说，既是一次考验，也是一次机遇。考验的是其是否能够在保持传统精髓的同时，适应时代的变迁；机遇则是其有可能通过吸收外来文化的优秀元素，实现自我革新和发展。

事实上，民俗体育在面对外来文化冲击时，已经展现出了惊人的适应力和包容力。许多传统体育项目在保留核心要素的同时吸收现代化的元素和形式。比如，龙舟赛引入现代化的比赛规则，采用更为科学的训练方法，使这项古老的运动焕发出新的活力。一些民俗体育项目走出国门，走向世界，成为连接不同文化、不同民族的桥梁。这种适应和包容并不意味着对传统的抛弃和遗忘。相反，它要求在尊重传统的基础上进行有选择的吸收和融合。这样民俗体育才能在传统与现代、本土与外来的交汇中找到新的平衡点，实现持续的发展和传承。

（二）民俗体育传承的式微

在推进经济和社会发展的进程中，民俗体育传统衰退的趋势日益显著。民俗体育主要源于乡村和边远地区，城市化的进程在近期内显著加速，大量农村青年涌入城市，这一动态不可避免地对民俗体育文化的传承带来影响。民俗体育活动的延续依赖口头传授和实践，缺乏系统的书面记录。当新一代无法接续时，民俗体育的存续将面临严重挑战。城乡间经济和社会发展的不平衡使众多农村的中青年向城市迁移，以务工维持生计，直接冲击了传统的农业人口结构，破坏了民俗文化的传承模式。环境恶化和人口大规模流动对民俗文化产生了深远影响，这些因素均在削弱传统文化的根基。

在当前多元文化交织的背景下，民俗体育的地域特性正逐渐淡化。在现代社会，只有那些拥有特色的民俗体育文化才能适应生存和发展的需求，而这些文化通常已经对其功能进行了创新和提升。如果某一地区的民俗体育文化得到良好发展，相邻的、特色不那么鲜明的民俗体育文化可能会加速消失。这一现象不仅令人忧虑，更值得我们深入关注和反思。

（三）民俗体育的劣性变异

在当前的市场经济环境中，那些备受欢迎且能为本地居民创造经济福利的民俗体育活动，正日益受到关注并迅速壮大。这主要得益于地方政府的积极倡导与支持，以及当地居民的广泛参与和协作，从而加速了这些活动的拓展。但伴随其快速扩展，我们也观察到一种功利化的倾向，这对民俗体育的长期和稳定发展构成了潜在威胁。

民俗体育的产业化进程，一方面展示了其为乡村经济带来的积极影响，有助于提升居民的生活水平。但另一方面，这种发展趋势也可能改变人们的认知和价值观，使民俗体育原有的文化精髓逐渐淡化，甚至可能使这些活动沦为形式化的表现。

同时，追求商业化的倾向在民俗体育中日益凸显，表现出表面化的特征，甚至出现了伪造和机械复制的现象。这种状况的演变，对民俗体育的生存和传承构成了严重挑战。

从经济的视角来看，过分追求短期经济收益可能使民俗体育的发展偏离其固有的文化发展规律。在商业驱动下，一些低质、浅薄、迎合市场的民俗活动涌现，这破坏了民俗体育的原始纯真性，削弱了其内在的文化价值，导致公众对其失去深度认同。

此外，大量粗制滥造的民俗活动也引发了消费者的审美疲劳，呈现出媚俗化的倾向。这种现象的出现，不仅伤害了民俗体育文化的本质，也对人们的文化生活造成了负面影响。因此，我们需要对民俗体育的演进进行深度反思，探索如何在保护其文化内涵的同时，使其更好地适应并融入现代社会的进程。

第二节　文化强国视域下民俗体育发展研究的展望

民俗体育，作为中华民族深厚历史和多元文化的显著标志，当前正遭遇空前的困境。这种困境不仅在繁华的都市中显现，更在广阔的乡村地区逐步削弱其影响力，使其地位岌岌可危。以龙舟制作技艺为例，这门传统工艺目前仅在少数资深工匠中得以延续，其生存状态令人忧虑。在当前提倡文化软实力和强调文化影响力的时代趋势下，我们面临一个关键问题：应以何种文化作为构建强国战略的基础？在构建文化强国的宏大战略中，民俗体育文化又应如何把握时代赋予的机遇，实现自身的传承与创新？

从宏观视角审视，文化强国的建设为民俗体育的传承与创新提供了难得的契机。民俗体育不仅是中华民族智慧的体现，更是中国人民传统生活方式

第七章　文化强国视域下民俗体育文化现代化发展策略

的生动写照。因此，我们需要在全社会的广泛参与下，借助文化强国建设的强大力量，为民俗体育的传承与创新注入持久的动力。

一、文化强国建设对民俗体育等传统文化的保护和抢救

（一）文化强国建设中需厘清主体和借鉴的关系

在构建文化强国的宏阔蓝图之际，我们须审慎选择文化基石。文化强国的核心在于坚守自我文化意识的同时，有策略地吸收和融合他国优秀文化元素。这一进程需顺应时代潮流，持续汲取新鲜文化养分，启迪新思维。但此种吸收与借鉴须建立于稳固的文化基础之上。当前，部分国民对西方文化仅停留在肤浅之理解，未深入探究其核心价值，同时对我国深厚传统文化缺乏足够认识，甚至出现误解与歪曲。我们必须提升辨识能力，明辨哪些西方文化值得借鉴，哪些应予以摒弃。

以民俗体育文化的推广与繁荣为例，我们应全面、深入地探讨其与文化强国建设之间的内在联系。出发点应基于新时代的精神理念，坚守文化服务社会的原则。通过理论阐释实践，实践升华理论，使二者相得益彰，从而体现我国的政策导向与主张。将民俗体育文化融入民族发展与国家建设的全局之中，彰显文化强国建设的深远意义。

当前，身份认同问题日益凸显，其本质在于对文化特色的认同。我们应坚定文化主体意识，无论在科技革新还是教育进步领域，均须深刻自我审视与反思。首要任务是立足于我国丰富的历史与传统文化，以此为基础，方能明确未来发展方向。对于民俗体育文化的传承与创新，我们应确立全新视角。清晰理解文化主体与外来借鉴之间的内在联系，对于推进文化强国建设、促进中国特色社会主义文化繁荣、深化民族传统文化与民俗体育理论研究、指导民俗体育文化的现实发展等方面，均具有重要的理论价值与实践意义。

诸多问题的根源在于观念上的误区，错误的观念导致了一系列外在制度与措施的偏颇。因此，文化强国建设的首要任务是厘清文化主体与文化借鉴

之间的关系,为我们的文化发展指明正确方向。

(二)文化强国建设下传承和延续是民俗体育文化的"根"

经过长期的不懈奋斗,中国特色社会主义已步入崭新的历史阶段,这标志着我国发展迈入新纪元。在这一新的历史阶段,中国民俗体育文化正面临挑战与机遇并存的局面。一方面,人们对美好生活的向往和需求的不断增长,为民俗体育文化的发展提供了广阔的空间;另一方面,民俗体育文化自身发展的不平衡、不充分问题亦对其构成了严峻的挑战。

面对这些挑战,我们必须积极融合社会主义先进文化,既要包容多样性,也要在继承的基础上谋求发展,重新审视并确立民俗体育在新时代背景下的传承价值。在机遇面前,我们应深深植根于中国特色社会主义伟大实践的肥沃土壤之中,继承和发扬中华优秀传统文化的精髓,深入挖掘并充分发挥民俗体育在新时代背景下所承载的传承与发展使命。

在漫长的历史进程中,民俗体育已超越单一体育活动的范畴,成为人们生活不可或缺的一部分,其独特的文化形态集中体现了中华文明的博大精深。如何保证诸如武术等民俗体育在新时代不被遗忘,如何发掘民俗体育的内在文化价值,保持其文化活力,并确立其发展方向和理念,是我们当前面临的重要课题。在建设文化强国的道路上,我们必须充分认识到民俗体育所蕴含的独特文化价值,以保证其传承与发展能在历史脉络中找到正确的方向。

二、文化强国建设力促民俗体育文化的复兴

(一)民俗体育文化传承与现代化接轨是实现复兴的必然

在"新时代"的宏伟蓝图中,民俗传承与发展的核心要义在于积极融入现代社会,保证新时代民俗体育的传承与发展能够获得更为广泛的文化价值

第七章　文化强国视域下民俗体育文化现代化发展策略

认同,从而在国家强盛的征程中坚定文化自信。此举旨在进一步丰富民俗体育文化的内涵与外延,使其在中国民俗体育的演进历程中更加凸显独特的文化魅力。

基于"新时代"的总体理论框架,我们对民俗体育的审视已超越体育文化的范畴,深入至深化改革、理论自信、文化自信、道路自信、制度自信等多维度的考量。我们需将理论与实践深度融合,深刻领会中华文化的独特精髓,并探索拓宽中华文化影响力的新途径。

中国的现代化是全面的现代化,中华民族的伟大复兴首先要依托文化的复兴。在新时代中国特色社会主义建设的征程中,应全面覆盖文化建设的各个层面,特别是承载深厚传统文化底蕴的民俗体育。从文化传承的角度出发,我们需汇聚各方力量,推动民俗体育的蓬勃发展,进而增强文化自信,助力文化强国建设,这是民俗体育文化生生不息、繁荣发展的必由之路。

面对传统与现代交织的变革,民俗体育的发展需汲取中华文化的核心精髓作为养分,以实现自我革新与发展。我们不应在变革的浪潮中遗失文化,因为文化的消亡即意味着民族的衰落,这正是民俗体育文化保护的深远意义所在。

(二)文化强国建设改变民俗体育文化发展的面貌

要构建一个真正的文化强国,关键在于全面提升国民的精神文化素质和整体形象。鉴于环境对个人成长的深远影响,改变人们的生活环境,即重塑现实的社会语境,在农村领域中是实现文化强国战略不可或缺的一环。人与环境之间的互动至关重要,唯有形成积极的互动关系,我们方能真正迈向强国建设的目标。

体育文化的价值不仅局限于促进人们的身体健康,更在于其在塑造精神风貌和提升综合素质方面所发挥的积极作用。在构建文化强国的战略中,农村领域的推进必须坚定不移地以保障和增进农民福祉、服务农民群众为根本出发点。其中,提升农民的自我素养是至关重要的环节。农民的文化水平与其所处的农村环境互为表里,形成了一种时代性的农村语境。个人可以通过自我提升来改造环境，而环境的改变又将反过来塑造和影响农民的整体形象。

（三）文化强国建设借助民俗体育文化推进乡村治理

梁漱溟先生作为20世纪杰出的文化学者、哲学家及乡村建设派的领军人物，曾明确指出，中国社会之根基在于乡村，并以乡村为发展的核心。无论是法制、礼俗，还是工商业等文化现象，均源于乡村并服务于乡村。乡村治理与振兴对于国家实现有效治理至关重要。在当前新时代背景下，发展中国特色社会主义文化及实施文化强国战略尤为突出。此战略实质是对文化的深度整合，有助于农村地区民俗体育活动与节庆、习俗的紧密结合，对民俗体育文化的传承具有关键作用。

三、文化强国建设借助民俗体育促进民族文化的多元化

（一）文化强国建设中民俗体育是多元一体发展的抓手

深厚的文化内涵，是区分各民族的核心特质，每一种独特的文化均如独特的印记，镌刻在各民族历史的长卷之中。一个民族传统文化的衰退，预示着该民族精神根基的动摇。因此，维护与保育这些多元且富含民族特色的文化，不仅是民族发展的先决条件，更是其基石。

中国作为以汉族为主体的统一的多民族国家，其56个民族如56朵绚丽之花，共同铸就了中华民族文化的博大精深与多彩多姿。少数民族文化的繁荣发展对于国家整体发展具有重要意义，其昌盛是文化建设的重要目标，更是国家稳定和民族团结的基石。正是这种多元文化的交流与融合，使得汉族文化得以持续演进，推动文化的多元共生，为民族文化的繁荣奠定坚实基础。

少数民族民俗体育，作为各民族文化的重要组成部分，深刻体现了少数民族的生产生活特色，是民族文化的独特标志，更是中华文化多元一体格局

第七章　文化强国视域下民俗体育文化现代化发展策略

的显著体现。在当前探索中华各民族间发展交流新模式，构建全方位、多层次、宽领域中华文化发展格局的背景下，"民族文化间的交融"已成为提升我国国际地位与影响力的关键途径。因此，在构建人类命运共同体的进程中，体育文化作为关乎人类健康的显性文化，已受到全球范围内的共同关注与喜爱。中国民俗体育承载着深厚的文化底蕴，应成为全人类共同享有的文明成果。加强各民族间民俗体育文化的交流与互动，已成为时代赋予我们的重要社会文化使命。

（二）文化强国建设突出少数民族民俗文化建设的意义

在广袤无垠的中华文化星河中，少数民族民俗体育文化宛如一颗颗璀璨的明星，以其独特的魅力闪烁着耀眼的光芒。应珍视并传承这份宝贵的文化财富，让其在新的时代背景下焕发出更加绚丽的光彩。这具有以下多方面的深远意义。

1. "发展体育运动，增强人民体质"

在我国体育事业的蓬勃发展之中，"发展体育运动，增强人民体质"这一口号始终占据着举足轻重的地位。它作为我国体育事业发展的根本指导原则，同时也是新时代文化建设的关键组成部分，显著地反映了民族文化的自信与自豪。经过历史的长河，我国各少数民族孕育了丰富多样的文化传统和独特的民族风情，这些在聚居地区的民俗体育活动中得到了生动的展现。民俗体育不仅是少数民族文化传承的宝贵载体，更是民族精神的具体展现，其在丰富人民群众文化生活、提升国民体质方面发挥着不可或缺的作用。鉴于其独特的文化魅力和易于普及的特性，民俗体育已成为推动少数民族地区文化整体繁荣的关键动力。因此，深入挖掘和传承少数民族的民俗体育，进一步提升少数民族群众的体育素养和身体素质，既是实现民族振兴的必要条件，也是维护国家文化安全、增强国家软实力的关键战略举措。

2. 深入贯彻落实党的民族政策，保证各民族平等共处与繁荣发展

在辽阔的中国大地上，56个民族共生共荣，各自承载着独特的文化传统

和生活习俗，共同绘制了中华民族多元文化的壮丽画卷。党的民族政策坚定确立了各民族在经济、文化、社会生活等全方位一律平等的基石地位，保证每个民族在民族大家庭中均享有不可或缺的角色。这种平等不仅是外在的彰显，更是内在的深刻融合，目的是促进各民族的共同发展和繁荣。

在中华民族璀璨的文化宝库中，各民族的文化传统犹如繁星点点，共同照亮了中华民族的精神宇宙。若无这些独特的文化传统，中华民族的文化魅力将失去其包容万象的特质，亦难以展现大国自信的恢宏气象。因此，在新时代的背景下，积极推动和弘扬少数民族文化，不仅是我国文化建设的重要方向，更是实现中华民族伟大复兴的必由之路。

党的民族政策在保障各民族平等文化权利方面展现出了坚定的决心和强大的执行力。例如，《国务院实施〈中华人民共和国民族区域自治法〉若干规定》明确强调了国家对反映少数民族文化特性和风貌的民俗体育文化的重视，坚持定期举办少数民族传统体育运动会，为少数民族传统体育文化的传承提供了坚实的制度保障，为其发展注入了新的活力。国家通过举办各类少数民族传统体育赛事，如摔跤、马术、射箭等，为各民族搭建了一个展示自身文化魅力的平台，吸引了广大观众的关注，激发了各族群众对传统文化的热爱和自豪感。加大了对少数民族传统体育项目的支持力度，投入大量资源用于场馆建设、人才培养等，为其发展提供了坚实的物质保障。

3.促进各民族交往、交流、交融的重要途径

中华文化，由56个民族独特的文化元素交织汇聚，塑造出一个深邃宏大的文化体系。在这一体系中，每个民族的文化都是独一无二的珍宝，共同铸就了中华文化的繁荣与光彩。这种繁荣并不是源于单一文化的自我展示，而是56个民族文化间的深度交流、相互学习和融合的体现。正如古语所言："和而不同"，这是中华文化核心理念之一，它阐述了各民族文化间的和谐共存原则，既尊重差异，又珍视共同点。历史的长河中，各民族间的文化交流与互鉴始终持续不断，从文学艺术的交融，到音乐舞蹈的互通，再到饮食服饰的汇合，各民族在相互学习中丰富了自身的文化内涵，也在交融中塑造了共同的中华文化特质。这种"和而不同"的观念，不仅体现在文化表象，更深入渗透到各民族的思维方式、价值观念乃至生活方式中，构建了中华民族特

第七章 文化强国视域下民俗体育文化现代化发展策略

有的文化生态。

深化各民族文化的交融应积极倡导并实践"互相理解、互相尊重、互相包容、互相欣赏、互相学习、互相帮助"的原则。深入挖掘和保护少数民族的传统文化,保证各民族的优秀文化在现代社会中得以传承和发扬。举办各种形式的少数民族传统体育活动如那达慕、火把节、泼水节等有效增进各民族间的相互了解,拉近各民族之间的距离,促进民族间的互动、交流和融合。

4.推动民族地区经济社会发展的核心策略

随着我国改革开放的不断深化和市场经济体系的日益完善,体育产业与旅游产业作为国民经济的重要支柱,已实现了显著的规模扩大与水平提升。这两个产业不仅各自取得了长足进步,而且与众多相关产业实现了深度的协同发展、融合发展,为我国经济的持续健康发展注入了新的活力。

在此背景下,民族地区的经济发展尤为引人注目。尽管相较于发达地区存在一定滞后,但民族地区所蕴含的丰富文化资源和旅游资源为其发展提供了独特优势。这些地区不仅拥有独特的民族风情、传统技艺和深厚的文化底蕴,还具备迷人的自然风光和丰富的旅游资源。如何有效利用这些优势资源,加快当地经济社会发展,已成为民族地区亟待解决的重要议题。

众多民族地区为了充分发挥文化资源和旅游资源的潜力,将民俗体育文化活动作为发展旅游经济的重要手段。民俗体育活动具有鲜明的地方特色,可以充分展现民族文化的独特魅力,为游客提供丰富多彩的旅游体验。例如,云南部分民族地区每年都会举办盛大的泼水节、火把节等活动,吸引了大量国内外游客的参与,带动了当地餐饮、住宿、交通等相关产业的蓬勃发展。此外,一些民族地区依托独特的地理环境开展特色体育项目,如藏区的登山、滑雪为游客提供了刺激的体验,推动了当地体育用品、装备等相关产业的发展。以上案例表明,发挥文化资源和旅游资源的优势,开展民俗体育文化活动是推动民族地区经济社会发展的重要途径。应加大对民族地区的支持力度,鼓励其充分利用自身优势资源,开展丰富多彩的民俗体育文化活动,促进当地经济社会的全面发展。同时,还应加强与其他产业的合作与联动,形成产业协同效应,共同推动民族地区的繁荣与发展。

第三节 文化强国视域下民俗体育文化现代化发展的方向

在文化强国的宏大视野中,现代化已成为我们时代不可回避的核心议题,它承载着民俗体育文化传承与保护的重要使命。这一进程是一场全球性的深刻变革,代表着人类社会发展的必然趋势,它触及了经济、政治、科技及文化等多个领域的深层次文明进步。当前,中国正以前所未有的坚定步伐迈向现代化的新征程,矢志不渝地追求着中华民族伟大复兴的中国梦。

在这一历史交汇点上,文化强国的战略布局为那些一度处于边缘的民俗体育文化提供了难得的发展机遇和广阔的历史舞台。我们应当紧抓这一历史性的契机,深入挖掘民俗体育文化的独特价值,为其传承与保护注入新的活力和动力,以此推动民俗体育文化在现代化进程中的蓬勃发展。

一、文化强国战略为民俗体育文化的传承发展指明了方向

(一)文化强国战略和民俗体育文化之间的关系

1.文化强国战略为民俗体育文化的发展指明了方向

在新时代的历史背景下,中国特色社会主义文化的繁荣发展与文化强国战略的实施,已成为党和国家的核心战略任务。此战略的目的是提升国家综合实力,深度挖掘与传承民族传统文化和民俗体育文化。中国广袤的地域内蕴藏着丰富多样、独具特色的民俗体育文化资源,是新时代文化发展的重要基石,是文化强国建设不可或缺的支撑。

民俗体育文化历史悠久、内涵丰富,包含从古老的龙舟竞渡、舞龙舞

第七章　文化强国视域下民俗体育文化现代化发展策略

狮，到现代的太极拳、广场舞等多种形式，展示了中华民族的智慧与创造力，承载着深厚的文化内涵与历史记忆。在新时代背景下，将民俗体育文化传承与新时代中国特色社会主义文化建设相结合，显得尤为重要。

此结合既是新时代国家提升综合实力的必然选择，也是民俗体育文化生存、发展的必由之路。通过全方位、立体式推进民俗体育文化与文化强国建设的内在互动，我们应以新时代精神理念为指导，坚持文化服务现实的宗旨，以理论阐释实践，以实践丰富理论。在此过程中，我们应深入挖掘民俗体育文化的内在价值，加强其理论研究的深度与广度，并结合实际情况，推动民俗体育文化的创新与发展。

在理论与实践的深度融合中，应充分体现国家政策与主张，将民俗体育融入民族发展与国家建设的全局之中。通过加强民俗体育文化的传承与弘扬，为中华文化的时代发展与走向世界奠定坚实基础。这既是一种文化自信与自觉，更是一种责任与担当。

新时代民俗体育的结构化发展视角，为我们推进文化强国建设、促进中国特色社会主义文化繁荣提供了新的视角与路径。通过对民俗体育文化的深入研究与实践探索，我们可以进一步深化民族传统文化和民俗体育理论研究，为民俗体育文化的现实发展提供科学的指导与支持。这不仅有助于提升我国在国际文化领域中的地位与影响力，也有利于增强国民的文化自觉与文化自信。

2.文化强国战略有助于弘扬包括民俗体育在内的我国优秀民族文化

民俗体育文化，犹如一条源远流长的江河，其内涵深邃而丰富，外延广泛而多元，在历史的长河中不断被充实与扩展。作为一种独特的文化形态，民俗体育文化深刻揭示了其本质特征，即源于民间，根植于人民的生活实践之中，具有坚实的群众基础和鲜明的时代印记。这一本质特征，为民俗体育实现结构化发展奠定了坚实基础，并为其在新时代适应社会变迁提供了可能。

随着新时代的到来，民俗体育的结构化发展呈现出新的态势。在这一时代背景下，民俗体育不再局限于传统的自发性、零散性模式，而是向更具组织性、系统性、层次性和关联性的方向发展。这既体现了民俗体育活动在组织形式、活动内容、参与方式等方面的深刻变革，也反映了民俗体育在文化发展中的地位和作用日益提升。

这一变化过程，实质上是民俗体育与新时代社会发展需求相适应，与现代文化体系相融合的结果。它避免了民俗体育的孤立化，使其在多元文化中保持独特的生命力，同时，也使其成为推动社会文化发展的重要力量。民俗体育的结构化发展，打破了传统的、单一的、封闭的发展模式，呈现出更加开放、多元、创新的特点，从而在文化多样性中展现出独特的魅力。

例如，通过结合旅游、教育、社区建设等领域，许多地方创新性地开展了"民俗体育文化节""民俗体育进校园"等活动，这些活动不仅传承了优秀的传统文化，还丰富了人们的文化生活，提升了社区的凝聚力，促进了地方经济的发展。

因此，民俗体育的结构化发展，不仅是一次自我更新、自我提升的过程，也是对其他文化事项产生积极影响，推动社会文化整体进步的过程。它在新时代的文化发展大格局中发挥着独特的结构性要素作用，为构建和谐、繁荣、多元的现代文化生态作出了重要贡献。

3.文化强国建设有利于发挥民俗体育文化在社会主义道德建设中的作用

在深入探讨文化强国与民俗体育道德价值力量之关联时，我们明显观察到，二者之间存在着深刻的内在联系。在习近平新时代中国特色社会主义思想的指导下，民俗体育作为中国传统文化的重要组成，正逐步构建其结构化的发展模式。这一发展不仅契合新时代文化发展的核心宗旨，更是民俗体育文化实现其当代价值的关键途径。

文化强国，意味着一个国家在文化软实力上的卓越表现。这种软实力不仅体现在文化产业的蓬勃发展，更在于文化的传承与创新。在此背景下，民俗体育作为传统文化的瑰宝，其独特的道德价值力量得到了充分的展现。民俗体育不仅是一种体育形式，更是一种文化的传承与表达，其中蕴含着丰富的道德内涵和人生智慧。

随着传统社会向现代化的演进，民俗体育在形式、内容、功能及价值方面均发生了显著的变化。这种变化不仅体现在体育项目的创新与发展上，更

第七章 文化强国视域下民俗体育文化现代化发展策略

体现在其社会功能与道德价值的提升上。例如，一些传统的民俗体育项目，如舞龙舞狮、划龙舟等，不仅成为人们休闲娱乐的重要方式，更成为传承与弘扬民族精神的重要载体。

民俗体育的进一步发展，涉及市场、社会、民族、国家的内部关系，同时亦涉及国与国之间的外部交流。在全球化的当下，各国间的文化交流日益频繁，民俗体育作为文化交流的重要形式之一，正逐步走向世界舞台。通过参与国际比赛和文化交流活动，民俗体育不仅能够展现国家的文化软实力，还能够增进不同国家之间的友谊与合作。

新时代下，民俗体育的发展呈现出新的态势。首先，国家层面对民俗体育的发展给予了高度重视，制定了一系列政策措施以推动其发展。其次，随着科技的持续进步，民俗体育的传播方式与手段得到了创新，使得更多人能够了解和参与民俗体育。最后，民俗体育的发展还呈现出多元化和个性化的趋势，不同地区和民族根据自身特点与需求，发展出独具特色的民俗体育项目。

（二）民俗体育文化和现代化之间的关系

1.民俗体育文化和现代化之间并不是绝对对立

在全球化的时代背景下，各国文化呈现融合与激荡的态势。作为蕴含深厚历史底蕴的传统文化形式，民俗体育在中国现代化进程中并不是与现代化背道而驰，反而以其独特的魅力在全球舞台上彰显了中华民族文化的自信与活力。

近年来，随着西方文化的快速涌入，我国民族传统文化面临前所未有的挑战。面对这一局面，党和国家审时度势，作出建设文化强国的重大决策。这一决策不仅体现了对外来文化的冷静与理性态度，更彰显出构筑本民族文化自觉、文化认同的坚定决心与强大信心。

在新时期，提升文化软实力、增强文化自信、推动文化强国建设，已成为重要的发展战略。其中，民俗体育文化作为这一战略的重要组成部分，其地位和作用不容忽视。民俗体育文化深深扎根于中华民族土壤，拥有广泛的群众基础和深厚的文化认同，是中华民族集体智慧的结晶，也是传统文化的重要载体。

民俗体育文化在增强文化自信方面发挥着不可替代的作用，能够强化人们的文化认同感，促进民族团结和社会和谐。人们参与民俗体育活动能够深切感受到中华民族文化的博大精深与独特魅力，坚定文化自信，为中华民族的伟大复兴贡献力量。据统计，近年来我国各地纷纷举办丰富多彩的民俗体育比赛和文化活动，吸引了大量群众参与。丰富了人们的文化生活，推动了民俗体育文化的传承与发展。同时，越来越多的专家学者开始关注民俗体育文化的研究与保护，为民俗体育文化的传承与创新提供了有力支持。

2.现代化的发展对民俗体育文化的发展具有依赖性

在当前时代背景下，民俗体育文化的传承与演进构建起了一种独特的文化架构，这既是民俗体育向现代化转型的必然走向，也是现代性对传统文化深度挖掘与创新的表现。这种架构的形成，揭示了传统与现代并不是孤立，而是相互依存、相互作用的现实。民俗体育作为中华文化的重要构成部分，其内在的传统特性赋予其独特魅力，而其发展过程中展现出的现代特质，则是对现代化本质的生动注解。

传统性和现代化是民俗体育的两个不可分割的属性，二者共同塑造了民俗体育文化的多元特征。传统性为民俗体育提供了深厚的历史根基和民族特色，而现代化则驱动其不断革新，以适应现代社会的需求。传承和发扬民俗体育文化既是尊重历史，也是探索未来，是新时代下文化强国战略的关键内容。民俗体育文化的传承与创新能提升个人的文化修养，人们通过参与各种民俗体育活动可以增强体魄，培养团队精神，提高道德品质。同时，民俗体育也是社会和谐的促进剂，能增强社区的凝聚力，提升民族认同感，对于构建和谐社会，推动国家的繁荣强盛发挥积极作用。

以太极拳为例，这种起源于中国的传统武术，如今已在全球广泛传播。它不仅因其健身效益受到人们的欢迎，更因其蕴含的哲学理念和文化内涵，吸引了众多研究者和爱好者。太极拳的现代化发展，是传统体育文化传承与创新的生动实例。

因此，我们必须认识到，民俗体育文化的发展状况将对现代化建设的进程产生影响。唯有深入挖掘其文化价值，创新传承模式，使其与现代社会相

第七章　文化强国视域下民俗体育文化现代化发展策略

融合，才能更好地发挥其在新时代的作用，为构建文化强国，推动社会进步做出贡献。

3.现代化是民俗体育文化传承的必然归宿

民俗体育，作为历史的积淀、文化的瑰宝以及人民智慧的结晶，无形中塑造了地域特色，凝聚了民族精神。这种源于生活的身体运动形式，凭借其独特的魅力，穿越时空，将人们的日常生活与深厚的文化底蕴紧密相连。它不仅是一项运动，更是情感的寄托、历史的记忆与文化的表达。

民俗体育的传承，宛如一条奔流不息的河流，不断汇集、沉淀、流淌，滋养着一代又一代人的精神世界。它深深扎根于民族文化的土壤之中，成为影响人们思维方式和心理结构的深层基因。正如古人所言："习以成性，性以成德。"民俗体育的习俗和规则，在潜移默化中影响着人们的行为习惯和价值观念，塑造着民族的集体记忆与历史情感。

但在新时代的挑战下，民俗体育文化的传承并不是简单重复过去，而需在创新中寻求新的生命力。我们应深入挖掘其文化内涵，提炼核心价值，精心保存这些"传统的基因"，同时敢于打破传统束缚，探索新的载体与形式，使民俗体育文化在现代社会中焕发新光。

在文化强国建设中，民俗体育文化扮演着重要角色。它既是历史的见证，又是创新的源泉。我们应积极将民俗体育元素融入现代体育、艺术、教育等领域，通过数字化、体验式、跨文化交流等多种形式进行创新，使民俗体育文化在新时代背景下得以重构与再生。

这是一场挖掘文化记忆、重构文化形态的旅程。我们既要尊重传统，保持其独特韵味，又要勇于创新，赋予其现代活力。在此过程中，民俗体育文化将不断焕发新的生命力，为文化强国建设提供精神力量，为构建人类命运共同体贡献独特的文化智慧。

综上所述，民俗体育文化的传承与创新，既是一场深沉又生动的探索，也是一次既回归历史又面向未来的旅程。让我们以开放的心态、坚定的步伐，去传承、去创新，使民俗体育文化在新时代中熠熠生辉。

（三）文化强国建设下文化定位应立足传统面向现代化

在西方的广阔文化领域中，自由主义和保守主义构成了主要的两大思想流派。自由主义的核心理念是主张构建国家文化应以保护个人自由为根本，认为个体在文化选择上应享有高度自由，提倡文化多样性与变革。自由主义者坚信无论是传统的还是现代的文化元素，人们都有权利根据自我意愿选择和接纳。保守主义强调对传统的保护与尊重，强调社会文化中的领导角色，视宗教和道德为维护社会秩序的基础。保守主义者认为文化选择受到传统价值观的深远影响，传统是联结过去与未来的桥梁，是文化力量的源泉。日本哲学家永田广志对此进行了阐述："传统是文化的根基，是连接过去与未来的桥梁。"他强调，对待传统，我们需要在思想上进行转变，既要避免盲目接受，也要防止不加分辨地全盘否定，这在本质上是对马克思主义矛盾分析法的深刻体现。

在民俗体育文化的范畴，对传统的尊重与对现代性的追求显得尤为关键。民俗体育作为一种承载深厚历史与文化意义的体育活动，传统性是其最宝贵的特性。但在现代化进程中，如何保持并创新这种传统性，成了一个亟待解决的挑战。

土耳其在19世纪初期尝试通过文化改革接近西方，但遭到西方文化的排斥，展示了传统的力量，警示我们在处理民俗体育文化的传统性时必须持有敬畏之心。亨廷顿以土耳其为例阐述了传统力量的深远影响，他提出民族的文化传统是根深蒂固的，试图强行改变往往收效甚微，最佳策略是基于传统寻求发展。中国民俗体育文化的传统性是其首要特性，在现代化进程中不应将传统视为过时，不应将传统与创新对立。相反，应在尊重传统的基础上寻求创新与发展。基于传统的现代化既能保持文化的独特性和连续性，也能使文化更灵活、更顺畅地适应时代变迁。

无论是自由主义还是保守主义都在文化发展中发挥着重要作用。在民俗体育文化的领域，需要采取一种平衡与融合的立场。尊重传统，追求创新；保持文化的独特性，适应时代的变化。唯有如此，我们才能在现代化的道路上，真正实现民俗体育文化的繁荣与进步。

二、文化强国建设对民俗体育文化保护传承的裨益

（一）文化强国建设有利于在市场经济理念下发扬传统原创

在迅猛发展的市场经济浪潮中，关于如何对待中国深厚的传统文化，已成为现代社会中不容忽视的重要议题。在追求现代化的道路上，部分人对传统文化产生了误解，将其等同于陈旧与落后，认为其难以适应时代的快速发展。更有甚者，将传统与现代视为不可调和的矛盾，主张全面接受现代化，并彻底摒弃与之不符的文化元素。但这种观念忽略了时代进步与文化传承之间的内在联系。实际上，随着社会的飞速发展，传统文化的价值和作用愈发凸显，我们应当致力于实现传统文化与现代生活的有机融合，而非将其割裂。

历史的车轮滚滚向前，我们不应切断与历史的联系，而应深入反思历史，探寻与古老文化的交汇点，以此推动社会的持续进步。复古并不是简单回归过去，而是将现代精神深深根植于传统之中，并以此为基础，持续向前发展。我们不能仅从市场经济的功利主义视角来评判事物的价值，许多传统在物质层面或许看似失去实用性，但在道德教化、价值引导等方面，它们发挥着无可替代的作用。因此，我们不应将传统轻易摒弃，而应珍视其内在价值，使其在社会发展中发挥应有作用。

在构建公正社会的过程中，我们应表彰那些对社会作出贡献的个体，而非仅关注权力和利益的争夺。但我们必须明确社会公正与道德实践的界限，若一切以等价交换为原则，社会的道德底线将面临严峻挑战。在此背景下，民俗体育文化不应被现代化的进程边缘化，而应在其发展中占据一席之地，为中国现代化进程注入活力。

民俗体育文化承载着中华民族的历史记忆，是推动中国现代化的重要力量。在文化强国建设的道路上，我们应紧抓机遇，传承民俗体育文化，赋予其新的生命力。文化强国建设不仅是对传统文化的自觉保护，更是将中国独特的文化精神深深根植于传统之中，使其在现代社会中焕发出新的光彩。民俗体育文化作为中华文化的重要组成部分，是我们原创精神的体现，我们应

巧妙地将其融入现代生活，使其成为连接过去与未来的桥梁，为社会的和谐发展贡献力量。

无论时代如何变迁，我们都应铭记文化根源。中华传统文化是我们的精神家园，是我们在现代化道路上的重要指引。因此，保护、继承和弘扬优秀的传统文化，是每一位现代中国人的责任和使命。

（二）文化强国建设有利于端正择善明用的文化态度

在历史的广阔背景下，中国的传统文化犹如一颗耀眼的宝石，以其独特的魅力和深邃的底蕴，为中华民族的持续发展提供了持久的动力。面对时代的更迭，如何迫切地对待这份珍贵的文化遗产成了一个亟待深思的议题。对待传统文化应采取"取其精华，去其糟粕"的原则，不盲目崇拜，不轻易摒弃，在理解其核心价值的基础上创新性地转化和应用。

传统文化不是静止不变，是随着时代演进而不断进化的。历史上的"精华"与"糟粕"在不同的历史阶段可能扮演着不同的角色。不能仅凭历史视角来评价传统文化，应结合当前社会的实际需求来评估其在现代社会中的价值和功能。例如，作为中国传统文化的重要组成部分，儒家思想在历史长河中对中华民族的思想道德、行为规范等方面产生了深远影响。当今社会面临诸如科技进步、全球化等新的挑战，对传统的儒家文化提出了新的期待。要对儒家文化进行创新性转化，将其中的优良元素与现代社会的实际需求相结合，以更有效地服务于现代社会的发展。

运用传统文化是一个渐进的过程，需要不断地探索、尝试和创新。传统文化与现代科技的融合告诉人们可以利用现代科技手段对传统文化进行数字化、网络化的改造，使其更符合现代人的审美和需求。举办各类文化活动、展览等可以促进更多人了解和接触传统文化，激发其内在的潜力和活力。

在运用传统文化的过程中需保持包容和开放的心态。任何事物都有其优缺点，传统文化也不例外，要善于发掘和利用其优点，正视并改进其不足。唯有如此，才能在实践中不断积累经验，提升应用能力。

传统文化与其他文化之间存在着密切的联系，在运用传统文化时要善于汲取其他文化的优秀特质，将其与传统文化相融合，构建更加多元丰富的文

第七章　文化强国视域下民俗体育文化现代化发展策略

化生态。尊重其他文化的独立性和多样性，避免在运用传统文化时对其他文化造成不必要的影响和损害。对中国的传统文化应秉持"取其精华，去其糟粕"的态度，挖掘其内涵和价值，结合现代社会的实际需求进行创新性转化和应用，使传统文化在现代社会中展现出新的活力。同时，我们也要保持包容和开放的心态，尊重其他文化的独立性和多样性，共同促进人类文化的繁荣和进步。

（三）文化强国建设有利于民俗体育文化的结构化发展

在新时代的宏阔画卷中，发展的概念已经超越了单一的线性轨迹，而是需要展现出一种深入骨髓的结构性变革。这种结构性变革不仅要求有序、有组织的整体性趋势，更强调了在复杂多变的社会环境中，寻找和构建事物内在联系的重要性。这一理念的提出，深受社会学家安东尼·吉登斯在20世纪70年代对"结构化"概念深入研究的影响。吉登斯认为，结构化是将历史的沉淀、知识的积累进行精细的梳理和归纳，从而形成一种层次分明、条理清晰的秩序，这种秩序能够揭示事物内在的逻辑性和规律性。

在社会学的研究领域里，结构化视角为我们打开了一扇洞察社会现象本质的大门。它不仅关注个体行为，而且从更宏观的角度，分析社会结构如何塑造和影响人们的生活变迁。同样，当我们将结构化视角应用于民俗体育的传承与发展时，也能发现其呈现出一种深刻的结构性迁移。

民俗体育作为文化的重要组成部分，其本质特征在于其内在规律的动态性和外在形态的延展性。这种运动性的发展特性，使得民俗体育在历史的长河中不断吸收新的元素，丰富其文化内涵，拓展其外在形式，形成一个不断流变、充满活力的整体。

新时代民俗体育的结构化发展要求民俗体育活动在保持传统精髓的基础上向着更加组织化、系统化、层次化和关联化的方向演进，体现在民俗体育活动的形式上，也体现在其背后的文化内涵、价值观念和社会功能上。民俗体育在这一过程中不再是一个孤立的文化现象，而是成为推动文化多样性和创新的重要力量。民俗体育通过与其他文化元素的相互作用，构建一个丰富多彩、充满活力的社会文化生态。例如，龙舟赛、武术、蹴鞠等传统民间体育活动经过现代化的改造和创新在本土得以传承和发扬，在国际舞台上展现出独特的魅力，吸引了全球观众的目光。

结构化的发展模式改变了民俗体育自身的发展轨迹，提升了其影响力和生命力，为相关产业的发展带来了巨大的推动力。例如，许多地区通过举办民俗体育赛事吸引了大量游客前来观光、体验，带动了当地旅游业的繁荣发展。民俗体育活动的普及和推广促进了体育用品制造业等相关产业的发展，形成了一个以民俗体育为核心的产业链。

新时代民俗体育的结构化发展要求在尊重和保护传统文化的同时积极适应社会变迁，通过有序的组织和创新使民俗体育成为推动社会文化发展的重要结构性要素。在这个过程中可以看到民俗体育自身的蜕变和升华，感受到它在社会文化发展中的独特魅力和重要作用。

参考文献

[1]方奇.闽台民间体育传统习俗文化遗产资源调查[M].厦门：厦门大学出版社，2013.

[2]冯国超.中国传统体育[M].北京：首都师范大学出版社，2007.

[3]付玉坤.民俗体育研究[M].济南：山东教育出版社，2012.

[4]付玉坤.山东民俗体育[M].济南：山东教育出版社，2012.

[5]李磊.中国民俗体育文化的内涵及其现代发展[J].科技资讯，2010（13）：219.

[6]李先长.民俗体育文化传承与文化强国建设关系研究[M].南昌：江西科学技术出版社，2021.

[7]刘从梅.民俗体育与民俗体育文化[M].南昌：江西高校出版社，2019.

[8]刘旻航，李树梅，王若光.我国民俗体育的现代功能及社会文化价值研究[M].济南：山东人民出版社，2012.

[9]刘青健.妈祖民俗体育文化及产业化研究[M].厦门：厦门大学出版社，2018.

[10]刘晏航，孙玲.文化血脉：民俗体育与国学教育研究[M].济南：山东人民出版社，2014.

[11]卢元镇.中国体育文化纵横谈[M].北京：北京体育大学出版社，2005.

[12]芦平生，熊振强.西北少数民族传统体育研究[M].兰州：兰州大学出版社，2009.

[13]邱丕相.民族传统体育概论[M].北京：高等教育出版社，2008.

[14]曲小峰，罗平.民族传统体育研究[M].北京：中国商务出版社，2007.

[15]饶远，刘竹. 中国少数民族体育文化通论[M]. 北京：人民出版社，2009.

[16]盛琦. 中外体育民俗文化[M]. 北京：北京体育大学出版社，2011.

[17]孙曦. 文化软实力：我国的民俗民间体育[M]. 长春：吉林大学出版社，2019.

[18]陶坤. 武陵山区民族民俗传统体育教程[M]. 长沙：湖南人民出版社，2017.

[19]田华. 民俗体育文化研究与探索[M]. 长春：吉林文史出版社，2021.

[20]涂传飞. 民俗体育文化传承与新型城镇化建设[M]. 北京：社会科学文献出版社，2022.

[21]万义. 西南地区民俗体育的文化生态研究[M]. 北京：中国社会科学出版社，2022.

[22]王俊奇. 江西民俗体育文化[M]. 南昌：江西人民出版社，2008.

[23]王俊奇. 中西方民俗体育文化[M]. 北京：北京体育大学出版社，2008.

[24]王铁新，常乃军. 我国民俗体育研究综述[J]. 体育文化导刊，2009，（10）：133-139.

[25]王晓飞. 民俗体育文化的现代发展与开发研究[M]. 北京：中国原子能出版社，2013.

[26]韦晓康，张延庆. 少数民族传统体育与文化传承[M]. 北京：中央民族大学出版社，2009.

[27]吴玉华，肖锋，廖上兰. 民俗体育文化与社会治理的关系研究[M]. 北京：中国商务出版社，2019.

[28]吴玉华. 客家体育——中华传统民俗体育[M]. 北京：中国经济出版社，2006.

[29]杨明霞. 闽南民俗体育教程[M]. 厦门：厦门大学出版社，2020.

[30]姚重军. 少数民族传统体育文化研究[M]. 北京：民族出版社，2004.

[31]殷昆林，余梅. 皖北民俗体育概论[M]. 北京：北京体育大学出版社，2017.

[32]袁筱平. 西北部民俗体育研究[M]. 北京：中国书籍出版社，2014.

[33]张华江. 汉水流域民俗体育文化研究[M]. 武汉：湖北人民出版社，

2015.

[34]张涛. 中国少数民族传统体育文化生态学研究[M]. 北京：中央民族大学出版社，2008.

[35]赵忠伟. 中国北方地区民俗体育文化研究[M]. 北京：高等教育出版社，2020.

[36]曾雁冰. 非遗视域下天等壮族霜降节民俗体育文化创新发展研究[D]. 广西民族大学，2022.

[37]崔久祝. 文化空间视域下潍坊民俗体育文化发展研究[D]. 哈尔滨师范大学，2023.

[38]邓辉. 社会变迁背景下徽州民俗体育文化传承研究[D]. 上海体育学院，2014.

[39]冯涛. 遗产语境下民俗体育文化展演与族群认同[D]. 厦门大学，2018.

[40]郝凌飞. 苏州民俗体育文化研究[D]. 苏州大学，2016.

[41]蒋婉秋. 凉山州彝族年承载的民俗体育文化调查研究[D]. 成都体育学院，2019.

[42]兰烽. 罗城仫佬族舞草龙民俗体育文化研究[D]. 广西民族大学，2021.

[43]李成龙. 中国朝鲜族民俗体育文化发展研究[D]. 延边大学，2018.

[44]李杰. 闽台民俗体育文化传承与发展研究[D]. 集美大学，2013.

[45]李开. 文化空间视野下民俗体育的传承与发展研究[D]. 华中师范大学，2015.

[46]李运龙. 文化空间视角下浚县民俗体育闹莲花的发展研究[D]. 西安体育学院，2023.

[47]李紫雾. 洛阳市关林庙会中民俗体育文化空间的研究[D]. 湖南师范大学，2019.

[48]栗盼盼. 民俗体育传承研究[D]. 太原理工大学，2017.

[49]梁明妮. 西林壮族春牛舞民俗体育文化传承发展研究[D]. 广西民族大学，2022.

[50]廖思闵. 文化生态学视角下安远县香火龙民俗体育传承发展研究[D]. 赣南师范大学，2020.

[51]孙中亮. 非物质文化遗产保护下的江西南丰傩舞民俗体育文化传承

与创新研究[D]. 南昌大学，2019.

[52]田谷顺. 凤凰县乡村旅游与村落民俗体育文化的融合研究[D]. 吉首大学，2018.

[53]童慧. 徽州民俗体育文化的传承与发展[D]. 安徽工程大学，2023.

[54]王书萌. 浚县社火民俗体育文化研究[D]. 首都体育学院，2021.

[55]王帅. 鄂西土家族民俗体育数字化保护研究[D]. 长江大学，2023.

[56]吴珊. 新时代广西宁明民俗体育文化发展研究[D]. 广西民族大学，2019.

[57]谢玉. 文化生态视野下民俗体育传承与发展研究[D]. 湖南师范大学，2014.

[58]徐爽. 赣南客家民俗体育文化遗产数字化保护研究[D]. 赣南师范大学，2019.

[59]闫星宇. 文化传承视野下三晋民俗体育保护与发展研究[D]. 山西大学，2022.

[60]杨太吉. 富宁县壮族民间民俗体育文化传承与发展研究[D]. 云南师范大学，2020.

[61]张青宸. 新时代民俗体育文化传承中的制度创新研究[D]. 上海体育学院，2023.

[62]张智烽. 非物质文化视野下的杭州民俗体育研究[D]. 杭州师范大学，2010.

[63]暴丽霞，冯强. 规训—逾越：河东背冰民俗体育身体叙事的田野考察[J]. 体育科研，2021，42（05）：98-104.

[64]陈明章. 新时代背景下塑造我国民俗体育文化品牌路径探析[J]. 汉字文化，2019（03）：172-173.

[65]陈远航. 新型城镇化发展对武陵山片区民俗体育文化影响研究[J]. 兰州工业学院学报，2015，22（02）：101-103.

[66]翟方. 黄河流域民俗体育流变探因和发展对策[J]. 安阳工学院学报，2020，19（02）：114-116.

[67]甘颂甜，郭腾杰. 民俗体育文化传承与发展的困境研究[J]. 科技资讯，2019，17（36）：204-205.

[68]韩永红. 我国民俗体育文化现代化发展之探究[J]. 南京体育学院学报（自然科学版），2014，13（01）：140-143.

[69]贾新建. 民俗体育文化传承与保护研究[J]. 齐齐哈尔师范高等专科学校学报，2017（02）：66-67.

[70]姜封庆，李海龙，李鹏. 城镇化进程中赣南民俗体育的开发与保护[J]. 体育成人教育学刊，2015，31（02）：42-45.

[71]李国印. 高职院校开展民俗体育的必要性及路径研究[J]. 职教论坛，2019（04）：111-114.

[72]刘轶，杨戬，曾吉. 我国民俗体育现代化转型的变迁与调适[J]. 湖北体育科技，2019，38（10）：855-857.

[73]马力，杨辉霞，曹红敏，等. 乡村振兴背景下民俗体育文化传承困境与纾解路径[J]. 池州学院学报，2022，36（02）：114-117.

[74]马苗，王冬慧. 基于扎根理论的黄河流域民俗体育传承影响因素与优化路径研究[J]. 辽宁体育科技，2022，44（05）：85-90+96.

[75]孙柱兵. 论我国民俗体育的文化变迁及规律[J]. 贵州工程应用技术学院学报，2021，39（03）：111-117.

[76]孙柱兵. 现代化演进中的民俗体育发展：问题与路径[J]. 体育科学研究，2019，23（04）：6-10.

[77]王家忠，沈世培. 我国民俗体育文化变迁研究[J]. 安徽师范大学学报（自然科学版），2020，43（06）：599-602.

[78]肖博文，肖威. 民俗体育文化对传统优质文化特色的传承与发扬[J]. 山东农业工程学院学报，2020，37（08）：143-146.

[79]谢佳辉. 民俗体育旅游及其扩张方式研究[J]. 福州大学学报（哲学社会科学版），2019，33（02）：93-97.

[80]谢智学，郭宏远."非遗"保护视角下民俗民间体育文化传承与发展的思考——以甘青黄河流域"羊皮筏子"漂流活动为例[J]. 甘肃高师学报，2018，23（02）：128-132.

[81]姚琼，雷军蓉，郭宁. 城镇化进程中民俗体育的演变与发展[J]. 广州体育学院学报，2019，39（04）：67-70.

[82]易宝红. 城镇化背景下传统民俗体育传承研究——以嘉兴地方民俗

体育文化为例[J]. 浙江体育科学，2013，35（03）：20-23.

[83]苑立军. 民俗体育文化传承与再生产的动力学分析[J]. 长春师范大学学报，2022，41（04）：121-125.

[84]郑金星. 我国民俗体育文化及其资源的开发研究[J]. 汉字文化，2019（03）：166-167.

[85]周婷娜. 民俗体育文化在我国体育强国进程中的必要性研究[J]. 体育文化导刊，2017（02）：25-28.

[86]朱宗海. 河南省民俗体育文化初探[J]. 濮阳职业技术学院学报，2011，24（02）：135-138.